天然气管网气体平衡与储气调峰

杜培恩　周　军　主　编
李欣泽　梁光川　副主编

中国石化出版社

内 容 提 要

本书介绍了天然气管网气体平衡与储气调峰的相关内容，主要包括欧洲储气库和天然气管道相关法律法规、欧洲储气库概况和地面系统、中国储气库概况和地面系统、欧洲天然气管道系统和气体平衡、欧洲储气库运营与管理、欧洲储气库-管道系统调峰方法和中国储气库-管道系统调峰方法。

本书可供储运工程技术与科研人员参考，也可以作为油气储运及相关专业的教材使用。

图书在版编目（CIP）数据

天然气管网气体平衡与储气调峰 / 杜培恩，周军主编．—北京：中国石化出版社，2018. 8
ISBN 978-7-5114-4954-2

Ⅰ.①天… Ⅱ.①杜… ②周… Ⅲ.①天然气输送-管网-运营-研究-中国 Ⅳ.①F426. 22

中国版本图书馆 CIP 数据核字（2018）第 197652 号

中国石化出版社出版发行

地址：北京市朝阳区吉市口路 9 号
邮编：100020　电话：(010)59964500
发行部电话：(010)59964526
http://www. sinopec-press. com
E-mail：press@ sinopec. com
北京富泰印刷有限责任公司印刷
全国各地新华书店经销

*

710×1000 毫米 16 开本 15 印张 277 千字
2018 年 10 月第 1 版　2018 年 10 月第 1 次印刷
定价：49. 00 元

前　言

近年来我国形成了以西气东输一线、西气东输二线、陕京一线、陕京二线、陕京三线、中缅天然气管道、川气东送、榆济线为主的长输基干管道，以冀宁线、忠武线、中贵线、淮武线等为主的联络管道，实现了长输管道与主要消费市场连接、长输管道与地下储气库连接、LNG 接收站与市场连接，覆盖了除西藏外所有省份，初步形成了全国天然气一张网。地下储气库是天然气调峰的重要手段和国家能源供应安全保障，为满足不断增长的市场需求，我国积极推进地下储气库建设。

天然气生产和消费季节性的突出特征，主要表现在不同地区不同季节消费峰谷差较大。这一特征决定了调峰是保证天然气安全、稳定、持续供应必不可少的环节，调峰能力是天然气产业发展成熟程度的重要标志。

截至 2017 年年底，我国地下储气库形成有效工作气量 $77\times10^8m^3$，占全国表观消费量的 3.2%，远低于 12%～15%的世界平均水平。欧洲发达国家调峰储气库的有效工作气量已达到全年总工作气量的 15%以上，确保了天然气供应的安全性和可靠性。与欧洲相比，我国储气库建设相对滞后，天然气管网调峰、管理体制、运营机制等方面的研究处于起步发展阶段。

近年来在全国许多地区出现的“气荒”凸显天然气调峰保障的紧迫性，也倒逼储气设施进一步科学合理布局。我国政府相继出台的一系列改革措施，将为构建中国天然气协调稳定发展的产供储销体系提供保障。

本书通过介绍欧洲储气库和天然气管道相关法律法规、欧洲储气库概况和地面系统、中国储气库概况和地面系统、欧洲天然气管道系统和气体平衡、欧洲储气库运营与管理、欧洲储气库-管道系统调峰方法和中国储气库-管道系统调峰方法，使读者对天然气管网气体平衡与储气调峰有一个全面了解。

本书由中石化石油工程设计有限公司杜培恩和西南石油大学周军主编，中石化石油工程设计有限公司李欣泽和西南石油大学梁光川参加部分章节的编写工作。西南石油大学研究生蒙恬、京思祺、陈川、杜晶晶、何能家、杨越超、赵立、黄馨月、李妍奕等人参加了资料整理、校对和绘图等工作。全书由杜培恩、周军统稿。

本书在编写过程中参考和引用了许多专家与学者的著作相关内容，编写过程中得到了中石化石油工程设计有限公司、西南石油大学和中国石化出版社等单位大力支持和帮助，在此表示衷心的感谢。

由于编者水平有限和时间仓促，书中难免有疏漏或错误之处，望读者批评与指正。

目　录

1 欧洲储气库和天然气管道相关法律法规

1.1 欧盟能源监管合作机构

欧盟天然气管网监管机构包括欧盟委员会和各成员国政府监督机构。欧盟委员会主要负责制定政策法规和发展战略规划，监督法令执行，并将有关情况向欧洲议会和欧盟理事会汇报。各成员国政府监督机构主要负责争议处理，建立透明、有效的监管及控制机制，各环节业务分开，管道向第三方开放。欧盟能源监管合作机构(ACER)的气体管理机构主要负责以下三方面的工作：

(1) 框架指南(Framework Guidelines)和管网规范(Network Codes)。

(2) 长输管道运营商(TSO)合作，基础设施和管网开发。

(3) 市场监控。

1.2 框架指南和管网规范制定

天然气框架指南和管网规范制定流程：

(1) 欧洲委员会(European Commission，EC)每年确定议题列表，然后提交给ACER。

(2) ACER在6个月内提出各议题的非歧视性框架指南。

(3) 然后邀请欧洲天然气输送系统运营商联盟(the European Network of Transmission System Operators for Gas，ENTSO-G)在12个月内提出相应的管网规范。。

(4) ACER有3个月时间评估规范与框架指南的一致性，并向欧盟委员会提交采纳建议。

(5) 经欧盟专家委员会评估和采纳，使管网规范具备法律约束力，具体流程如图1.2.1所示。

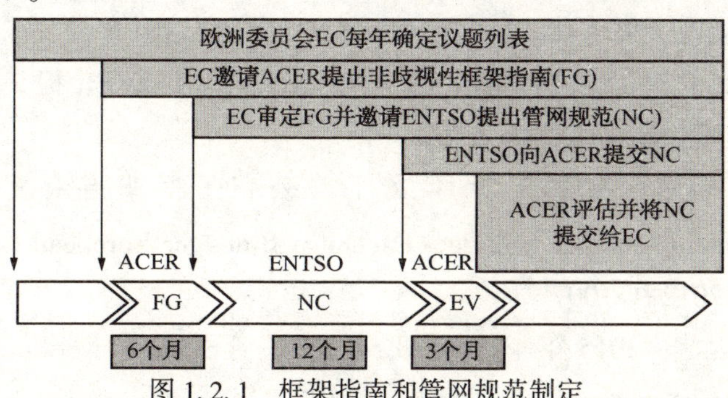

图1.2.1 框架指南和管网规范制定

1.3 法律法规

气体框架指南和管网规范包含于欧盟法令 EC No 713/2009 和 EC No 715/2009 中。713/2009 法规中的 6(3)(a)条款和(4)条款，以及 715/2009 的 6、8(1)、8(2)和 8(7)条款规定了框架指南和管网规范的采纳程序。框架指南和管网规范范围在法规 715/2009 条款 8(6)中定义，包括：管网安全性和可靠性的规范，管网连接规范，第三方访问规范，数据交换和结算规范，互操作规范，在紧急情况下的操作流程，容量分配和拥塞管理规范，与管网接入服务和系统平衡的技术运行相关规范，透明度规范，平衡规范，关于统一输送资费的规范和天然气管网能源效率等方面。

1.3.1 气体容量分配机制

为了促进气体输送和交易，欧盟制定了气体容量框架指南和管网规范。

(1) 框架指南文件：Framework Guidelines on Capacity Allocation Mechanisms for the European Gas Transmission Network，FG-2011-G-001，3 August 2011。

(2) 管网规范：2011 年底，欧盟开展了设计性研究，2012 年 3 月 6 日 ENTSOG 向 ACER 提交了第一版气体容量分配管网规范，ACER 在 2015 年对规范进行了两次修改。

1.3.2 输气管道气体平衡规范

(1) 框架指南文件：Framework Guidelines on Gas Balancing in Transmission Systems，FGB-2011-G-002，18 October 2011。

(2) 管网规范：2014 年 3 月 26 日发布 Commission Regulation (EU) No 312/2014。

1.3.3 统一的输送资费规范

(1) 框架指南：2013 年 11 月 29 日，公布了框架指南文件“Framework Guidelines on Harmonised Gas Transmission Tariff Structures，FG-2013-G-01”。

(2) 管网规范：2014 年 12 月 26 日，ENTSOG 向 ACER 提交了管网规范的初稿。根据 ACER 的建议，2015 年 7 月 31 日 ENTSOG 向 ACER 提交了修改稿。

1.3.4 互操作和数据交换规范

(1) 框架指南：2012 年 7 月 26 日，公布了框架指南文件“Framework Guidelines on Interoperability and Data Exchange Rules for European Gas Transmission Networks，FG-2012-G-007”。

(2) 管网规范：2015 年 4 月 30 日，公布了管网规范“Network Code on interoperability and data exchange rules (EU/2015/703)”。

1.3.5 基础设施发展规划

依据法规 EC 713/2009 条款 6(2)和 EC 715/2009 条款 9 的规定，ACER 监督 ENTSOG 对基础设施相关任务的执行完成情况，例如管网十年发展规划(Ten Year Network Development Plan，TYNDP)。ACER 监督区域投资计划(Gas Regional Investment Plans，GRIPs)和国家基础设施发展计划的准备和执行情况，并评估各项目与 TYNDP 的一致性情况。

1.3.6 市场监控

2011 年，ACER 发布了第一份市场监控报告，数据来源于 CEER，ENTSO 平台和 Energy Markets Observation System (EMOS)，2012 年和 2013 年发布第二份和第三份监控报告。2015 年实施了气体管网规范对市场影响的监控和评估研究。

1.3.7 储气库

根据 EC No. 715/2009 法案，欧洲储气库实施统一信息公开化(透明化)模板，模板信息如表 1.3.1 所示。

表 1.3.1 储气库信息透明化模板

序号	宏观项	子目录
1	联系	联系方式
2	服务和设施	储气库技术参数
		产品和服务
3	如何成为消费者或用户	如何订购容量
		合同信息
		TSO 信息
4	容量	一级市场
		二级市场
5	价格	价格
		计算器
6	法律文件	储存规定
		法律规则
7	运行信息	维护
		运行数据
8	其他	项目规划

(1) 储气库技术参数

储气库技术参数详细列表如表 1.3.2 所示。

表 1.3.2　储气库技术参数规范详细列表

序号	技术参数：设备的全部物理、静态数据
1	储气库类型
2	工作气量
3	储气量
4	最大注气/采气量
5	有效的商用注气/采气曲线
6	与管网、天然气市场的连接信息，储气库地图位置

（2）产品和服务

产品和服务详细列表如表 1.3.3 所示。

表 1.3.3　产品和服务规范详细列表

<table>
<tr><th>序号</th><th colspan="2">产品和服务</th></tr>
<tr><td rowspan="3">1</td><td rowspan="3">提供的服务</td><td>绑定服务</td></tr>
<tr><td>每个容量单元的非绑定服务</td></tr>
<tr><td>固定和可中断的服务</td></tr>
<tr><td rowspan="3">2</td><td rowspan="3">标准绑定服务
（Standard Bundled Unit-SBU）</td><td>SBU 组成</td></tr>
<tr><td>最小合同量</td></tr>
<tr><td>特殊情况</td></tr>
<tr><td>3</td><td colspan="2">储气合同模板</td></tr>
<tr><td>4</td><td colspan="2">运输到 VTP</td></tr>
<tr><td>5</td><td colspan="2">SBU 比例调整的概率</td></tr>
<tr><td>6</td><td colspan="2">非绑定服务</td></tr>
<tr><td>7</td><td colspan="2">可中断服务，UIOSI 服务</td></tr>
<tr><td>8</td><td colspan="2">合同期限</td></tr>
</table>

（3）如何订购容量

订购容量详细列表如表 1.3.4 所示。

表 1.3.4　订购容量规范详细列表

<table>
<tr><th>序号</th><th colspan="2">订购容量</th></tr>
<tr><td>1</td><td colspan="2">订购的主要步骤</td></tr>
<tr><td rowspan="3">2</td><td rowspan="3">可用储量</td><td>容量分配过程和使用机制</td></tr>
<tr><td>容量分配过程时间</td></tr>
<tr><td>申请容量费用</td></tr>
<tr><td>3</td><td colspan="2">预订和提取过程的解释</td></tr>
<tr><td>4</td><td colspan="2">拥塞管理</td></tr>
</table>

（4）合同信息

储气库合同信息详细列表如表 1.3.5 所示。

表 1.3.5　合同信息规范详细列表

序号	合同信息
1	一般条款和条件
2	储气量使用手册
3	一般信贷协议和条款
4	合同终止条件

（5）管网运营商

管网运营商规范详细列表如表 1.3.6 所示。

表 1.3.6　管网运营商规范详细列表

序号	管网运营商	
1	名称	输送点
		管网运营商
		天然气区域或者虚拟中心点
2	与管网和天然气市场的连接	

（6）一级市场

一级市场规范详细列表如表 1.3.7 所示。

表 1.3.7　一级市场规范详细列表

序号	一级市场
1	固定的注入速率
2	固定的采出速率
3	固定的工作气量
4	可中断的注入速率，提前一天未提取
5	可中断的采出速率，提前一天未提取
6	可用的 SBU 数量
7	签订合同的工作气量

（7）二级市场

二级市场规范详细列表如表 1.3.8 所示。

表 1.3.8　二级市场规范详细列表

序号	二级市场
1	二级交易平台使用规则
2	中心平台信息

(8) 价格

价格规范详细列表如表 1.3.9 所示。

表 1.3.9　价格规范详细列表

序号	价格
1	nTPA：注入，采出，工作气量费用和组成
2	rTPA：国家管理机构规定的收费表
3	收费调整条款

(9) 储存规定

根据框架指南制定相应的储气规范。

(10) 法律规则

法律规则详细列表如表 1.3.10 所示。

表 1.3.10　法律规则详细列表

序号	法律规则
1	供应安全条款
2	公共服务条款
3	客户义务

(11) 维护

维护规则详细列表如表 1.3.11 所示。

表 1.3.11　维护详细列表

序号	维护
1	供应中断计划
2	意外中断

(12)运行数据

运行数据详细列表如表 1.3.12 所示。

表 1.3.12　运行数据详细列表

<table>
<tr><th>序号</th><th colspan="2">运行数据</th></tr>
<tr><td>1</td><td colspan="2">实际的注入量、采出量(最少以一天为单位)</td></tr>
<tr><td rowspan="3">2</td><td rowspan="3">从法规 715/2009 执行之日起，至少 5 年历史数据</td><td>储气量与最大工作气量比值</td></tr>
<tr><td>注入量</td></tr>
<tr><td>采出量</td></tr>
</table>

1.3.8　其他法律法规

(1) 欧盟长输管道的法令

① GPSG《设备与产品安全法》(2004 年)。

② GG《高压气体管道条例》(2002 年)。

③ 91/296/EC《关于通过管道网输送天然气》(1991 年)。

(2) 核心标准

欧盟所有国家都遵循欧盟立法，主要包括输气系统气体平衡框架准则(Framework Guidelineson Gas Balancing in Transmission Systems)、气体平衡管网规则(Network Code on Gas Balancing of Transmission Networks)。

每个国家也有自己的平衡法则，如西班牙皇家法令 949/2001，皇家法令 984/2015，CNMCCircular2/2015 等。

其他核心标准包括：

① EN 13480《金属工业管道》。

② CEN/TC 234《长输天然气管道》。

参　考　文　献

[1] 吕建中，司云波，杨虹，等．美俄欧天然气管网运营管理模式比较及启示[J]．国际石油经济，2015，23(4)：28~33.

[2] 赵学明，王轶君，徐博．国外天然气管道管理体制演进及对我国的启示[J]．中国能源，2014，36(5)：15~21.

[3] 刘岩．从欧盟天然气监管发展趋势看我国的天然气行业监管[J]．国际石油经济，2003，11(2)：24~27.

2 欧洲储气库概况和地面系统

2.1 欧洲能源结构

2.1.1 一次能源消耗

欧盟 2015 年一次能源消耗为 1615.1×10^6吨油当量，石油仍然是最大消耗能源，占 33.8%；天然气作为第二大能源，占 21.3%；固体化石燃料占 16.8%；其他可再生能源包括生物能、风能、太阳能和地热能，能源比重由 9.6%增加到 10.2%。其他能源包括热，约占 1%。各国一次能源消耗组成如图 2.1.1 和表 2.1.1 所示。

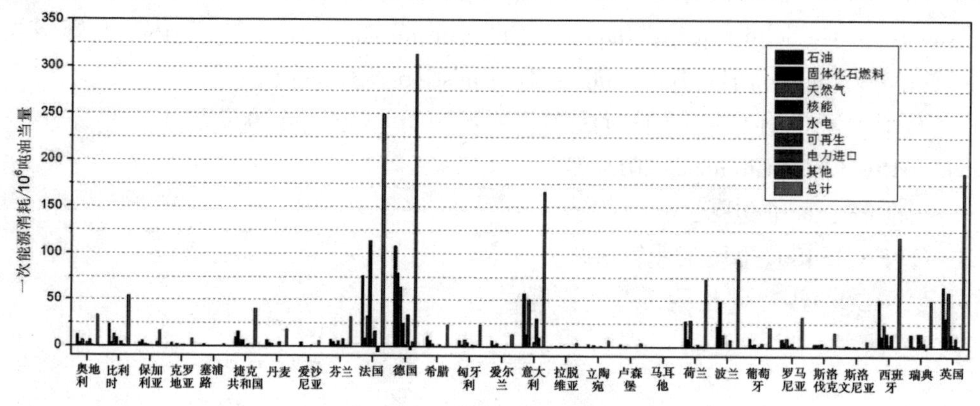

图 2.1.1 欧洲能源结构

表 2.1.1 欧洲各国一次能源消耗表 10^6吨油当量

国家	石油	固体化石燃料	天然气	核能	水电	可再生	电力进口	其他	总计
奥地利	12.1	3	6.4	0	3.5	6.6	0.8	0.7	33
比利时	23.5	3.1	12.6	8.8	0	4.3	1.5	0.2	54
保加利亚	3.6	5.9	2.3	1.2	0.4	0.2	−0.5	3.9	16.9
克罗地亚	3	0.7	2	0	0.8	1.2	0.3	0	8
塞浦路斯	1.8	0	0	0	0	0	0	0	1.8
捷克共和国	9.2	16	6.1	6.9	0.4	1.7	0	0	40.3
丹麦	6.7	3.4	2.8	0	0	4.6	0	0.4	17.9
爱沙尼亚	0.4	4.5	0.4	0	0	0.8	−0.2	0	5.9
芬兰	7.4	4.7	2.2	5.9	1.1	8.1	1.5	1.1	32

续表

国家	石油	固体化石燃料	天然气	核能	水电	可再生	电力进口	其他	总计
法国	76	8. 7	32. 4	113. 8	7. 8	16. 6	−5. 8	0	249. 6
德国	107. 9	78. 8	63. 9	25. 3	1. 7	33. 8	−2. 9	5. 3	313. 7
希腊	10. 9	6. 8	2. 9	0	0. 5	2. 1	0. 2	0	23. 4
匈牙利	6. 6	2. 2	7. 4	4. 1	0	1. 6	1. 2	0. 4	23. 5
爱尔兰	6. 3	2	3. 7	0	0. 1	0. 9	0. 2	0. 1	13. 3
意大利	57. 3	13. 5	50. 7	0	4. 9	30. 4	9. 6	0	166. 4
拉脱维亚	1. 4	0. 1	1. 1	0	0. 2	1. 3	0. 1	0. 2	4. 4
立陶宛	2. 5	0. 2	2. 1	0	0	1. 3	0. 7	0. 1	7
卢森堡	2. 7	0. 1	0. 8	0	0	0. 2	0. 4	0	4. 2
马耳他	0. 7	0	0	0	0	0	0	0	0. 7
荷兰	28. 2	9. 1	28. 9	0. 9	0	3. 2	1. 3	1	72. 6
波兰	22. 8	49. 4	13. 4	0	0. 2	8. 4	0. 2	0. 5	94. 9
葡萄牙	9. 6	2. 7	3. 5	0	1. 4	4	0. 1	0	21. 2
罗马尼亚	9	5. 8	9. 9	2. 6	4. 2	1. 4	−0. 2	0	32. 7
斯洛伐克	3. 1	3. 4	3. 7	3. 9	0. 4	1. 3	0. 1	0	15. 9
斯洛文尼亚	2. 2	1. 3	0. 6	1. 4	0. 4	0. 9	−0. 1	0	6. 7
西班牙	50. 7	12	23. 7	14. 9	3. 4	13. 9	−0. 3	0. 1	118. 4
瑞典	14. 4	2	0. 8	14. 8	14. 6	5	−1. 3	0. 1	50. 4
英国	65. 8	31. 3	59. 3	13. 9	3. 6	10. 7	1. 8	0	186. 4

2. 1. 2 天然气消耗量

欧盟 2015 年天然气消耗量 4427. 3TW · h，主要包括居民和商业用气、工业用气、电厂和运输，分别占总天然气消耗量的 41%，33%，23%和 0. 4%。各国天然气消耗组成如图 2. 1. 2 和表 2. 1. 2 所示。

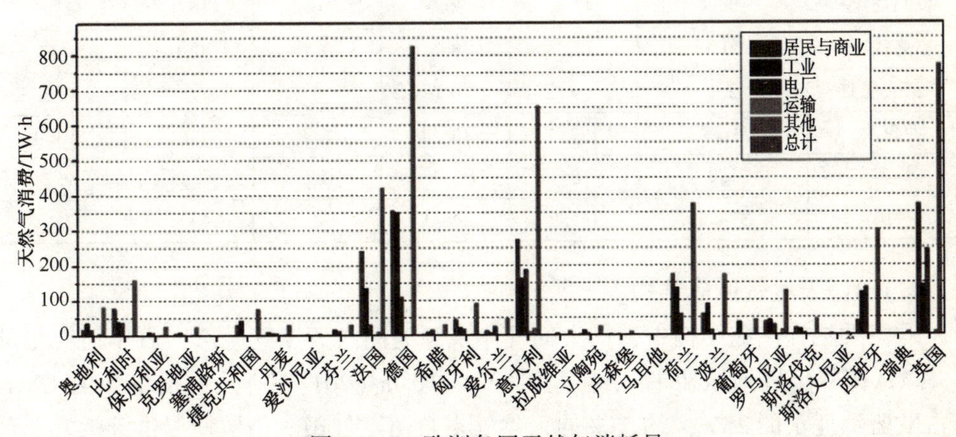

图 2. 1. 2 欧洲各国天然气消耗量

表 2.1.2 欧洲各国天然气消耗量 TW·h

国家	居民与商业	工业	电厂	运输	其他	总计
奥地利	19.5	37	19	0.2	7.9	83.5
比利时	79.5	41.2	39.7	0.3	0	160.7
保加利亚	1	12	9.9	0.9	3.6	27.5
克罗地亚	7.3	9.9	5.1	0	3.7	26.1
塞浦路斯	0	0	0	0	0	0
捷克共和国	31.7	43.8	0	0.3	1.6	77.4
丹麦	10.8	9.1	7.4	0	3.8	31.1
爱沙尼亚	1	0.5	3.8	0	0.2	5.5
芬兰	0.7	17.4	14.2	0	0	32.4
法国	241.2	135.5	31.3	1.2	12.2	421.3
德国	357.3	352.6	111.2	2.3	1.2	824.6
希腊	4.6	9.3	17.6	0.2	0	31.7
匈牙利	46.1	22.8	18.1	0	5.1	92.1
爱尔兰	13.3	7.7	26.1	0	0.8	47.9
意大利	273.3	161.6	187.6	11.1	21.6	655.2
拉脱维亚	2.6	1.6	9.1	0	0	13.4
立陶宛	3.8	14.7	7.8	0.1	0.4	26.9
卢森堡	4.2	2.8	3.9	0	n/a	11
马耳他	0	0	0	0	0	0
荷兰	172.5	134.1	61.2	0	7.8	375.6
波兰	61.9	89.2	16	0	5.7	172.8
葡萄牙	4.3	37.8	3.2	0	0	45.3
罗马尼亚	38.3	42.4	30.8	0	16.1	127.6
斯洛伐克	20.8	17.1	8.7	0.1	0.1	46.7
斯洛文尼亚	2.2	4	0.6	0	0	6.8
西班牙	41.5	122.3	136.4	1.2	0	301.4
瑞典	1.9	3	3.1	0.6	1.2	9.7
英国	374.5	141.9	244.5	0	12.3	773.1

2.1.3 天然气供应结构

欧盟天然气供应结构中，最大的气体来源为国内天然气生产，占年消耗量的33%。从挪威出口到欧盟的天然气为 $1024\times10^8 m^3$(2014 年)，包括少量的 LNG，约占欧盟消耗量的25%。约57%的天然气来自西欧气田。俄罗斯提供天然气总量的 27%，阿尔及利亚提供 8%的气体量。作为 LNG 主要的来源，卡塔尔为欧盟提供总消耗量的 5%。各国天然气供应结构和供应数据如图 2. 1. 3 和表 2. 1. 3 所示。

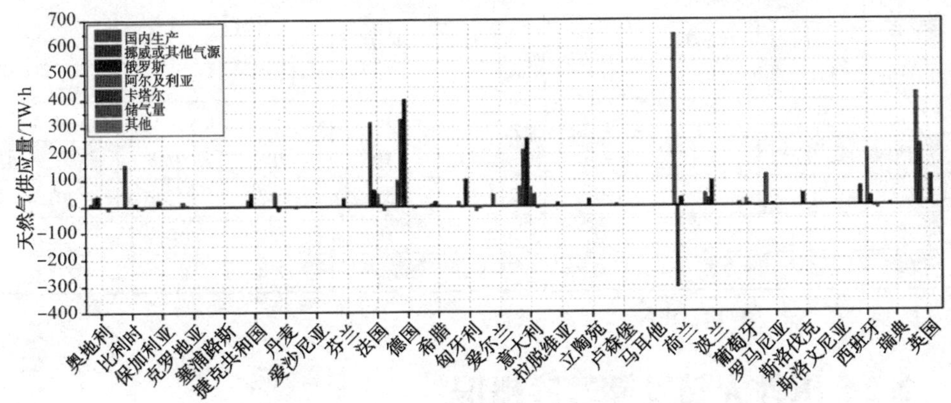

图 2. 1. 3　欧洲各国天然气供应结构

表 2. 1. 3　欧洲各国天然气供应数据　　TW · h

国家	国内生产	挪威或其他气源	俄罗斯	阿尔及利亚	卡塔尔	储气量	其他	净值
奥地利	14	39. 9	42. 2	0	0	−12. 6	0	83. 5
比利时	0	159. 3	0	0	13. 3	−1. 9	−10. 1	160. 7
保加利亚	1	0	24	0	0	1. 4	1	27. 5
克罗地亚	18. 7	7. 5	0	0	0	0	0	26. 1
塞浦路斯	0	0	0	0	0	0	0	0
捷克共和国	1. 8	25. 4	51. 6	0	0	0. 2	−1. 6	77. 4
丹麦	53. 6	−17	0	0	0	−0. 3	−5. 3	31. 1
爱沙尼亚	0	0	5. 5	0	0	0	0	5. 5
芬兰	0	0	32. 4	0	0	0	−0. 1	32. 4
法国	0. 2	315. 8	62. 3	49	9. 5	−15. 5	0	421. 3
德国	98	329. 5	402. 9	0	0	−5. 8	0	824. 6
希腊	0	8. 4	18. 4	5. 1	0	−0. 2	0	31. 7
匈牙利	19. 7	−3. 6	101. 4	0	0	−18. 3	−7. 1	92. 1
爱尔兰	1. 6	46. 4	0	0	0	−0. 1	−0. 1	47. 9
意大利	75. 7	214	255. 4	71. 7	46. 4	−8	0	655. 2
拉脱维亚	0	0	13. 4	0	0	0	0	13. 4
立陶宛	0	0	26. 4	0	0	0	0. 5	26. 9
卢森堡	0	8. 2	2. 8	0	0	0	0	11
马耳他	0	0	0	0	0	0	0	0
荷兰	648. 5	−308	32	0	1. 4	−1	2. 7	375. 6
波兰	48. 1	29. 6	95. 1	0	0	0. 4	−0. 4	172. 8

续表

国家	国内生产	挪威或其他气源	俄罗斯	阿尔及利亚	卡塔尔	储气量	其他	净值
葡萄牙	0	12.3	0	27.1	8.1	0.1	-2.3	45.3
罗马尼亚	118.1	0	9.5	0	0	0	0	127.6
斯洛伐克	0.9	2.3	46.9	0	0	-3.5	0	46.7
斯洛文尼亚	0	2.4	4.8	0	0	0	-0.3	6.8
西班牙	0.4	73	0	211.9	35	-5.5	-13.5	301.4
瑞典	0	9.7	0	0	0	0	0	9.7
英国	425.5	229.9	0	5.8	113.6	-2.4	0.8	773.1

注：储存量一栏，“-”表示注入，“+”表示提取。

2.2 国外天然气储气库概况

地下储气库的历史可以追溯到20世纪初。1915年加拿大首次在安大略省的WELLAND气田进行储气实验，1916年美国人在纽约BUFFAIO附近的枯竭气田利用气层建设储气库，1954年美国在CALG的纽约城气田首次利用油田建成储气库，1958年美国在肯塔基首次建成含水层储气库，1959年前苏联建成第一个盐层地下储气库，1963年在美国克罗拉多DENVER附近首次建成废弃矿坑储气库。截止到2014年年底，全球30多个国家已建成地下储气库700多座，工作气量$3930\times10^8m^3/a$，占总消费量的10%~14%，而我国截止到“十二五”末，储气库工作气量约占总消费量的4%，与国际上的一般标准15%还有较大差距，国际和地区储气库建设情况如表2.2.1所示。

表2.2.1 国家和地区储气库建设情况一览表

国家和地区	天然气消费总量/($10^8m^3/a$)	管网长度/10^4km	配套储气库数量/座	储气库工作量/($10^8m^3/a$)	工作气量占消费量比例
美国	6953	34.9	418	1355	19.49%
俄罗斯	3683	15.5	24	628	17.05%
欧盟	4319	15.6	132	922	21.35%

2.2.1 美国

美国是世界上最早开发建设地下储气库的国家之一，第一个储气库建于1916年。由于天然气产量相对稳定，输气管网很多，因而美国已开发出了十分巨大的天然气地下库存能力，储气库数量约占目前世界总量的81.4%，总计库存能力和高峰负荷时的日送气量都居世界领先地位。目前美国共有地下储气库451座，其中枯竭油气藏储气库365座，占总量的80.9%；含水层储气库52座，占总量的

11.5%；盐穴储气库30座，占总量的5.7%；岩洞及废矿井储气库4座，占总量的0.9%。美国地下储气库一览如表2.2.2所示。美国地下储气库储存的工作气总量约为$1105\times10^8\ m^3$，占全年消费天然气总量的20%。储气库主要分布在靠近天然气终端用户的东北部和南部产气区。

表2.2.2 美国地下储气库一览表

储气库类型	数量	百分比/%
枯竭油气藏储气库	365	80.9
含水层储气库	52	11.5
盐穴储气库	30	6.7
岩洞及废矿井储气库	4	0.9
小计	452	100

2.2.2 俄罗斯

前苏联是从20世纪50年代后期才开始大规模发展采气和输气工业的，建设地下储气库的工作起步较晚，但发展很快。从1958年在巴什卡衰竭气田建成第一个地下储气库以来，到1974年已有19座储气库投入运行，有效储气量$80\times10^8m^3$，到1990年，地下储气库已增加到46座，有效储气量超过$800\times10^8m^3$，约为消耗量的10%。至此，前苏联已成为继美国之后的第二大储气国。前苏联解体后，目前世界最大的储气公司——俄罗斯天然气工业股份公司(Gazorom)共拥有24座地下储气库，其中7座含水层气库，17座建在枯竭凝析气田。还有4座盐穴气库目前正处于投资论证、设计和建设阶段，每日最大采出量可达$5.5\times10^8m^3$。今后还将在俄国中部、伏尔加河流域、北高加索等地建设新的地下储气库。

2.2.3 法国

法国国内的油气田极少，几乎不开采油气，全部需要进口。为防止天然气供应中断，早在1956年法国就已经开始天然气地下战略储气库建设，目前法国的天然气战略储备量已经相当于110天的平均耗气量。法国已经建成了15处地下战略储气库，其中12个含水层，3个盐穴，现有储气库的有效储气量为$116\times10^8m^3$，约为法国年需气量的三分之一。1999年冬天，法国受气候因素的影响，市场天然气供给量的约52%来源于地下储气库。

2.2.4 其他地区

加拿大于1915年开始建设地下储气库，是地下储气库建设最早的国家，至1993年末有42座储气库，总库存能力$250\times10^8m^3$，其中有效气量$141\times10^8m^3$，约占全年消费总量的11%，由9家公司经营。澳大利亚的4个储气库全部是枯竭气藏，储气能力为$9\times10^8m^3$。

2.3 欧洲储气库概况

2.3.1 工作气量

欧洲 2015 年储气库工作气量 $1460\times10^8 m^3$，在建 $16\times10^8 m^3$。2025 年达到 $1540\times10^8 m^3$，欧洲 2015～2025 年储气库运行、建设和规划工作气量如图 2.3.1 所示。

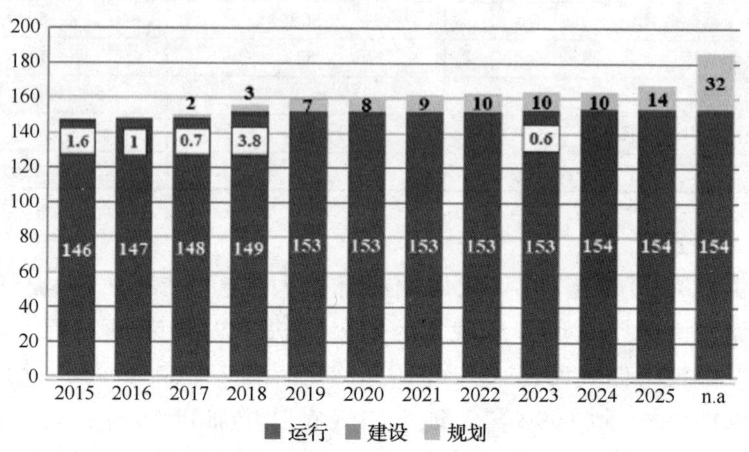

图 2.3.1　欧洲 2015～2025 年储气库运行、建设和规划工作气量

欧盟 2015 年储气库工作气量 $1080\times10^8 m^3$，在建 $15\times10^8 m^3$。2025 年达到 $1160\times10^8 m^3$，欧盟 2015～2025 年储气库运行、建设和规划工作气量如图 2.3.2 所示。

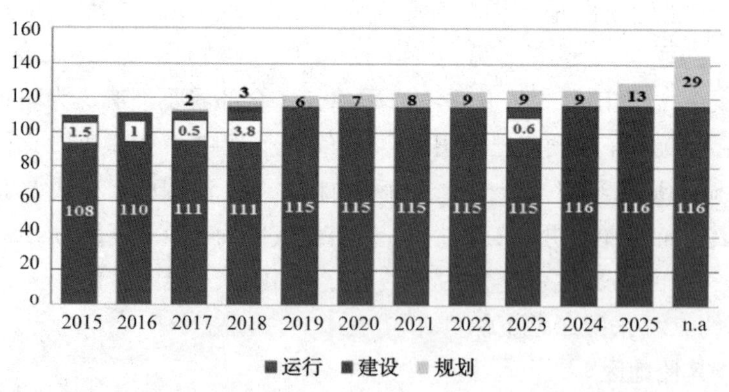

图 2.3.2　欧盟 2015～2025 年储气库运行、建设和规划工作气量

德国拥有欧盟最大储气量(2015 年)，$245.7\times10^8 m^3$。意大利，荷兰，法国和奥地利工作气量大于 $80\times10^8 m^3$。英国规划储气量达到 $124.6\times10^8 m^3$。乌克兰是欧

洲最大储气国，工作气量达到 319.5×10^8m^3。欧洲各国 2015 年储气库工作气量如图 2.3.3 所示。欧洲各国储气库运行、建设和规划气量如表 2.3.1 所示。

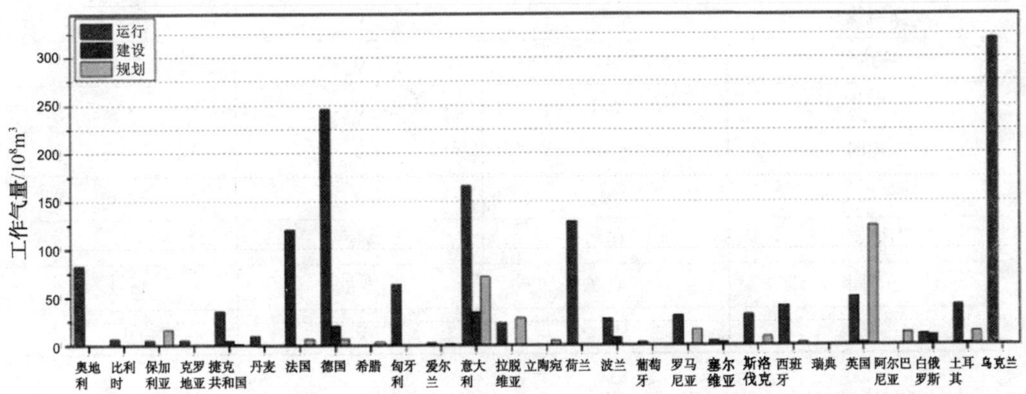

图 2.3.3 欧洲各国 2015 年储气库工作气量

表 2.3.1 欧洲储气库运行、建设和规划气量 10^8m^3

国 家	运 行	建 设	规 划
奥地利	82.5	0	0
比利时	7	0	0
保加利亚	5.5	0	16.5
克罗地亚	5.5	0.3	0
捷克共和国	35.1	5.1	1.8
丹麦	10	0	0
法国	120.1	0.6	6.8
德国	245.7	20.4	6.8
希腊	0	0	3.6
匈牙利	63.3	0	0
爱尔兰	2.3	0	1.7
意大利	165.8	34.1	70.7
拉脱维亚	23.2	0	28
立陶宛	0	0	5
荷兰	129	0	0
波兰	27.5	7.8	0
葡萄牙	3	0	0
罗马尼亚	30.5	0	16

续表

国　家	运　行	建　设	规　划
塞尔维亚	4.5	3.5	0
斯洛伐克	31.4	0	8.9
西班牙	41	0	2.4
瑞典	0.1	0	0
英国	50.4	2	124.6
阿尔巴尼亚	0	0	12.6
白俄罗斯	10.9	9.8	0
土耳其	41.6	1.8	14.1
乌克兰	319.5	0	0

储气库类型包括枯竭油气藏、盐穴、含水层等。2015 年，欧洲三类储气库工作气量分别为 $1066.1\times10^8m^3$、$185\times10^8m^3$ 和 $193.5\times10^8m^3$，其中盐穴储气库工作气量占 12.7%。正在建设的枯竭油气藏储气库工作气量 $48\times10^8m^3$，盐穴 $39.4\times10^8m^3$，盐穴占 47.2%；规划建设枯竭油气田储气库 $207.2\times10^8m^3$，盐穴 $77.5\times10^8m^3$，含水层 $33\times10^8m^3$，其他 $1.8\times10^8m^3$，盐穴占 24.3%。欧洲/欧盟运行、建设、规划中的不同类型储气库工作气量如图 2.3.4、图 2.3.5、图 2.3.6 所示。

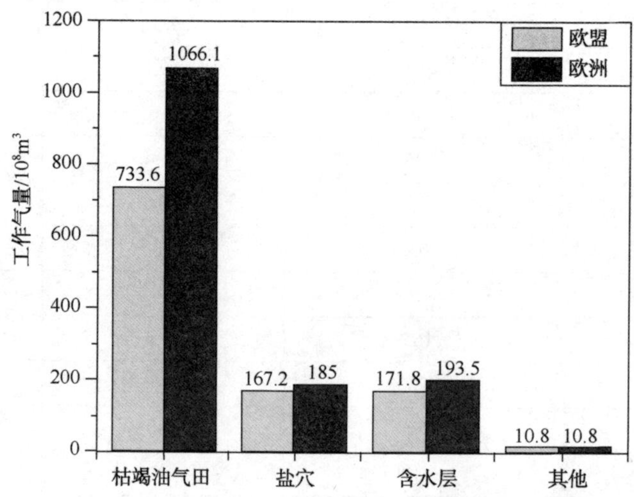

图 2.3.4　欧洲/欧盟运行中的不同类型储气库工作气量

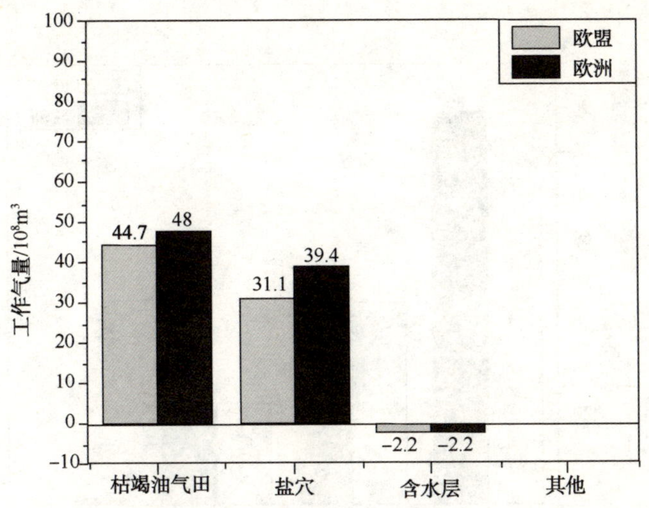

图 2.3.5　欧洲建设中的不同类型储气库工作气量

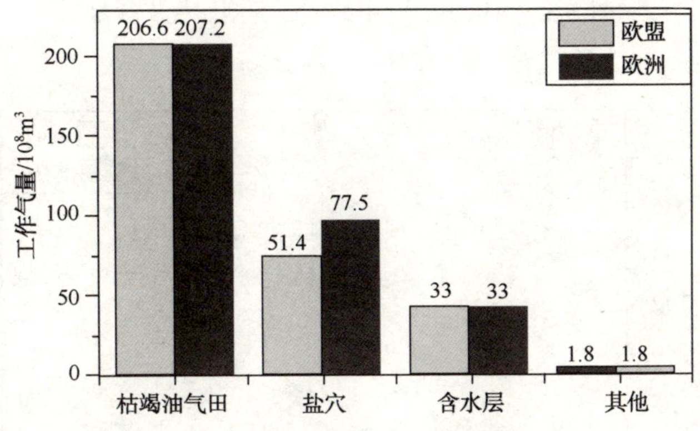

图 2.3.6　欧洲规划中的不同类型储气库工作气量

2.3.2　储气库数量

欧洲在运行的储气库共 163 座(欧盟 145 座)，建设中 9 座，规划 32 座。2015 年，枯竭油气藏，盐穴，含水层分别为 86、48 和 27 座，盐穴储气库占 29.4% 。正在建设枯竭油气藏储气库 5 座，盐穴 4 座；规划建设枯竭油气田储气库 17 座，盐穴 13 座，含水层 1 座 ，盐穴储气库占 24.3%。关闭储气库 8 座。欧洲运行、建设和规划中的不同类型储气库数量如图 2.3.7、图 2.3.8、图 2.3.9 所示。

德国储气库 57 座，占欧洲储气库数量的 35%(欧盟 39%)，奥地利 10 座，波兰 9 座，英国 8 座，法国 7 座。欧洲各国储气库数量如图 2.3.10 所示。欧洲运行、建设和规划中的储气库详细信息如表 2.3.4、表 2.3.5、表 2.3.6 所示。

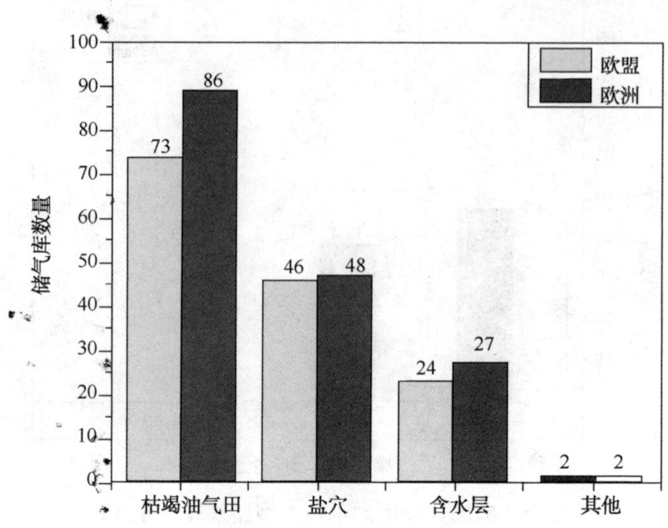

图 2.3.7 欧洲运行中的不同类型储气库数量

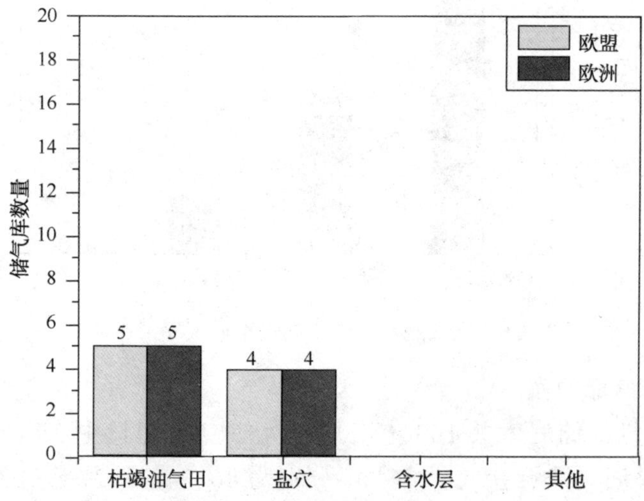

图 2.3.8 欧洲建设中的不同类型储气库数量

2.3.3 储气库注采能力

欧洲储气库采气能力 24.5×$10^8$$m^3$/d，注气能力 14.6×$10^8$$m^3$/d。德国采气能力达到 5.99×$10^8$$m^3$/d，注气能力 3.16×$10^8$$m^3$/d。法国采气能力 3.32×$10^8$$m^3$/d，注气能力 1.88×$10^8$$m^3$/d。其他各国储气库注采能力如图 2.3.11 和表 2.3.2 所示。

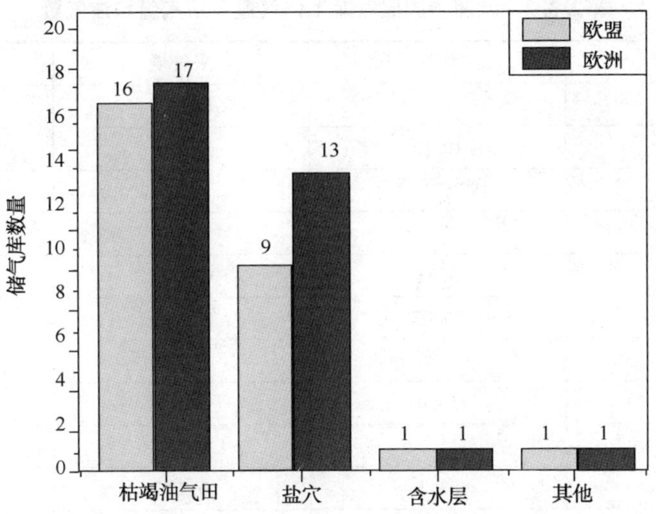

图 2.3.9　欧洲规划中的不同类型储气库数量

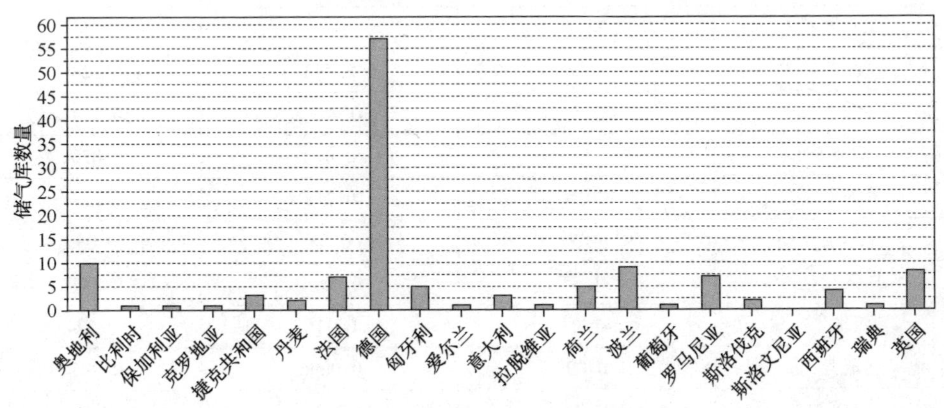

图 2.3.10　欧洲各国储气库数量

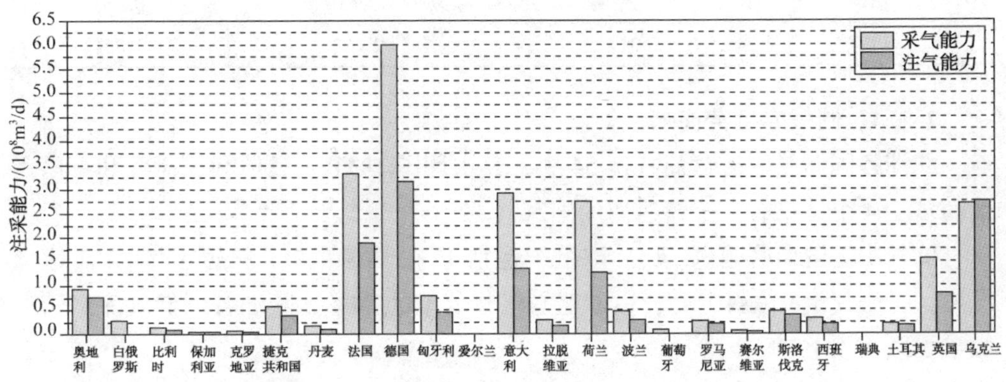

图 2.3.11　欧洲各国储气库采气能力和注气能力

表 2.3.2　欧洲各国储气库工作气量、采气量和注气量　　10^8m^3

国　家	工作气量	采气量	注气量
奥地利	82.5	0.9438	0.7606
白俄罗斯	10.85	0.288	0
比利时	7	0.15	0.078
保加利亚	5.5	0.034	0.0316
克罗地亚	5.53	0.0576	0.0384
捷克共和国	35.07	0.5689	0.391
丹麦	9.98	0.162	0.084
法国	120.08	3.319	1.884
德国	245.64	5.9905	3.1632
匈牙利	63.3	0.786	0.4465
爱尔兰	2.3	0.026	0.02
意大利	165.82	2.9135	1.3585
拉脱维亚	23.2	0.3	0.17
荷兰	129	2.742	1.28
波兰	27.54	0.4623	0.2744
葡萄牙	3	0.072	0.0204
罗马尼亚	30.5	0.272	0.2271
塞尔维亚	4.5	0.05	0.035
斯洛伐克	31.35	0.4511	0.3877
西班牙	41.03	0.316	0.224
瑞典	0.09	0.0096	0.0036
土耳其	41.61	0.2	0.16
英国	50.4	1.5616	0.835
乌克兰	319.5	2.692	2.751

2.3.4　储气库运营商

欧洲各国储气库运营商共计 54 个，其中德国 14 个，奥地利、荷兰和英国运营商多于 4 个，只有 1 个营运商的国家共 12 个。

储气库运营商联盟(GSE)：该组织包括 17 个国家的 33 个营运商，101 座储气库，工作气量 $910\times10^8m^3$，占欧盟总工作气量的 84%。欧洲各国储气库运营商数量如图 2.3.12 所示。

2.3.5　储气库注采运行

欧盟储气库工作气量，2010 年工作气量 $82\times10^8m^3$，2011 年快速达到 553×

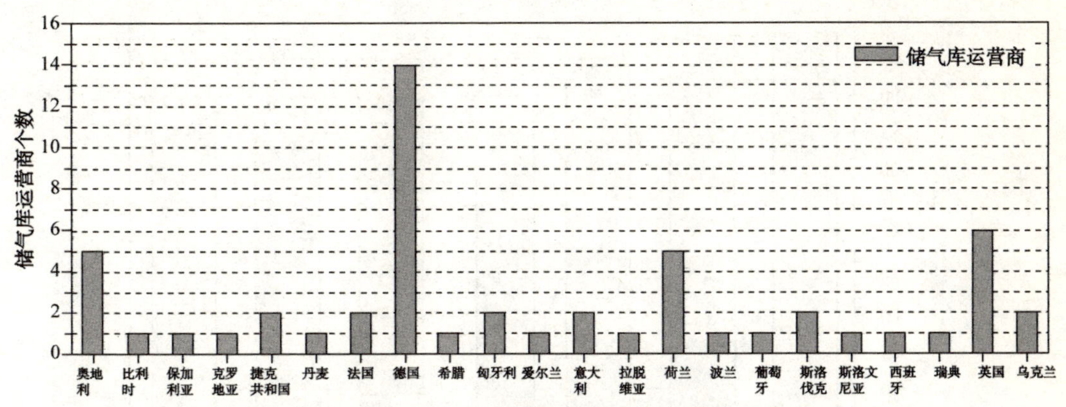

图 2.3.12　欧洲各国储气库运营商数量

10^8m^3，之后每年增加 $100\times10^8m^3$，截止到 2016 年 9 月 8 日，工作气量为 $1075\times10^8m^3$。日储气量随季节性需求周期性变化，年最大储气量随工作气量的增大而增大。欧洲 2010~2016 年工作气量和储气量变化曲线如图 2.3.13 所示。

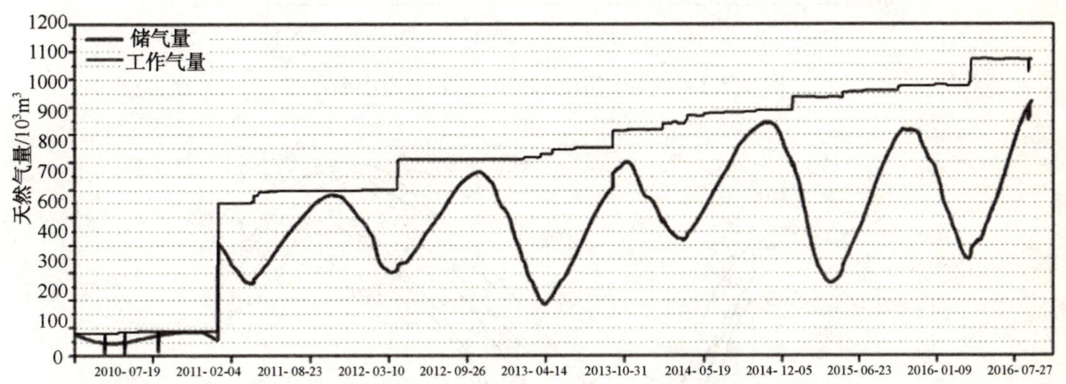

图 2.3.13　欧洲 2010~2016 年工作气量和储气量变化曲线

2010~2016 年欧盟储气库最小储存比(储气量/工作气量×100%)25.32%，最大储存比 98.22%，如图 2.3.14 所示。欧洲 2010~2016 年储气比曲线如图 2.3.15 所示。

德国 2010 年工作气量 $58.6\times10^8m^3$，截止 2016 年 9 月 8 日，工作气量为 $244.2\times10^8m^3$。储存比例最大值 99.17%，最小值 18.35%。德国 2010~2016 年工作气量、储气量和储气比变化曲线如图 2.3.16 和图 2.3.17 所示。

2010 年~2016 年欧洲注气能力 $11.79\times10^8m^3/d$、最大采气能力 $19.6\times10^8m^3/d$、最大注气量 $10.08\times10^8m^3/d$、最大采气量 $8.42\times10^8m^3/d$、日注入量/日最大注气能力最大值 1.23，日采出量/日最大采气能力最大值 0.70。欧洲 2010 年~2016 年日注气量和采气量如图 2.3.18 所示。

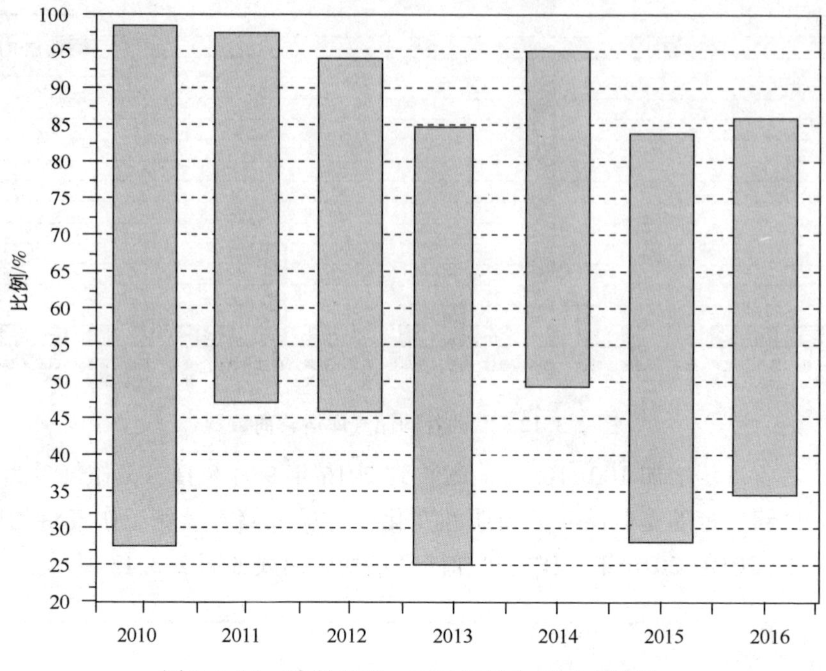

图 2.3.14　欧洲 2010~2016 年最大/最小储存比

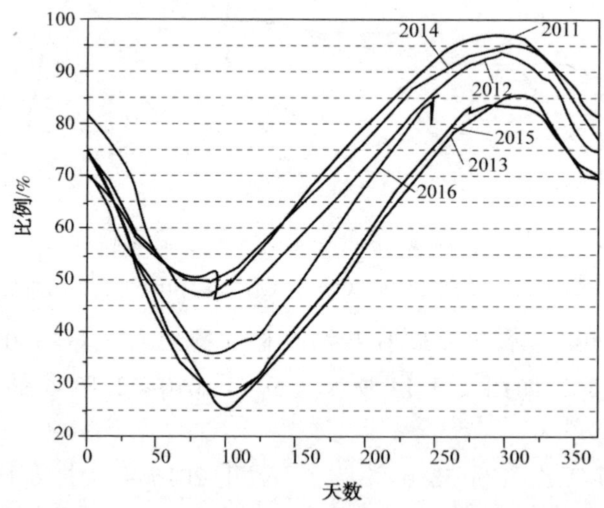

图 2.3.15　欧洲 2010~2016 年储气比(储气量/工作气量×100%)曲线

德国 2010~2016 年储气库日采出量和日采气能力如图 2.3.19 所示。德国 2010~2016 年储气库日注气量和日注气能力如图 2.3.20 所示。德国出现三次注气量大于出气能力的情况，具体如表 2.3.3 所示。

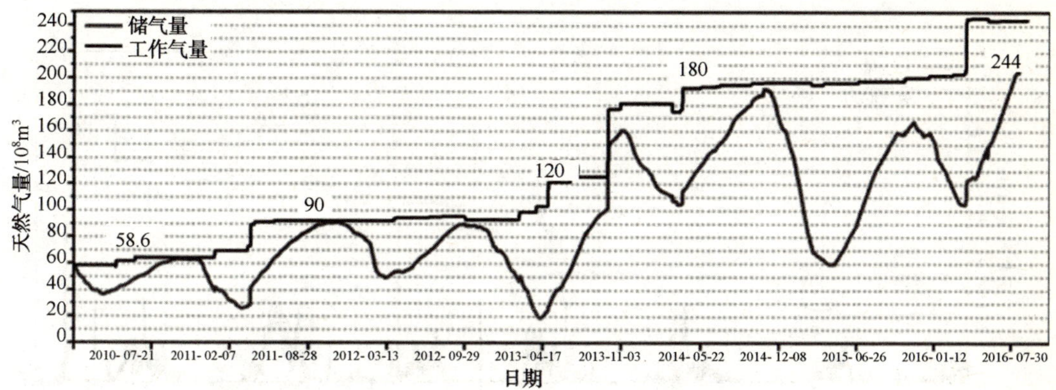

图 2.3.16　德国 2010~2016 年工作气量和储气量变化曲线

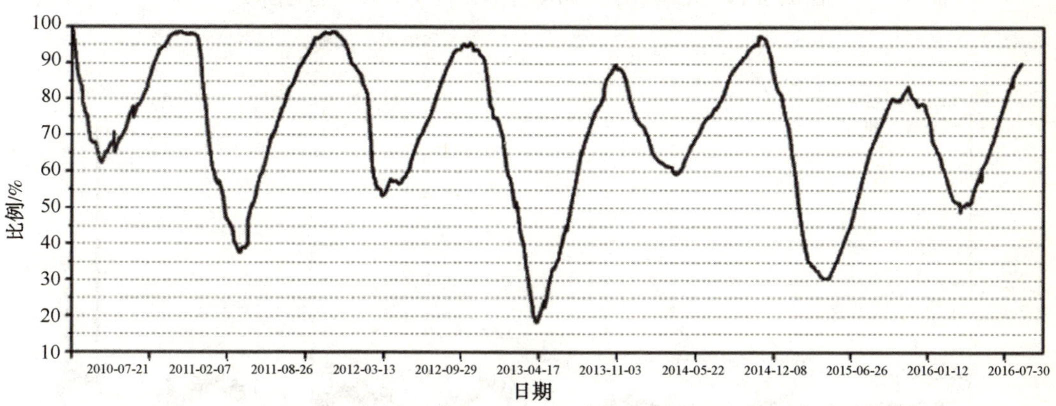

图 2.3.17　德国 2010~2016 年储气比(储气量/工作气量×100%)变化曲线

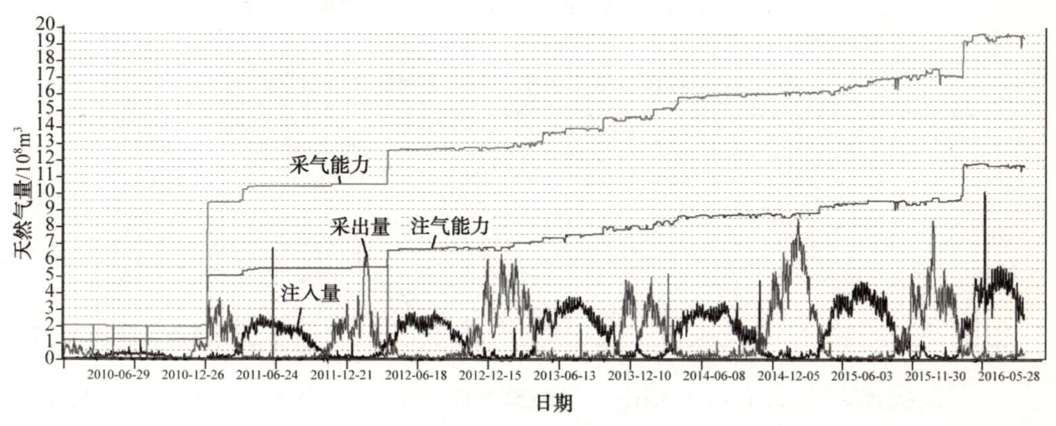

图 2.3.18　欧洲 2010~2016 年日注气量和采气量曲线

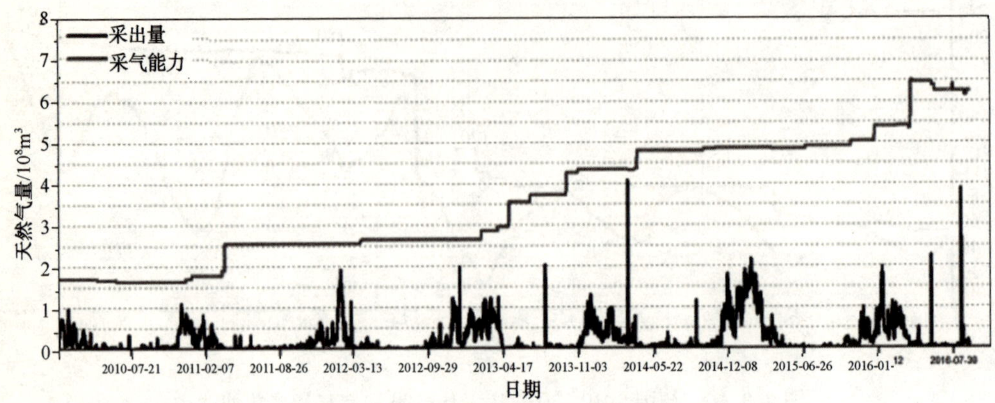

图 2.3.19 德国 2010~2016 年日采气量和采气能力曲线

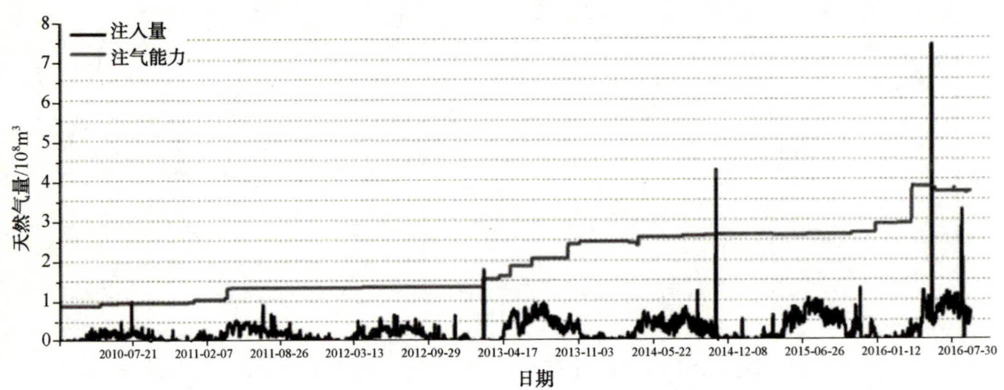

图 2.3.20 德国 2010~2016 年日注气量和注气能力曲线

表 2.3.3 德国注气量大于储气能力时的详细数据

日期	储气量/10^8m^3	工作气量/10^8m^3	比例	注入量/10^8m^3	注气能力/10^8m^3
2013/2/19	50.87	98.94	51.41	1.77	1.55
2014/10/31	191.46	196.75	97.31	4.24	2.63
2016/5/30	140.98	245.41	57.45	7.33	3.81

德国盐岩储气库 Kraak 和枯竭油气藏储气库 7Fields，2014 年 4 月 1 日~2016 年 9 月 22 日的注采速率、储气量和工作气量如图 2.3.21、图 2.3.22、图 2.3.23 和图 2.3.24 所示，注采速率(尤其采气速率)随时间波动剧烈。

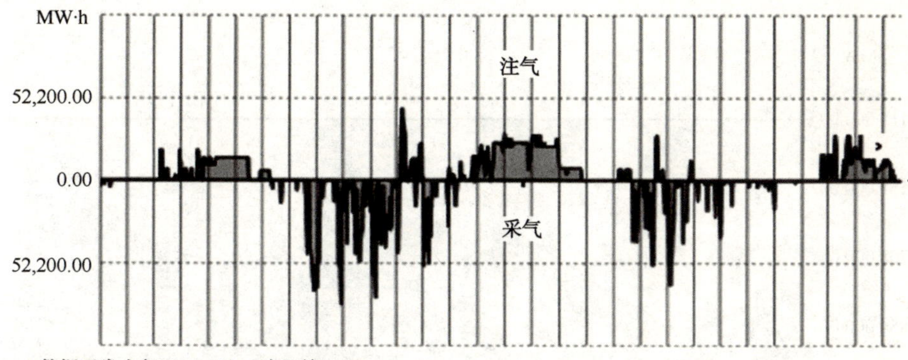

图 2. 3. 21　Kraak 储气库 2014 年 4 月 1 日~2016 年 9 月 22 日的注采曲线

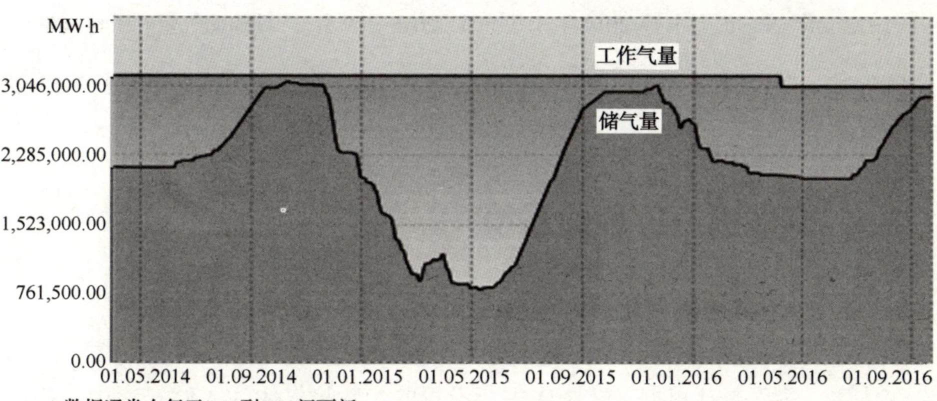

图 2. 3. 22　Kraak 储气库 2014 年 4 月 1 日~2016 年 9 月 22 日的储气量和工作气量

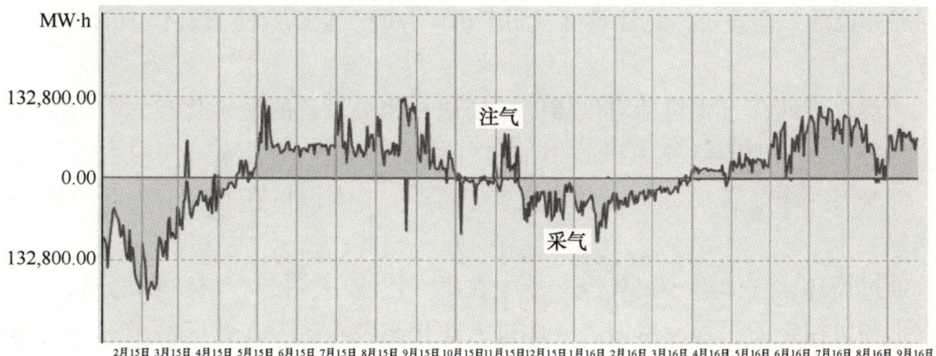

图 2. 3. 23　7Fields 储气库 2014 年 4 月 1 日~2016 年 9 月 22 日的注采曲线

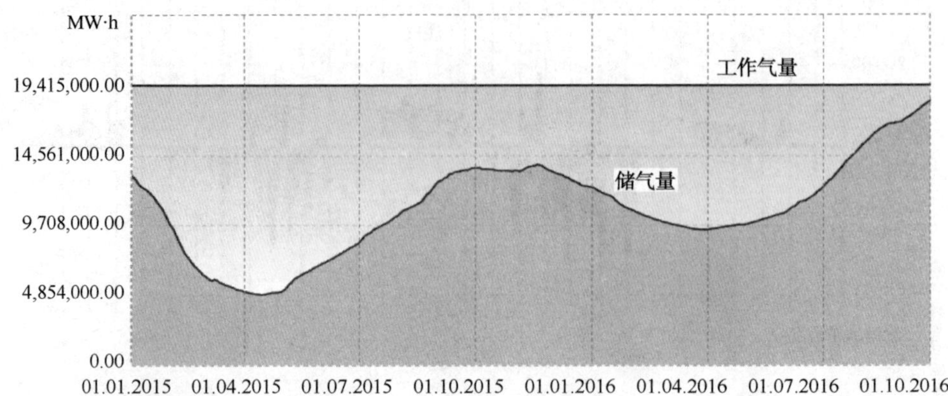

图 2. 3. 24　7Fields 储气库 2014 年 4 月 1 日 ~2016 年 9 月 22 日的储气量和工作气量

欧洲运行中、建设和规划的储气库详细信息如表 2. 3. 4、表 2. 3. 5 和表 2. 3. 6 所示。

2. 4　欧洲储气库地面系统

2. 4. 1　俄罗斯天然气股份公司(Gazprom)

地下储气库的技术操作可大概分为三个阶段：注入气体，储存气体，排出气体。气体注入过程包括根据工艺图中需要设置的参数将气体注入储气库中。把干线的气体送入过滤区域，从而将机械杂质清除。接着气体进入计量单元，再到达压缩机车间进行压缩，然后再通过收集器并被送到分配点。在分配点处，气体流入与钻孔回路相连的工艺管线，此管线可以测出每口井的产量以及注气过程中的气体温度与压力。

天然气的储存过程包括对气体储存场地及相关设备的系统化技术，地质以及环境的控制。从地下储气库设施中抽出气体的工艺流程与油田气的生产过程相同，但是有一个显著的区别：整个工作(商业)气体积将在 60 ~ 180 天的期间内收回。

通过循环，气体进入集气点并集中在集气管线中。接着气体进入分离区，将游离水与机械杂质去除。然后，气体进入净化与脱水区，在此区域中进行气体的干燥与低温分离，同时将液滴收集在萃取器中。最后净化与脱水后的气体进入主管线。

表 2.3.4 欧洲运行储气库列表(2015 年)

国家	储气库/站点	运营商	时间	WG/ 10^6m^3	WR/ $(10^6m^3/d)$	IR/ $(10^6m^3/d)$
Austria	Tallesbrunn	OMV Gas Storage	1974	400	3.80	3.00
	Schönkirchen/Reyersdorf	OMV Gas Storage	1977	1834	23.10	15.60
	Thann	OMV Gas Storage	1977	250	3.10	2.70
	Puchkirchen/Haag	RAG. Energy. Storage	1982	1130	13.18	13.18
	Haidach 5	RAG. Energy. Storage	2006	16	0.48	0.48
	Haidach	Astora	2007	880	8.80	8.00
	Haidach	GSA LLC	2007	1760	17.60	16.00
	7Fields	E. ON Gas Storage	2011	1733	21.67	14.45
	Aigelsbrunn	RAG. Energy. Storage	2011	130	1.20	1.20
	Nussdorf/Zagling	RAG. Energy. Storage	2014	117	1.45	1.45
Belarus	Osipovichskoye	Gazprom Transgaz Belarus	1976	360	4.00	0.00
	Pribugskoye	Gazprom Transgaz Belarus	2000	450	4.80	0.00
	Mozyrskoye	Gazprom Transgaz Belarus	2008	275	20.00	0.00
Belgium	Loenhout	Fluxys	1985	700	15.00	7.80
	Chiren	Bulgartransgaz	1974	550	3.40	3.16
Croatia	Okoli	PSP	1988	553	5.76	3.84
Czech Republic	RWE virtual storage：Lobodice，Tvrdonice，Štramberk，Háje，Dolni Dunajovice，Třanovice	RWE Gas Storage	1965	2696	39.19	27.60

续表

国家	储气库/站点	运营商	时间	WG/ 10^6m^3	WR/ ($10^6m^3/d$)	IR/ ($10^6m^3/d$)
Czech Republic	Dolni Bojanovice	SPP Storage	1999	576	9.00	7.00
	Uhřice	MND Gas Storage	2001	235	8.70	4.50
Denmark	Lille Torup	Energinet. dk Gas Storage	1987	423	8.00	3.60
	Stenlille	Energinet. dk Gas Storage	1994	575	8.20	4.80
France	SERENE Nord storage group：Trois-Fontaines l'Abbaye，Cerville，Germigny-sous-Coulombs，Saint-Clair-sur-Epte	Storengy	1970	1470	17.50	13.50
	SEDIANE Nord storage group：Beynes Profond，Beynes Supérieur，Saint-Illiers-la-Ville	Storengy	1956	1187	28.50	17.70
	SEDIANE Littoral / SERENE Sud storagegroup：Chémery，Soings-en-Sologne，Céré-la-Ronde	Storengy	1968	4105	45.50	36.90
	SALINE storage group：Tersanne，Etrez，Hauterives	Storengy	1970	675	155.60	85.20
	SEDIANE B：Gournay-sur-Aronde	Storengy	1976	1310	25.00	9.30
	Saline：Manosque	Geomethane	1993	496	14.00	2.00
	TIGF storage group：Lussagnet，Izaute	TIGF	1957	2765	45.80	23.80
Germany	Hähnlein	E. ON Gas Storage	1960	80	2.40	1.44
	Stockstadt	E. ON Gas Storage	1969	135	3.24	2.16
	Kiel-Rönne	E. ON Gas Storage	1971	25	1.20	0.56
	Kiel-Rönne	Stadtwerke Kiel	1971	71	5.40	0.56
	Bierwang	E. ON Gas Storage	1975	1000	28.54	16.78

续表

国家	储气库/站点	运营商	时间	WG/ 10^6m^3	WR/ ($10^6m^3/d$)	IR/ ($10^6m^3/d$)
Germany	Krummhörn	E. ON Gas Storage	1977	220	6. 72	2. 14
	Breitbrunn	E. ON Gas Storage	1996	992	12. 48	6. 00
	Kraak	E. ON Gas Storage	2000	288	9. 59	4. 07
	Epe E. ON H-Gas	E. ON Gas Storage	1976	1452	40. 80	28. 80
	Epe E. ON L-Gas	E. ON Gas Storage	1976	423	28. 80	8. 40
	Epe RWE H-Gas	RWE Gasspeicher	1990	516	20. 88	6. 24
	Epe RWE L-Gas	RWE Gasspeicher	2012	90	9. 60	4. 80
	Epe RWE NL	RWE Gasspeicher		308	12. 00	4. 80
	Epe Trianel	Trianel	2008	204		
	Epe KGE	Kommunale Gasspeichergesell-schaft Epe	2012	85	4. 80	2. 76
	Epe Eneco	Eneco	2012	100	9. 60	4. 80
	Epe Nuon	Nuon	2007	283	13. 70	8. 60
	Etzel EGL	E. ON Gas Storage	1993	960	31. 68	14. 40
	Etzel EGL	Statoil Deutschland Storage	1993	197	7. 51	4. 07
	Etzel EGL	Total Etzel Gaslager	1993	5	0. 17	0. 08
	Etzel ESE	E. ON Gas Storage	2012	1203	34. 80	33. 19
	Etzel ESE	OMV Gas Storage Germany	2012	455	10. 40	6. 30

续表

国家	储气库/站点	运营商	时间	WG/ $10^6 m^3$	WR/ ($10^6 m^3/d$)	IR/ ($10^6 m^3/d$)
Germany	Etzel ESE	VNG Gasspeicher	2012	156	4.94	4.20
	Etzel ESE	Gas Union Storage	2012	153	2.50	2.40
	Etzel Crystal	Crystal, Friedeburger Speicher-betriebsgesellschaft	2012	398	14.00	7.00
	Etzel EKB	EKB (Etzel - Kavernenbetrieb-sgesellschaft)	2012	700		
	Eschenfelden	E. ON Gas Storage	1976	39	1.27	0.48
	Eschenfelden	N-ERGIE	1976	24	1.00	0.40
	Kalle	RWE Gasspeicher	1978	215	10.80	4.80
	Xanten	RWE Gasspeicher	1985	179	6.72	2.40
	Stassfurt	RWE Gasspeicher	1996	550	13.20	7.44
	Kirchheiligen	VNG Gasspeicher	1973	190	3.00	3.36
	Bernburg	VNG Gasspeicher	1974	973	22.11	10.91
	Buchholz	VNG Gasspeicher	1975	140	1.92	1.20
	Bad Lauchstädt (storage group)	VNG Gasspeicher	1975	1067	22.08	13.90
	Jemgum	EWE Gasspeicher	2013	172	6.00	4.80
	Huntorf L	EWE Gasspeicher	1972	311	9.63	3.30
	Nüttermoor L	EWE Gasspeicher	1979	775	23.98	8.22

续表

国家	储气库/站点	运营商	时间	WG/ 10^6m^3	WR/ ($10^6m^3/d$)	IR/ ($10^6m^3/d$)
Germany	Nüttermoor H	EWE Gasspeicher	1979	544	17. 52	9. 96
	Rüdersdorf H	EWE Gasspeicher	2007	130	3. 36	1. 44
	Reckrod	Gas Union Storage	2001	110		
	Schmidhausen	Storengy Deutschland	1983	150	3. 60	0. 90
	Harsefeld	storengy Deutschland	1992	112	7. 20	2. 16
	Fronhofen	storengy Deutschland	1997	12	0. 80	0. 48
	Uelsen	storengy Deutschland	1997	840	9. 48	7. 16
	Peckensen	storengy Deutschland	2002	400	19. 80	7. 56
	Bremen-Lesum	storengy Deutschland	2000	155	5. 28	2. 52
	Bremen-Lesum	swb(former Stadtwerke Bremen)	2000	73		
	Wolfersberg	BayernUGS	1973	365	7. 20	3. 36
	Frankenthal	Enovos Storage	1979	86	2. 58	0. 63
	Empelde	Gasspeicher Hannover	1982	270	9. 36	2. 23
	Inzenham-West	RWE Dea Speicher	1982	500	8. 40	3. 36
	Sandhausen	terranets bw	1991	30	1. 08	0. 48
	Berlin	BES (Berliner Erdgasspeicher)	1992	1085	5. 38	2. 88
	Rehden	astora	1993	4400	57. 60	33. 60

续表

国家	储气库/站点	运营商	时间	WG/ 10^6m^3	WR/ ($10^6m^3/d$)	IR/ ($10^6m^3/d$)
Germany	Allmenhausen	TEP （Thüringer Energie Speichergesellschaft）	1996	62	1.05	0.74
	Katharina	Erdgasspeicher Peissen	2012	106	1.90	1.10
Hungary	Kardoskút	Hungarian Gas Storage	1978	280	2.90	2.15
	Pusztaederics	Hungarian Gas Storage	1979	340	2.90	2.50
	Hajdúszoboszló	Hungarian Gas Storage	1981	1640	19.80	10.30
	Zsana	Hungarian Gas Storage	1996	2170	28.00	17.00
	Szöreg-1	MMBF	2009	1900	25.00	12.70
Ireland	Kinsale Southwest	Kinsale Energy	2006	230	2.60	2.00
Italy	Cellino	Edison Stoccaggio	1984	118	0.85	0.85
	Collalto	Edison Stoccaggio	1994	580	8.00	5.00
	STOGIT storage group：Cortemaggiore，Sergnano，Brugherio，Ripalta，Minerbio，Fiume Treste，Sabbioncello，Settala	STOGIT	1964	15884	282.50	130.00
Latvia	Inĉukalns	Latvijas Gaze	1969	2320	30.00	17.00
Netherlands	EnergyStock	EnergyStock BV	2011	300	43.20	26.40
	Grijpskerk *	NAM	1997	2400	62.00	14.00
	Norg（Langelo）*	NAM	1997	5600	76.00	42.00
	Alkmaar *	TAQA Energy BV	1997	500	36.00	3.60
	Bergermeer	TAQA Energy BV	2015	4100	57.00	42.00

续表

国家	储气库/站点	运营商	时间	WG/ $10^6 m^3$	WR/ ($10^6 m^3/d$)	IR/ ($10^6 m^3/d$)
Poland	Swarzow	Operator Systemu Magazynowania Sp. z o.o.	1979	90	1.00	1.00
	Brzeznica	Operator Systemu Magazynowania Sp. z o.o.	1979	65	0.93	1.10
	Strachocina	Operator Systemu Magazynowania Sp. z o.o.	1982	360	3.36	2.64
	Husow	Operator Systemu Magazynowania Sp. z o.o.	1987	350	5.76	2.78
	Wierzchowice	Operator Systemu Magazynowania Sp. z o.o.	1995	1200	9.60	6.00
	Mogilno	Operator Systemu Magazynowania Sp. z o.o.	1997	408	18.00	9.60
	Kosakowo	Operator Systemu Magazynowania Sp. z o.o.	2014	51	4.80	2.40
	Daszewo	PGNiG	2009	30	0.38	0.24
	Bonikowo	PGNiG	2010	200	2.40	1.68
Portugal	Carriço	REN Armazenagen	2003	300	7.20	2.04
Romania	Urziceni	Romgaz	1979	250	1.90	1.88

续表

国家	储气库/站点	运营商	时间	WG/ 10^6m^3	WR/ ($10^6m^3/d$)	IR/ ($10^6m^3/d$)
Romania	Bilciuresti	Romgaz	1983	1300	14.40	9.79
	Balanceanca	Romgaz	1992	50	0.50	0.38
	Sarmasel	Romgaz	1995	800	6.60	6.02
	Ghercesti	Romgaz	2004	150	0.80	1.13
	Cetatea de Balta	Romgaz		200	1.00	1.51
	Târgu Mureş	Depomures	2002	300	2.00	2.00
Serbia	Banatski Dvor	Srbijagas	2011	450	5.00	3.50
Slovakia	Láb complex (incl. Gajary-Baden)	Nafta	1977	2480	38.26	31.92
	Láb 4	Pozagas	1997	655	6.85	6.85
Spain	Serrablo	Enagas	1991	820	6.80	3.80
	Gaviota	Enagas	1993	1547	5.70	4.50
	Yela	Enagas	2012	1050	15.00	10.00
	Marismas	Gas Natural Fenosa	2012	686	4.10	4.10
Sweden	Skallen	E. ON Gas Sverige AB	2004	9	0.96	0.36
Turkey	Silivri (Marmara)	TPAO	2007	2661	20.00	16.00
	Sultanhanı (Aksaray)	Botas		1500		
UK	Rough	Centrica Storage	1985	3728	46.00	28.00
	Hornsea	SSE	1979	325	17.00	8.50

续表

国家	储气库/站点	运营商	时间	WG/ 10^6m^3	WR/ ($10^6m^3/d$)	IR/ ($10^6m^3/d$)
UK	Hatfield Moor	SSE	2000	116	2.00	0.00
	Aldbrough I	SSE	2010	270	40.00	0.00
	Hole House Farm	EDF Trading	2001	50	11.00	11.00
	Humbly Grove	Humbly Grove Energy	2005	283	7.36	8.50
	Holford	E. ON Gas Storage UK	2012	168	22.00	22.00
	Stublach	Storengy UK	2014	100	10.80	5.50
Ukraine	Krasnopopivske	PJSC Ukrtransgaz	1977	420	5.00	5.00
	Olyshivske	PJSC Ukrtransgaz	1978	310	2.00	2.10
	Bohorodchanske	PJSC Ukrtransgaz	1979	2300	26.00	40.00
	Uherske (XIV-XV)	PJSC Ukrtransgaz	1982	1900	23.00	23.00
	Oparske	PJSC Ukrtransgaz	1984	1920	21.00	21.00
	Solokhivske	PJSC Ukrtransgaz	1987	1300	7.90	13.00
	Dashavske	PJSC Ukrtransgaz	1987	2150	26.00	26.00
	Kehychivske	PJSC Ukrtransgaz	1988	700	8.50	9.00
	Chervonopartyzanske (former Mryn)	PJSC Ukrtransgaz	1989	1500	10.30	16.00
	Bilche-Volytsko-Uherske	PJSC Ukrtransgaz	1990	17050	120.00	102.00
	Proletarske	PJSC Ukrtransgaz	1991	1000	10.00	10.00
	Verhunske	PJSC Ukrtransgaz	1996	400	5.00	4.00
	Hlibovske	PJSC Chornomornaftogaz (Crimea)	1987	1000	4.50	4.00

注：WG，工作气量；WR，采出速率；IR，注入速率。

表 2.3.5　欧洲建设中的储气库列表(2015 年)

国家	储气库/站点	运营商	时间	WG/ $10^6 m^3$	WR/ ($10^6 m^3/d$)	IR/ ($10^6 m^3/d$)	备注
Belarus	Pribugskoye	Gazprom Transgaz Belarus	2015	150	0.00	0.00	扩建
Czech Republic	Uhřice	MND Gas Storage	2015	10	0.60	0.60	扩建
	Uhřice	MND Gas Storage	2016				扩建
France	Etrez	Storengy	2015	60	4.00	0.00	扩建
Germany	Epe KGE	Kommunale Gasspeichergesellschaft Epe	2015	120			扩建
	Etzel ESE	OMV Gas Storage Germany	2015	75	0.00	0.00	扩建
	Kalle	RWE Gasspeicher	2016				扩建
	Jemgum	EWE Gasspeicher	2015	23			扩建
Italy	Cotignola & San Potito	Edison Stoccaggio	2015	915	7.20	7.20	新建
	Bordolano	STOGIT	2016				新建
Poland	Husow	Operator Systemu Magazynowania Sp. z o. o.	2015	150	0.00	1.37	扩建
Portugal	Carriço	REN Armazenagen	2016				扩建
UK	Hill Top Farm (Cheshire)	EDF Energy	2015	22	15.00		新建
	Stublach	Storengy UK	2015	100	5.20	10.50	扩建

表 2.3.6　欧洲规划中的储气库列表(2015 年)

国家	储气库/站点	运　营　商	备　　注
Albania	Divjaka	Albpetrol	新建
	Dumre	TAP developers	扩建
Bulgaria	Galata	Melrose Resources	新建
	Galata	Melrose Resources	扩建
France	Saline：Manosque	Geomethane	扩建
Germany	Moeckow H	EWE Gasspeicher	新建
Italy	Bagnolo Mella	GSEI（Gas de France Suez Energia Italia）	新建
	Grottole-Ferrandina	Geogastock	新建
	Sinarca	Gas Plus Storage	新建
	San Benedetto	Gas Plus Storage	新建
	Poggiofiorito	Gas Plus Storage	新建
Turkey	Tarsus	Gaz Depo Dogalgaz Depolama，Toren Dogalgaz Depolama	新建
UK	Caythorpe	Centrica Storage	新建
	Aldbrough II	SSE	扩建
	Whitehill Farm	E. ON Gas Storage UK	新建
	Portland-Dorset	Portland Gas	新建
	Gateway	Gateway Storage	新建
	Deborah	ENI	新建
	Esmond Gordon	EnCore Oil	新建

2.4.2 奥地利 OMV Gas & Power 公司

奥地利 OMV Gas&Power 公司的储气库地面系统主要工艺包括：

(1) 预热：天然气在地下的储存压力高达 12MPa。当气体被抽出时，由于压力降低导致温度急剧下降，因此必须通过所谓的“加热器”将其加热到 25℃，也就是脱水的理想温度。加热器由火管和用于待加热介质的加热线圈组成。液体通常是水。加热器结构示意图如图 2.4.1 所示。

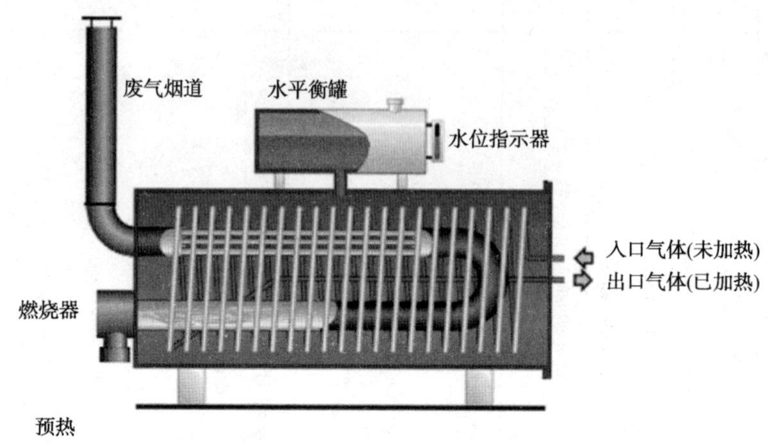

图 2.4.1　加热炉结构示意图

(2) 净化：液体与固体杂质由分离过滤器去除。气体通过过滤器，粒径大于 15μm 的颗粒被捕获在过滤器的纤维素膜中，然后气体流过挡板，气体中的小水滴与挡板碰撞，水滴被收集在分离器下部的储水器中，并被自动释放。过滤器结构示意图如图 2.4.2 所示。

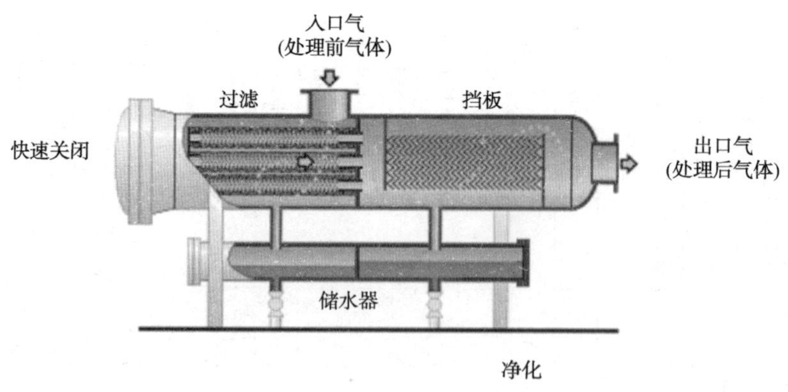

图 2.4.2　过滤器结构示意图

（3）压缩：天然气在管道内流动或被注入地下储存设施时，必须进行压缩，即压力必须提高。驱动压缩机所需要的能量由类似于喷气发动机的涡轮提供。压缩机可将气体压缩到 12MPa 以上。由于气体通过压缩机压缩之后温度会上升，所以天然气必须随后通过冷却器来降温。压缩机结构示意图如图 2.4.3 所示。

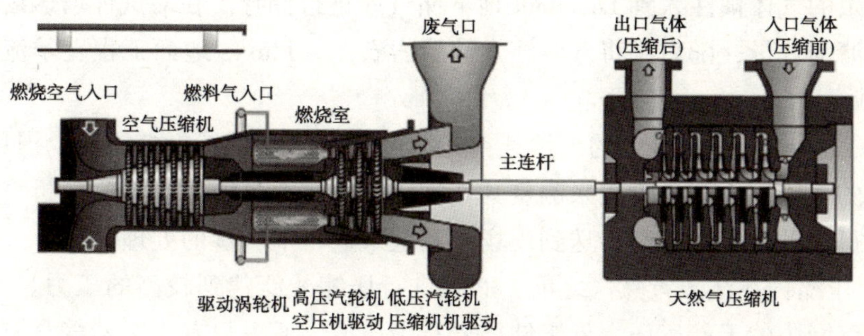

图 2.4.3　压缩机结构示意图

（4）加臭：天然气是无色无味的。为了安全起见，即确保天然气能被注意到，在输送天然气给消费者之前，对天然气进行了加臭。

（5）干燥：用乙二醇对天然气进行脱水是最常见的方法。乙二醇是一种高湿度吸湿液。天然气与乙二醇在相反的方向上流过具有多孔塔盘的压力容器，此时乙二醇吸收天然气中的水蒸气。将乙二醇加热约至 200℃时，吸收的水又蒸发出去，再生后的乙二醇又可以再用于干燥天然气。干燥装置示意图如图 2.4.4 所示。

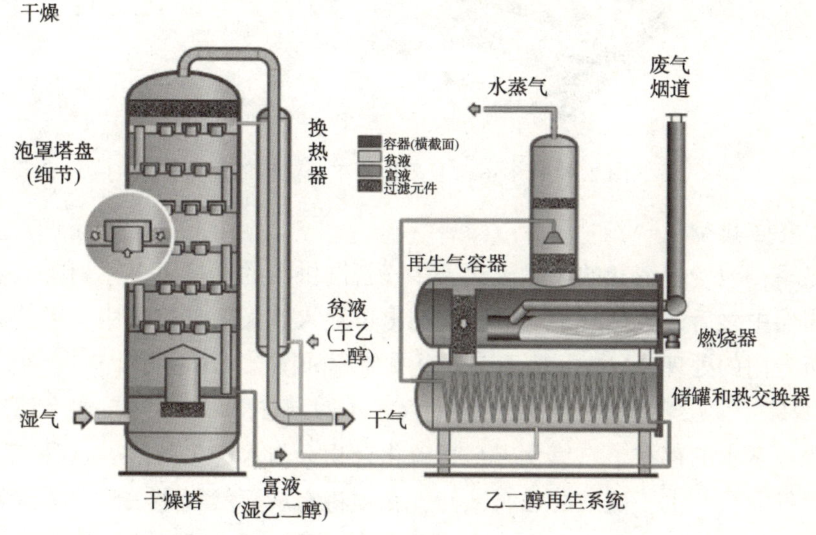

图 2.4.4　干燥装置示意图

2.4.3 比利时 Fluxys 公司

比利时 Fluxys 公司的储气库地面系统工艺在夏季与冬季有着一定的区别。

(1) 夏季填充

在夏季与春季，消费者消耗的天然气比天然气管网供给的气量少。一部分管网中多余的气体被注入到 Loenhout 地下储气库进行储存。在对气体增压之前，先进行过滤与计量，随后再将气体注入储层岩石中。Fluxys 地面工程夏季流程如图 2.4.5 所示。

① 过滤与计量：进入的天然气首先被过滤，以防止其包含的灰尘损坏设备。过滤后的气体进去测量管线来测量其气体体积、压力与温度，随后分析气体的组成，将得到的所有数据都转送到现场控制室来进行下一步的处理。

② 压缩：在注入天然气之前，必须进行压缩才能达到较高的压力。实际上，天然气管网中的天然气压力低于储层岩石中压力。所以只有当天然气具有更高的压力时，它才能使岩石中存在的水排出。

③ 注入：压缩后的天然气被输送到四个平台上。天然气的流量被自动调节。

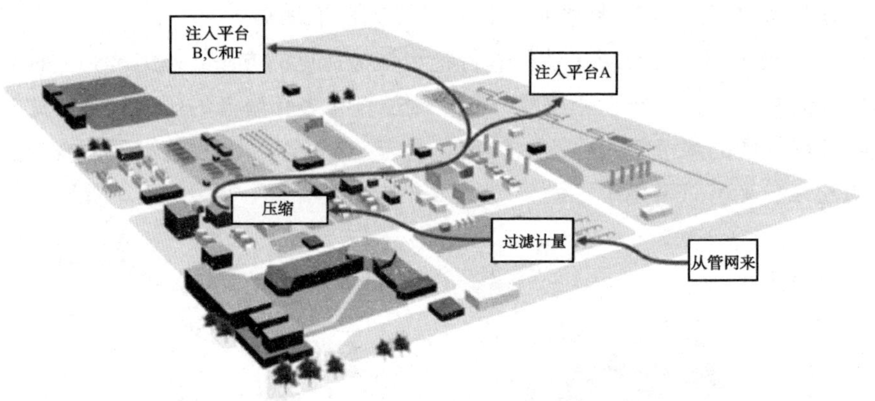

图 2.4.5 Fluxys 夏季地面工程流程简图

(2) 冬季排空

在冬季，消费者消耗的天然气比天然气管网供给的气量更多。由于天然气被储存在岩层中之后，天然气不能被直接抽出再注入到天然气管网中，因此必须先对其进行专门的处理。Fluxys 地面工程夏季流程如图 2.4.6 所示。

① 脱硫：储层岩石中的温度约为 60℃，压力超过 10MPa。在这个温度压力条件下，由于水的存在，二氧化碳与含硫化合物会与水产生硫酸，这种气态物质会与天然气混合。由于硫酸的强腐蚀性，必须将它从天然气中去除。去除操作在每个平台上的脱硫塔内完成，塔内含有用碘化钾浸泡过的活性炭，硫被活性炭吸收，脱完硫但含有水的湿气离开平台。

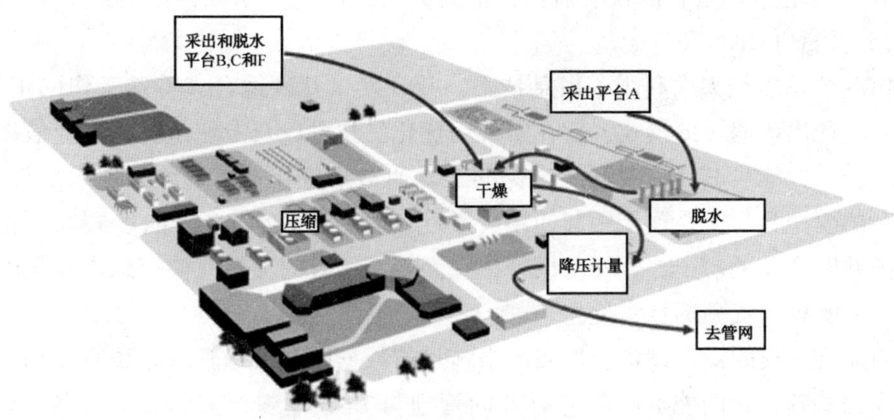

图 2.4.6 Fluxys 地面工程冬季流程简图

② 脱水：天然气在地下储存的期间，不仅含硫，气体也会逐渐变得被水饱和，因此必须对天然气进行干燥。干燥塔是进行此操作的主要设备。气体首先被减压，由于压力降低而导致的温度降低，从而产生冷凝水。冷凝水是从干燥塔底部的气体中析出的，然后依然是水饱和的天然气从下到上向干燥塔的顶部流动。在相反的方向上，三甘醇(TEG)，一种能够大量吸水的物质，从上到下流入干燥塔的底部。这样，天然气就被脱水干燥了。将吸水饱和的三甘醇被送入循环单位进行再生，蒸发出吸收的水后再送回干燥塔再次利用。

③ 减压计量：当脱硫天然气离开干燥塔时，压力仍然有 11MPa，因此必须对它进行减压以达到天然气管网所需压力。在将气体注入天然气管网之前，要先分析天然气的体积、压力、温度和组成。

2.4.4 UGS Industry 公司

对于 UGS Industry，目前在工艺系统上做出了一些革新。

(1) 地面系统改进

① 加压：压缩机技术的改进是非常重要的。改进包括增加使用离心式压缩机，使驱动机与压缩机本身能够利用磁性耦合来连接轴承，同时考虑使用电动压缩机而不是气动压缩机以减少废气的排放。

② 脱水：改进气体脱水装置(例如分子筛)，目的是提高效率以及减少安全距离。

③ 切换：从注入到排放(排放到注入)的转换要快速(目前在盐岩储气库中切换时间能够达到小于 15s)。

④ 计量仪表：从孔板流量计到涡轮流量计再到超声波流量计。

⑤ 维修：采用预防性的维护，与制造商实行协助合同等。

⑥ 其他：采用远程的视频监控，采用更加灵敏可靠的气体探测器。

(2) 信息技术

UGS公司已经大大利用了信息技术，并开发了几种适合其特殊工作的工具，例如：设计出快速援助模式，旨在实现用优化的技术以及专业系统的商业效率来驱动 UGS，并减少其反应时间。这样的工具通常集成在地下设施和地面部件上。最复杂的模型是与交易模型一起使用。最近，捷克的 RWE Transga 公司与斯伦贝谢集团共同开发了一个综合性的模型，它涵盖了所有的天然气储存地点与天然气管网，并实现了资源的日常优化。

自动且远程的操作设备已发展起来。目前数据库和数据管理系统有了相当广泛的应用基础，它们能够收集并有效的管理与 UGS 设施相关的大量信息，有助于提高数据的可靠性和预估与预期行为的偏差。

(3) 安全

提高 UGS 设施的整体安全性有两种不同的途径：采用最先进的设备以及改进操作，提高人们对安全问题的认识。具体如下：

① 更加一般化的广泛使用现有技术(双重完整性原则，目前在欧洲广泛应用，但在美国没有推广)以及地面控制的地下安全阀的普遍使用。

② 要求对储存场地及周围环境进行更加密切的监测。

③ 更加严格的监管结构，例如欧洲的 SEVESO2 和 SEVESO3 指令(正在筹备中)，它们要求系统地实施安全研究，同时推广 HAZOP 研究，安全审计与应急响应规划。

④ 由储气库设计师或运营商协会(IGU，SMRI 等)或监管层(欧盟，美国联邦的法规)来推动最优实施与通用规则的定义和应用。

2.4.5 德国 Technip Germany GmbH

德国 Technip Germany GmbH 地下储气库地面系统工艺流程如图 2.4.7 所示。

(1) 压缩单元

① 压缩机类型：涡轮增压机，往复式压缩机，离心式轴流压缩机，螺杆式空气压缩机。

② 发动机布置：串行，并行。

③ 操作压力：进口 4~8MPa，出口 10~22MPa。

(2) 干燥单元

① 干燥流程类型：LTS 系统，分子筛，乙二醇装置，涡流技术。

② 选择标准：气体杂质，抽气的压力范围。

③ 平均露点：水露点为 7MPa 时为-8℃，碳氢化合物为 7MPa 时为-2℃。

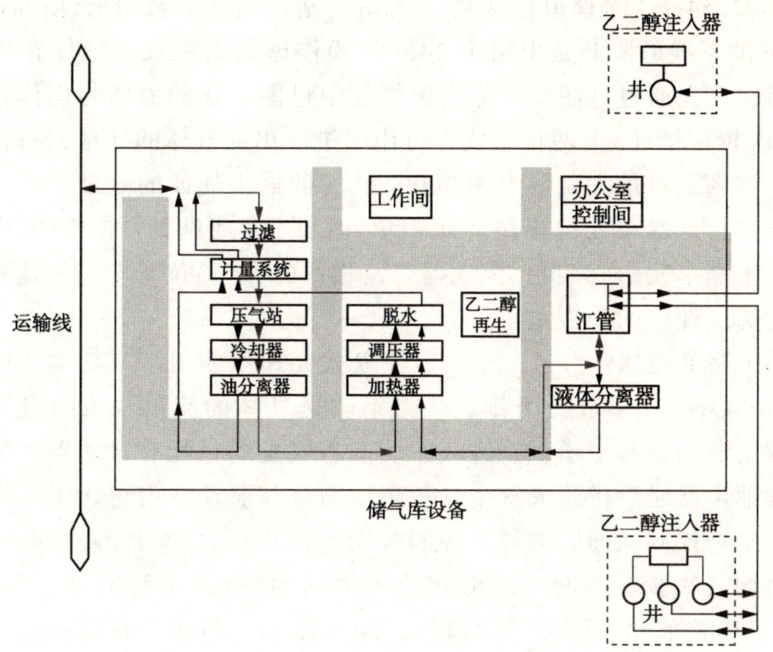

图 2.4.7　德国 Technip Germany GmbH 地面系统工艺流程图

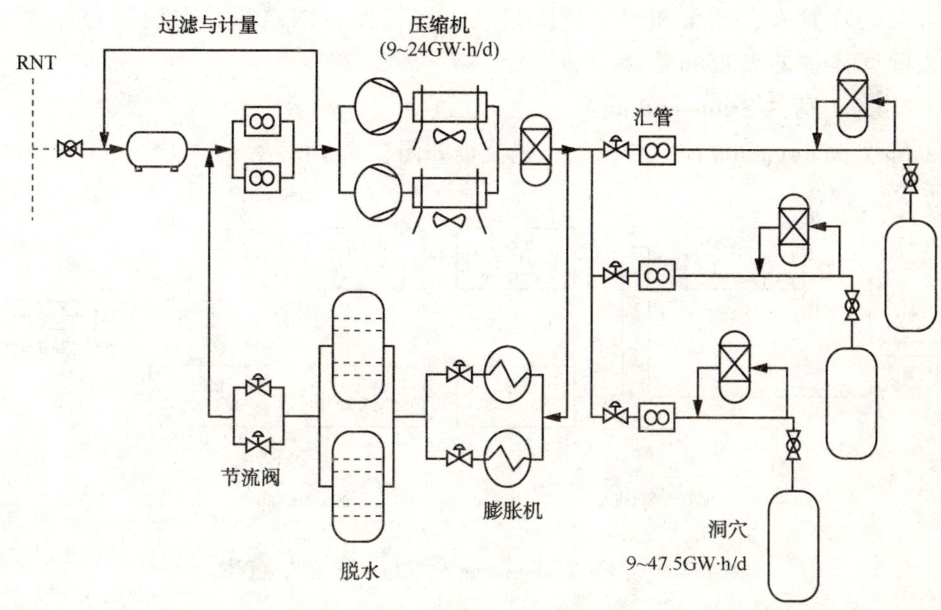

图 2.4.8　Carriço 天然气地面工艺流程图

2.4.6　葡萄牙 KBB Underground Technologies

Carriço 天然气地面设施工艺流程如图 2.4.8 所示。天然气通过外径为

28in(1in=2.54cm)的管道输送到注入站。站入口的管线外径为24in。注入站与28in的管线的隔断是由两个24in的操作球阀来完成。气体在进入计量单元之前，首先通过过滤器，除去天然气中可能存在的液体与固体杂质。计量单元(涡轮流量计)由两排组成，可用于进、出的气体的计量，每排流量计的尺寸能够满足对最大流量为300000 m^3/h 的输出气体的处理。由开采阶段的情况可知，计量单元的出口与压缩单元(注气)或站场(采气)的出口相连接。两个压缩单元(压缩机，驱动器以及相关的程序)位于专门的建筑中，以便减少对周围环境的噪声水平。

每个压缩单元都包含了一个一级往复式高速压缩机，其功率范围可达到1000~3000kW。功率取决于排放压力下输送气体的流量。压缩机安装在带有燃气驱动器的公共滑道上。进气系统上燃气发动机配有过滤器，烟气通过催化剂和消声器之后排到大气中。每组压缩机与驱动器由包含了可编程逻辑控制器的本地控制版面来监视，控制版面允许执行启动与停止序列，能控制负载的增加或减少，同时也能够在三种不同的模式(远程自动，本地自动，手动)下对压缩单元进行完全的监控，能对振动、超速、高温和高压以及其他参数异常等故障进行保护，控制版面连接到注采站的主监控系统。吸入管线与排出管线都配备有脉动阻尼器。在压缩机的下游，气体流过空冷器，它由多层翅片管束、插头和引风系统组成。在气流压缩之后，全流量过滤器可以去除气体中的夹带和悬浮的油颗粒。

2.4.7 荷兰 Zuidwending

荷兰 Zuidwending 注气与采气工艺流程如图 2.4.9 所示。

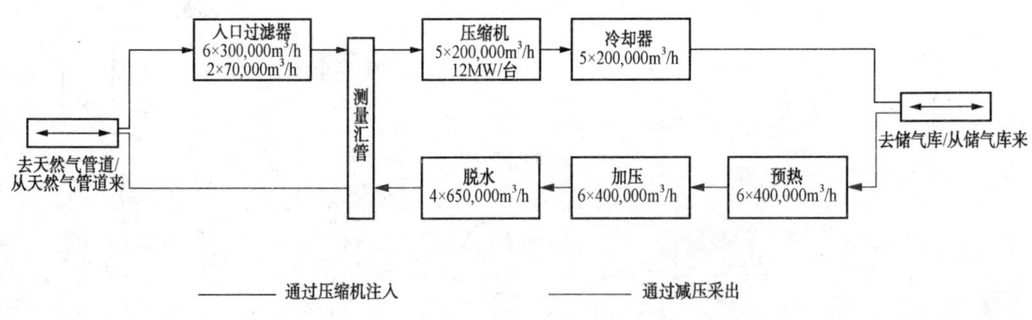

图 2.4.9 荷兰 Zuidwending 注气与采气工艺流程图

2.4.8 Cameron 储气库

Cameron 地面系统注采气工艺流程如图 2.4.10 所示。

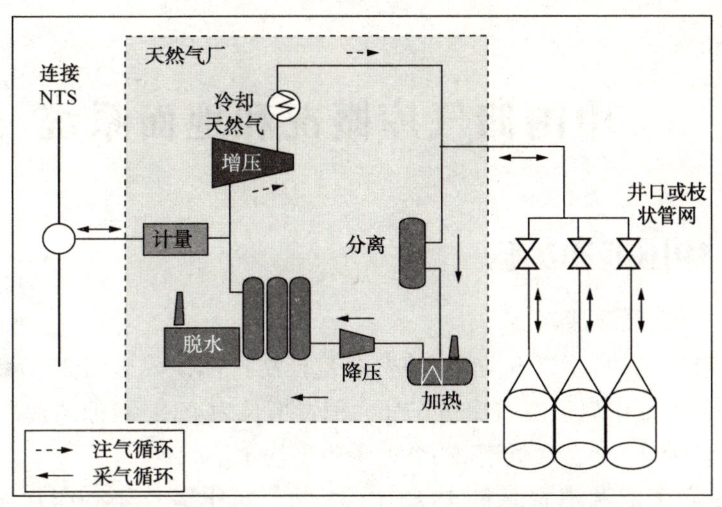

图 2.4.10　Cameron 储气库注采气工艺流程图

参　考　文　献

[1] 丁国生，李文阳．国内外地下储气库现状与发展趋势[J]．国际石油经济，2002，10(6)：23~26.

[2] 吴忠鹤，贺宇．地下储气库的功能和作用[J]．天然气与石油，2004，22(2)：1~4.

[3] 张艺．金坛盐矿老腔改建储气库可行性研究[D]．重庆：重庆大学，2011.

3 中国储气库概况和地面系统

3.1 中国能源结构

3.1.1 一次能源消耗

根据政府提出的“十二五”能源消费总量控制目标，截止到2016年，中国一次性能源消费总量中煤消费占比达67%，消费增长为4%；石油消费占比17.8%，石油产量增长为0.6%，远低于2.1%的十年平均水平。

2015年我国能源消费总量43×10^{8}t标煤，同比增长4000×10^{4}t标煤，增幅仅为0.9%，较2014年下降了1.3个百分点。2015年我国能源消费总量当中，煤炭占比64.0%，同比下降了2.0个百分点，较2010年的69.2%下降了5.2个百分点；石油占比18.0%，同比增长0.9个百分点，较2010年的17.4%增长了0.6个百分点；天然气占比5.9%，同比增长0.2个百分点，较2010年的4.0%增加了1.9个百分点；电力及其他占比12.1%，同比增长0.9个百分点，较2010年的9.4%增长了2.7个百分点。近年来煤炭消费占比不断下降和电力、天然气等清洁能源消费占比不断增长表明了我国能源消费结构持续改善的态势。

2015年我国天然气消费量为$1853\times10^{8}m^{3}$，同比增长$92\times10^{8}m^{3}$，增幅仅为5.2%，低于2014年7.3%的消费增速。2005年至2015年十年间，我国天然气消费年均增长$138\times10^{8}m^{3}$，年均增幅14.7%，远高于煤炭、石油消费增长幅度。天然气占能源消费结构中的比例也逐步提高，由2005年的2.4%增长到了2015年的5.9%，较2014年增长了0.2个百分点。2005年至2015年天然气消费量及消费增速如图3.1.1所示。

3.1.2 中国天然气供应结构

到2015年为止，我国天然气进口来源国数量稳步增长，涉及区域不断拓展，进口来源国从2007年的4个逐渐增加到2014年的23个，进口来源区域从以亚太地区为主，逐步扩展到中亚、中东、非洲、欧洲等地，形成全方位的进口空间格局。2015年我国天然气国产气量为$1354\times10^{8}m^{3}$，同比增长3.5%；进口天然气量为$626\times10^{8}m^{3}$，对外依存度为32.1%，同比下降0.3个百分点，中国天然气进口市场结构如表3.1.1所示。

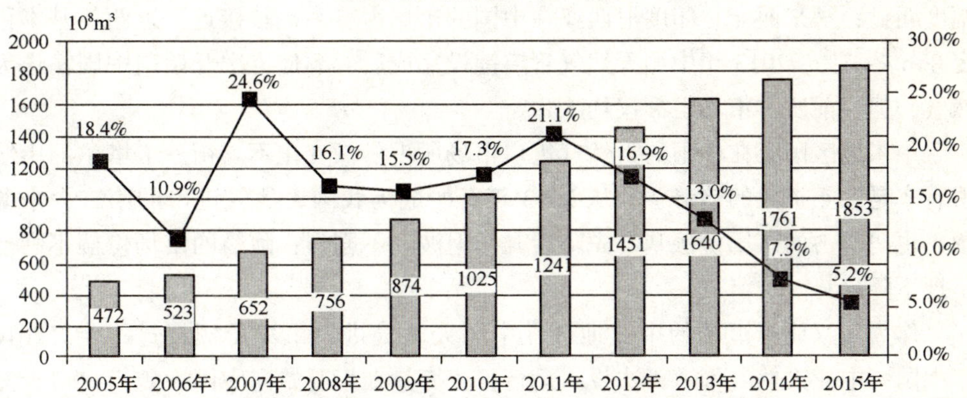

图 3.1.1　2005~2015 年我国天然气绝对消费量及消费增速

表 3.1.1　中国天然气进口市场结构表

进口来源国	2008 年	2009 年	2010 年	2011 年	2012 年	2013 年	2014 年	2015 年
土库曼斯坦				21.73%	45.92%	51.48%	46.51%	43.7%
澳大利亚			7.24%	10.1%	10.32%	16.35%	17.76%	15.71%
马来西亚		0.26%	11.85%	9.92%	6.96%	6.08%	6.98%	6.99%
缅甸							0.41%	5.14%
乌兹别克斯坦						0.36%	5.51%	4.17%
也门				4.42%	3.59%	1.97%	2.94%	2.39%
赤道几内亚		3.51%	1.06%	0.50%	0.53%		1.05%	1.67%
尼日利亚	2.18%	5.44%	1.12%	1.09%	3.17%	0.99%	0.96%	1.00%
哈萨克斯坦							0.3%	0.68%
巴布亚新几内亚								0.67%
阿尔及利亚	10.73%	3.87%				0.19%	0.15%	0.55%
西班牙								0.44%
俄罗斯			3.44%	3.19%	1.12%	1.24%		0.30%
阿曼	2.4%		1.19%			0.21%		0.30%
安哥拉							0.17%	0.30%
挪威								0.29%
埃及		5.45%		0.49%	0.79%	0.96%	1.12%	0.28%
文莱								0.27%
特立尼达和多巴哥			1.06%	0.41%	1.45%	0.54%	0.28%	0.24%
其他国家				1.02%	1.23%		0.13%	0.01%

较早与中国建立天然气贸易往来的亚太地区国家所占的市场份额处于下降通

道中，澳大利亚从2008年到2011年一直是第一大来源国，市场占有率逐年下降幅度明显；马来西亚、印度尼西亚在中国的市场占有率比较接近，近两年基本稳定在6%~7%；2013年中缅天然气管道铺设完成后，缅甸再次开始向中国输送天然气，但目前所占市场份额仅约5%。

中东地区国家在中国的天然气进口市场所占份额变化不均衡。卡塔尔的市场占有率是逐年扩大的趋势，并从2013年开始成为我国天然气进口的第二大来源国；也门所占的市场份额基本先降后升，但波动不剧烈；阿曼的市场份额不高且呈现下降趋势。

作为新兴能源市场的中亚地区在中国天然气进口市场份额超过一半。2010年中国—中亚天然气管道正式投入运行，土库曼斯坦开始向中国大规模出口天然气，并且从2012年开始，超越澳大利亚成为中国天然气进口的第一大来源国；2015年乌兹别克斯坦在中国的市场份额排第七，哈萨克斯坦所占市场份额不高。

非洲地区国家在中国的市场份额下降幅度比较大，目前所占市场份额不高。2008年非洲国家所占市场份额为18.27%，而2015年所占市场份额仅为4.47%。主要原因一方面是中东及中亚国家向中国出口天然气挤占了市场份额，另一方面是因为运输距离较远，运输成本高，国内LNG接收终端基础设施也不完善。

3.1.3 天然气消费结构

2015年我国天然气绝对消费量为$1853\times10^8m^3$，同比增长$92\times10^8m^3$，增幅仅为5.2%，低于2014年7.3%的消费增速；城市燃气和发电用气拉动我国天然气需求增长，工业燃料用气同比小幅增长。2015年我国新建天然气管道约3500km，同比减少1800km，地下储气库调峰气量为$25.8\times10^8m^3$，仅占我国天然气消费总量的1.4%。

2015年我国天然气消费结构仍以工业燃料和城市燃气为主，工业用气量同比小幅下降；城市燃气、天然气发电用气呈现快速增长态势，天然气化工受产能过剩的影响，维持了下跌的趋势。消费结构如图3.1.2所示。

2015年我国工业燃料用气$666\times10^8m^3$，用气同比下降$3.7\times10^8m^3$，降幅0.6%，降幅较小。发电用气为$320\times10^8m^3$，同比大幅增长$61.7\times10^8m^3$，增幅高达23.9%，用气占比17.2%，较2014年增长了2.6个百分点。2015年我国化工用气$237\times10^8m^3$，同比下降$26\times10^8m^3$，降幅9.9%，用气占比12.8%，占比最小。2015年我国城市燃气用气量为$631\times10^8m^3$，同比增长$60.2\times10^8m^3$，增幅10.6%，城市燃气用气量在我国总用气量中占到了34.0%，较2014年增长了1.6个百分点，仅次于工业燃料，为我国第二大用气结构。2015年我国七大用气结构用气情况及同比增长如图3.1.3所示。

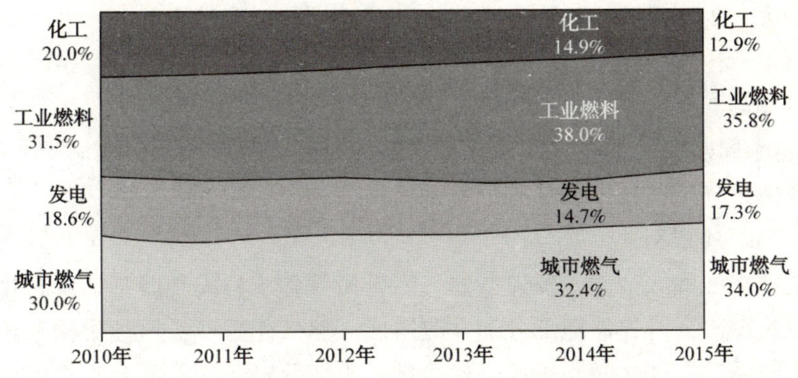

图 3.1.2　2009~2015 年我国天然气消费结构变化趋势

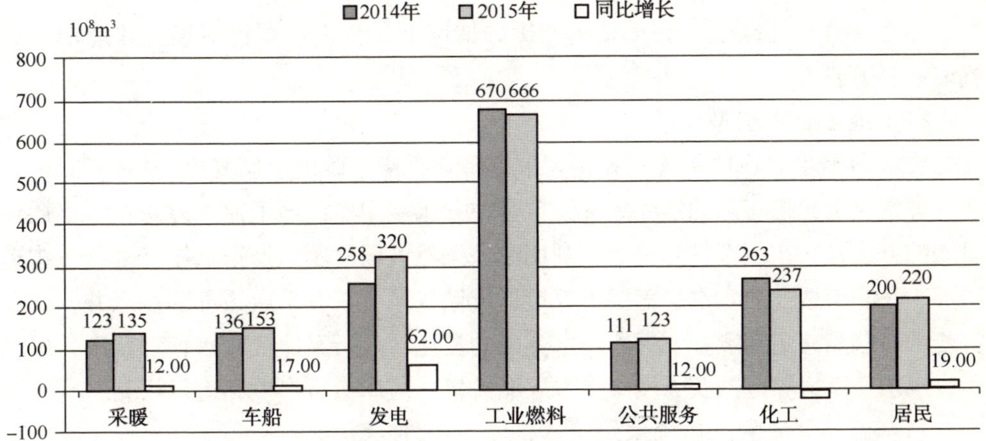

图 3.1.3　2015 年我国七大结构用气情况及同比增长

3.2　中国储气库概况

3.2.1　储气库类型

(1) 枯竭气藏型

利用已开采枯竭废弃的气藏，或开采到一定程度的服役气藏，停止采气转为夏注冬采的地下储气库，这是在各种地下岩层类型中建造地下储气库的最好选择，其主要优点如下：

① 有很大的天然气储气容积空间，并具有良好的渗透条件。

② 有盖层、底层、无水驱或弱水驱，具备良好的封闭条件，密闭性好，储气不易散溢漏失，安全可靠性高。

③ 有较多现成采气井可供选择利用。作为注采气井，有完整配套的天然气

地面集输、水、电、矿建等系统工程设施可供选择，建库周期短，试注、试采运行把握性大，工程风险小，有完整成套的成熟采气工艺技术。

④ 不需或仅需少量的垫底气，一般调峰工作气量为注气量的70%～90%，注入气利用率高。

⑤ 建库周期短，试注、试采运行把握性大，工程风险小，实施快。有完整、成套的成熟采气工艺技术和熟练的技术人员。建库费用低。

（2）枯竭油藏型

利用枯竭油藏或油藏气顶建造储气库，虽具备了枯竭气藏型的部分优点，但缺点也较为突出，首先需把部分油井改造成天然气注采井，原油集输系统也要改为气体集输系统；其次随同采气必然会携带出部分轻质油，因此需新建配套轻质油脱除及回收系统，而且建造周期长，需试注、试采运行，检验、考核，建库费用较高。

尽管存在上述缺点，在无枯竭气田的情况下，枯竭油藏仍不失为建造地下储气库的良好选择。

（3）地下含水层型

在大型工业中心和大城市附近，并非都有适于建设地下储气库的枯竭油气田。在这种情况下，最有利的建库条件便首推在含水层中建设地下储气库。在含水层中建库的方法是，在顶部打井注气，利用注入天然气以气驱水，把水排开推移至构造边部。在非渗透性的含水层盖层下直接形成储气场所。在水层边部利用老井，或新打若干口监测井定期测井、探测气水界面的变化，分析天然气驱水移动状况，以便确定水层气库边界范围及天然气在水层漏失量、气库运行参数和运行状况。

适合做储气库的地下含水层应具备以下条件：

① 地质构造是穹隆型隆起或背斜构造，有完整封闭的地下含水层构造，无断层。含水岩层有一定孔隙度、渗透率，可作为储气的容积空间，越大越好。

② 含水岩层上下有良好的盖层及底层，密封性好，注气后不会发生漏失、散溢。通常气库的漏失率要控制在3%以内。

③ 含水岩层埋藏有一定深度，能承受一定的注气能力，与城市生活用水等水源不相互连通。

利用含水层建造储气库存在的不利因素是：勘察、研究选库工作难度大，工作量大，时间长，需钻一定数量的注采井、观测井；需建设完整的配套工程，投资运行费用高；气库需要一定的垫底气，垫底气量一般是气库储气量的35%～65%（一般取50%）；储气量、调峰能力较枯竭油气藏小。

（4）盐穴型

对于周围缺乏多孔结构地下构造层的城市，特别是在具有巨大的岩盐矿床地质构造的地区，将天然气储存在地下含盐岩层内，在短期内实现提供高容量的储备，也是目前各国普遍采用的方法。盐穴天然气储气库的建造分为两种：一是将废弃的采盐盐穴改建为天然气地下储气库；二是新建盐穴储库。

盐穴储库的特点是，单个岩盐空间容积大，最大可达 $500\times10^4m^3$ 以上，储气量可达 $1\times10^8m^3$，开井采气量大，调速快，调峰能力强，储气无漏损。与其他地下储存方式相比，虽然建库的投资成本较高，天然气有效容积相对较小，但产气能力相对较高，注气时间短，垫层气用量少，最适合日调峰负荷的平衡。

(5) 废弃煤矿井型

利用采过煤的废弃地下矿井及巷道容积，经过改造修复后作为地下储气库。优点是废物利用，建库费用小；缺点是通常矿井有裂缝发育，密封性差，高压注入天然气易漏失，易导致灾害发生，安全性差。因此需做较长时间的试注、观察和监测，建库周期长，经营运行成本高。

3.2.2 天然气储气库的作用

(1) 季节用气调峰

天然气消费存在着时间上的不均衡性，如小时不均衡性、昼夜不均衡性、周和月不均衡性等。耗气量的不均衡性系数为某段时间内实际耗气量与该时间平均耗气量之比。天然气用气市场，尤其是大城市居民用气，一个突出的特点是用气量的不均衡性，用气量在一年中、一月中、乃至一天中都是变化波动的，白天特别是一日三餐时间用气多，夜间用气少；冬季用气多、夏季用气少。冬夏两季用气量的差值非常悬殊。

输气管道一般按照满足年输气量设计，日常满负荷运行最经济。长距离输气管线输量虽然可以调节，但可调节范围小，满足不了冬季高峰用气量的需求，这就决定了需要建设天然气储存设施。

(2) 事故应急

气源或上游输气系统故障、甚至上游设施停产检修等，都有可能造成供气中断；输气干线管道一般输送距离较长，管道沿线地形地貌复杂，存在一定的事故隐患。长距离输气干线管道一旦出现事故，则可能中断供气。而对于城市居民用户以及冶金、玻璃等部分工业用户，一旦停气则可能增加社会不稳定因素和给工业企业带来不可估量的经济损失。储气库可作为备用气源，当供气中断时，抽取储气库中的天然气，保证向固定用户连续供气，提高供气的可靠性，供用户应急之用。

(3) 降低输气成本，提高管网利用率

储气库可使天然气生产系统的操作和输气管网的运行不受天然气消费高峰和消费淡季的影响，有助于实现均衡性生产和作业；有助于充分利用净化及输气设施的能力，提高管网的利用系数和输气效率，降低输气成本。

国内外相关资料表明，没有配套储气库的长输管道系统输气能力只能达到80%~85%，而建有配套储气库的长输管道系统不仅可以充分发挥其输气能力，而且输气干线和压缩机站的投资比没有地下储气库的管道系统减少20%~30%。

(4) 国家天然气资源战略储备

近几年，随着中国经济的高速发展，我国对能源的需求与日俱增。天然气作为能源结构中重要的组成部分，在经济发展和能源消费中所占的比例越来越显著。目前，我国国内天然气资源有限，仅能满足部分用户的消费需求，部分资源依靠进口。一旦国家外部环境出现动荡，依赖进口气将受到极大的限制，必将造成用气紧张，出现社会不稳定现象。美国等发达国家均已建立完备的国家天然气资源战略储备体系，在其国内大量建立地下储气库，以避免出现天然气资源紧张的情况。因此，我国也应该适时开展储气库规划建设，完善国家天然气资源战略储备体系。

在天然气系统中，解决调峰储备有多种方式。按照储存形式分类，可分为地上储罐储存、长输管道末端储气、高压管束储气、地下枯竭油气藏储气、地下盐穴储气、地下含水层储气、废弃矿井储气、地下内衬岩洞储气及液化天然气储气等多种形式。地下储气库与地面储气罐相比，具有投资省、地面设施占地面积小、安全性好、库容量大、对用气不均匀性调节能力强等优点，被各国普遍采用，成为天然气输配系统安全稳定运行的重要手段。但建设地下库必须具备一定的地质条件，站址选择的条件比较苛刻。

综上所述，建设储气库项目不仅是调整供气区与用户区因年峰谷差、季峰谷差、管道检修、意外事故等原因造成供气不平衡的重要手段，也是安全平稳供气和天然气管道输配系统高效运行的重要保证。此外，盐穴型储气库采卤可用于生产高纯度的精制盐、烧碱及漂粉精产品，提高盐矿资源的经济附加值，变资源优势为经济优势，促进当地盐化工的经济发展。由于地下储气库在调峰和保障供气安全上具有独特的优越性，地下储气库的建设受到许多国家的重视，天然气生产和消费大国都把地下储气库的建设作为天然气上下游一体化工程的一个重要组成部分进行总体规划。欧美国家在不断加大储气库的建设力度，以增大储气量。除常规的调峰应急外，已经开始研究建立天然气的战略储备。地下储气库在天然气的供给上发挥着非常大的作用。据统计，世界用天然气量中约10%是由地下储气库进行周转和供应，欧洲用气量的20%是通过地下储气库供应的。

3.2.3 中国储气库发展现状

地下储气库建设国外已有近百年的历史，而中国尚处于起步阶段。作为陕京输气管道配套工程的大张坨地下储气库，是满足首都北京用气调峰的中国第一座城市调峰用地下储气库，该地下储气库2000年建成投用，拉开了中国地下储气库建设的序幕。

国外地下储气库按气库作用分为调峰储气库和应急(战略)储气库，按地质条件分为油气藏储气库(占 78%)、水层储气库(占 12%)和盐穴储气库(占 10%)，其中油气藏型储气库和水层储气库是将天然气储存在天然的岩石孔隙中，盐穴储气库是将天然气储存在人工溶盐后形成的腔体中。与油气藏气库相比，水层储气库需要更多的垫底气，注气和采气时需要更严密的监控，其储气及调峰能力较低。盐穴储气库垫底气量低、工作气量注采频率高，虽然建设投资高，但每年多个注采循环使天然气的单位注采成本相对并不高。

国内最早建成的地下储气库是中国石油大港油田公司的大港地下储气库群，包括 6 座地下储气库，均为油气藏型，特点是注采期长、达容周期长，用于满足首都北京用气的季节及月调峰，建库成本较低。国内已建成的首座盐穴储气库位于江苏金坛(有效工作气量为 $17.14\times10^8m^3$，日注气能力为 $900\times10^4m^3$，日采气能力为 $1500\times10^4m^3$)，盐穴储气库的特点是建库周期长，注采期灵活，注采量大，调峰能力强，用于满足日、周、月调峰，建库成本高。

3.2.4 华北地区储气库建设情况

文 96 地下储气库为榆林—济南输气管道的配套储气库，承担着河南、山东市场的季节调峰及事故应急供气。文 96 地下储气库设计库容为 $5.88\times10^8m^3$，工作气量为 $2.95\times10^8m^3$，调峰供气 $350\times10^4m^3/d$、应急供气 $350\times10^4m^3/d$。

除中石化已建的文 96 储气库外，目前华北地区已建大港、华北两个储气库群，分别属于中石油大港储气库公司及华北储气库公司。大港储气库群和华北储气库群构成的陕京管网地下储气库系统，主要向京津冀地区提供调峰、应急供气。

天津大港地下储气库群包括 2013 年建成及投产的大张坨储气库、板 876 储气库、板中北储气库、板中南储气库、板 808 储气库、板 828 储气库共 6 座储气库，是陕京管线储配气系统的重要组成部分。大港油田储气库群储气量 $69.57\times10^8m^3$，工作气量 $30.58\times10^8m^3$，最大日调峰量达 $3400\times10^4m^3/d$。

板南储气库于 2014 年 6 月投产，库容量 $10.13\times10^8m^3$，工作气量为 $4.27\times10^8m^3$，主要担负着天津滨海新区天然气调峰任务，可为北京提供部分应急用气，最高日采气量 $427\times10^4m^3/d$。

华北储气库群目前主要包括陕京输气管线系统配套建设的京 58、苏桥两个储气库群。已建的京 58 地下储气库群包括京 58、永 22 和京 51 共 3 座地下储气库，总储气量 $18.7\times10^8m^3$，工作气量为 $7.5\times10^8m^3$。

苏桥储气库群包括苏 1、苏 20、苏 4、苏 49、顾辛庄五个储气库，总设计储气量为 $67.38\times10^8m^3$，工作气量为 $23.32\times10^8m^3$。华北地区已建储气库情况如表

3.2.1 所示。

表 3.2.1 华北地区已建储气库情况 $10^8 m^3$

序号	省(市区)	储气库名称	设计库容	设计工作气量	有效工作气量
1	天津	大张坨	17.8	6.0	6.0
2		板 876	4.7	1.9	1.3
3		板中北	24.5	11.0	6.2
4		板中南	9.7	4.7	1.7
5		板 808	8.2	4.2	1.8
6		板 828	4.7	2.6	1.1
7		板南	10.1	4.3	1.0
8	河北	京 58	8.1	3.9	1.6
9		京 51	1.3	0.6	0.2
10		永 22	6.0	3.0	1.6
11		苏桥	67.4	23.3	2.1
12	河南	文 96	5.9	3.0	2.3
合计			168.4	68.5	26.9

3.2.5 金坛储气库

天然气的上游、中游一般按照满足年输气量设计，日常满负荷运行最经济，而下游的用气量则是根据季节、昼夜、小时的不同在变化，不均衡性是天然气消费的一大特征。在天然气供应和消费之间一直存在着供应均衡与需求变化的矛盾。为避免出现用气季节紧张或意外致停气现象的出现，必须采用有效手段来解决季节用气调峰和意外事故应急问题。从保障用气安全来说，这一因素的重要性则更加突出。作为天然气系统工程，天然气储气库是其重要的组分。储气库是调整供气区与用户区因年峰谷差、季峰谷差、管道检修、意外事故等原因造成供气不平衡的重要手段，也是安全平稳供气和天然气管道输配系统高效运行的重要保证。建设金坛地下储气库具有以下几方面作用：

(1) 季调峰用气储备

天然气供需链上，天然气的需求量在时间上的波动和不均衡性，是影响供气平稳性和经济性的主要因素。而为解决供需不平衡这一矛盾，采取的主要措施是实行天然气储备，即在用气低峰时期将系统富余的气量储存在下游的储气库中，在用气高峰系统能力不能满足供应时，再将储气库中的天然气释放出来，以保证下游的高峰用气量，达到调节供需不平衡的目的。天然气消费需求量的不均衡性，主要有以下三种：小时不均衡性、日不均衡性、月(季节)不均衡性。小时和日不均衡性主要取决于人们的生活方式，取决于人们工作和休息时间的交替。气温的季节性变化是引起天然气需求量月(季节)不均衡或波动的主要原因。在我国，城市燃气的小时不均衡系数较大(有些地区可达到3)，但因时间短，调峰量较小。日不均衡系数较小，调峰量也不大，因此小时及日不均衡性一般是由下游用户自建储气设施或利用输气管道末端储气来解决。而季不均衡系数虽然不大，但调峰时间长，调峰量较大，单靠一个城市或几个用户不能解决，目前一般季不均衡性则由上游气田或管道输送方解决。建设金坛地下盐穴储气库可以作为"川气东送"系统工程的季调峰储备设施，解决上中下游的供需矛盾。

(2) 事故应急储备

气源厂、上游输气系统或者长输管道发生故障都有可能造成供气中断。川气东送管线总长1700km，管道沿线地形地貌复杂，洪水、泥石流、地震、风暴等自然灾害及人为施工等造成的管线事故，均可能造成供气中断。一旦供气中断，将对一些不可中断的工业用户造成不可估量的经济损失，对城市居民生活和公建用户造成严重影响。建设金坛地下盐穴储气库可作为上游或管道故障时的应急补充气源，当供气中断时，可以释放储气库中的天然气，为那些不可中断用户供气，以保证供气的连续性和可靠性。

(3) 有助于生产系统和输气管网运行的优化

建设地下储气库可使天然气开采、生产系统和输气管网的运行不受天然气消费的影响，有助于实现均衡性生产和作业；有助于充分利用气田及输气设施的能力，提高管网的利用系数和输气效率，降低输气成本。国内外相关资料表明，没有配套储气库的长输管道系统输气能力只能达到80%~85%，而建有配套储气库的长输管道系统不仅可以充分发挥其输气能力，而且输气干线和压缩机站的投资比没有地下储气库的管道系统减少20%~30%。

(4) 战略储备

近几年，随着中国经济的高速发展，我国对能源的需求与日俱增。天然气作为能源结构中重要的组成部分，在经济发展和能源消费中所占的比例越来越显著。目前，我国国内天然气资源有限，仅能满足部分用户的消费需求，部分资源依靠进口。一旦国家外部环境出现动荡，依赖进口气将受到极大的限制，必将造成用气紧张，出现社会不稳定现象。美国等发达国家均已建立完备的国家天然气资源战略储备体系，在其国内大量建立地下储气库，以避免出现天然气资源紧张的情况。因此，我国也应该适时开展储气库规划建设，完善国家天然气资源战略储备体系。

(5) 可带动当地地方经济的发展

本工程可以充分利用金坛当地的盐矿资源，配合中盐金坛盐化有限责任公司的真空盐二期工程的建设，生产高纯度精制盐，提高盐矿资源的经济附加值，变资源优势为经济优势，促进地方经济的发展。

(6) 可以实现与中盐金坛盐化有限责任公司的优势互补

储气库建设期间溶腔所需要的淡水由中盐金坛盐化有限责任公司提供，产出的大量卤水可以作为金坛盐化的真空制盐的原料，本工程的建设可以实现与金坛盐化公司真空制盐项目的优势互补，不仅解决了建腔采卤的费用，还可以实现资源的综合利用。根据目标市场分布，按输气线路总体规划初步研究，“川气东送”下游用户主要是湖北、安徽、江苏、上海、浙江地区。为满足这些地区天然气用户的调峰、事故应急、战略储备等情况下的天然气用量，须建设天然气储气设施。

在江苏省金坛地区有我国最大的地下盐层，为建设地下盐穴储气库提供了很好的地质条件。金坛盐矿地下资源丰富，具有世界上大型的盐矿资源，特别是盐层分布稳定，单层厚度大，盐层连续厚度大，盐间夹层厚度薄；构造简单，断层不发育，封闭性好，盐层埋深适宜，有适宜建设地下储气库的盐藏，因此，综合研究利用这些盐藏建设地下储气库，对“川气东送”管道用户的平稳安全供气和节省投资优化管网具有重要意义。

储气库建设期间溶腔将产生大量卤水，如排放即会造成资源浪费，又污染环境。卤水是盐化工生产的主要原料，项目建设地有中盐金坛盐化有限责任公司可以利用这部分卤水，可以实现与中盐金坛盐化有限责任公司的优势互补。

建设储气库项目不仅是调整供气区与用户区因年峰谷差、季峰谷差、管道检修、意外事故等原因造成供气不平衡的重要手段，也是安全平稳供气和天然气管道输配系统高效运行的重要保证。同时可以充分利用金坛的盐矿资源，配合中盐金坛盐化有限责任公司扩建工程的建设，生产高纯度的精制盐、烧碱及漂粉精产品，提高盐矿资源的经济附加值，变资源优势为经济优势，促进当地盐化工的经济发展。不仅很有必要，而且是迫在眉睫。

因此，有必要研究建设金坛盐穴天然气储气库，保障川气东送管道的“安、稳、长、满、优”的运行，提高天然气用户用气的可靠性。

(7) 节约工程投资

建设地下储气库候，气源及储气库上游输气系统的所有设施均可按照平均用气量建设，与按最大用气量建设相比，工程投资将大幅度降低。

3.2.6 中国高度重视和鼓励天然气调峰设施的建设

为保障输气管网的安全平稳运行，切实推进储气设施建设，国家高度重视储气设施建设，陆续出台了相关强制性及鼓励性政策，包括发展改革委《关于建立保障天然气稳定供应长效机制若干意见》的通知、《天然气基础设施建设与运营管理办法》(发展改革委令第 8 号)、《关于加快推进储气设施建设的指导意见》《关于加快储气设施建设和完善储气调峰辅助服务市场机制的意见》等文件，进一步明确天然气销售、天然气基础设施运营和城镇天然气经营等企业的储气调峰责任。并提出：(1)天然气销售企业应当建立天然气储备，到 2020 年拥有不低于其年合同销售量 10%的工作气量，以满足所供应市场的季节(月)调峰以及发生天然气供应中断等应急状况时的用气要求；(2)县级以上人民政府到 2020 年形成率行政区域不低于日均 3 天需求量的储气能力；(3)城镇燃气企业到 2020 年形成不低于其年用气量 5%的储气能力。鼓励各种所有制经济参与储气设施投资建设和运营，同时将在融资、用地、核准和价格等方面给予支持。今后天然气价格将根据需求情况进一步向市场化迈进，储气设施在市场化运营机制下具有盈利能力。

在调峰责任更加明确、盈利模式逐步完善的基础上，地下储气库、LNG 接收站储罐、城市门站调峰设施的多元化调峰储备体系将加快形成。同时，国家将出台一系列天然气市场化及峰谷气价政策，加大市场监管，利用市场化手段对市场需求进行调节和指导，促进储气调峰设施建设，为“十三五”期间中国天然气市场的持续快速发展提供保障。

根据国家能源发展规划，2015~2020 年中石油的“西气东输”四线、五线、中俄输气管线、中石油西三线中段、陕京四线以及中石化的新疆煤制气外输管道项目、鄂安沧输气管道工程也将会全面启动推进。2020~2030 年全国将建设形成西北、西南、东北和海域四大天然气供应基地，同时配套建设区域性天然气储气库群和 LNG 接收站，以实现供气多元化、输配网络化、运行安全化、消费便利化的基本条件，推进天然气工业进入持续稳定发展阶段。随着国家“一带一路”战略的推进，中亚天然气市场、西气东输六线、七线等干线管道建设都给天然气储气库建设带来发展机遇，天然气管线储气调峰设施市场前景广阔。

华北市场是三大石油公司资源投放相对集中的区域，市场竞争非常激烈。“十三五”期间，中国石油预计供气能力 $800\times10^8 m^3/a$，中海油约 $100\times10^8 m^3/a$，资源供应总量翻一番，而储气调峰能力没有相应增加，区域内的调峰矛盾将更加突出。随着用气结构的快速变化，季节调峰能力日益被发电等大型新用户看重，只有保障用气高峰期的足量供应，才能获得相应稳定的市场份额。

参照北美、日本等发达国家天然气市场发展规律，在市场发展成熟、用气结构稳定后，用气峰谷差会逐步回落并趋稳(目前美国 1.3：1，欧洲 1.49：1、日本 1.15：1、韩国 1.48：1)。远期按照华北地区峰谷差回落至 2：1 测算，文 23 储气库全部建成后的 $44.68\times10^8 m^3/a$ 工作气量可支撑 $270\times10^8 m^3/a$ 以上的经营规模。

3.2.7 中国储气库的发展趋势

（1）有序推进储气库建设，工作气量逐步达到年消费量的15%以上

地下储气库调峰应急储备是天然气供应链中的重要组成部分，也是世界天然气利用发达国家的普遍选择。美国和俄罗斯两个天然气消费生产大国的地下储气库总工作气量分别占其年消费量的17.4%和17.0%（不包括战略储备气量）。部分发达国家和地区的调峰应急储备达到年消费量的17%~27%，而中国储气库建设规模与国外相比，存在较大差距。截至2014年年底，全国建成的地下储气库调峰能力仅占天然气年消费量的1.7%，调峰工作气量的增长与消费量增长不匹配，远远不能满足冬季用气高峰的调峰需求。据中国石油规划总院预测，到2020年中国的天然气调峰需求约占年消费量的11%左右，而储气库作为最主要的调峰方式，储气调峰规模至少应达到15%以上，才能基本满足调峰及保供需求。因此，中国在"十二五"建设国家商业储备库的基础上，还需要建设一大批地下储气库，应继续加大储气库库址筛选和前期评价的力度，按照"筛选一批、评价一批、规划一批、建设一批"的原则，有序地加大储气库建设投入，使调峰规模逐步赶上天然气消费高速增长的需求。

（2）全国整体规划，合理安排储气库建设布局

根据建库资源的分布情况，从国家层面协调企业、地方统筹布局全国地下储气库规划，按照保重点及需求程度，分步实施储气库建设。

从建库类型看，我国从南到北已在24个省、市、自治区和海域发现了可资利用的石油和天然气，这些含油气构造为改建地下储气库提供了一定的地质基础。因此，我国地下储气库建设应以最为经济的油气藏类型为主，而在缺少油气藏构造的地区，选择适合建库的含水层构造及盐层，建设含水层及盐穴储气库。

从地域上看，我国气层气储量主要分布在西北、中西部和西南地区，气顶气和油田伴生气主要分布在东北松辽、环渤海盆地以及中南地区。因此，我国西北、中西部和西南地区储气库应以气藏型储气库为主，东北地区、环渤海地区、中南地区则应以油气藏类型为主。而长江三角洲及东南沿海地区缺少适合建库的油气藏构造，因此，在这两个地区应把寻找盐穴或含水层构造作为储气库的重点研究方向。

从作用上看，上游主要气区，如西北、西南、中西部和东北地区以大中型气藏型或油气藏型储气库为主，以解决需求淡季天然气存储、冬季调峰和应急储备问题；东南部消费市场地区以建设中小型油气藏型、盐穴型储气库群为主，解决本地区调峰问题。

此外，还应在渤海湾盆地、松辽盆地以及南方盆地积极开展含水层建库目标的研究与勘探，寻找含水层建库有利目标，建设多元化类型地下储气库，满足不

同调峰需求。

针对我国建库地质资源的不均衡性，地下储气库建设要逐渐摆脱那种单纯为某个干线配备储气库的模式，而应通过各干线之间的联络线将调峰能力较强的地区剩余工作气调配到调峰能力较弱的地区。特别是联络线附近的储气库，可根据不同地区的调峰需求，在各干线之间进行调配，进而确保重点地区、重点城市的调峰需求。

在没有建设大型储气库的地质条件下，应考虑将多个距离较近的小型气库组成储气库群，统一规划、统一建设、统一调配，这样既可以扩大调峰规模，降低投资成本，又能更加灵活有效地发挥储气库的应急调节作用。

(3) 建立数字化储气库，实现储层-井筒-地面全生命周期一体化运行管理

地下储气库是强注强采、交变载荷、多周期的注采过程，全生命周期使用达50年以上，与气藏开发相比，其注采气速度是气藏开发的20~30倍。储气库构造断层圈闭的密封性，在多周期交变载荷工况条件下，受储层非均质性、气体高速流等影响极大。同时活跃的边底水使储气库运行特征更加复杂，这些特点决定了地下储气库在地质风险评估、注采气井钻采工艺及地面集输工艺等方面有着与气田开发显著的差异。

中国储气库建设受地质条件复杂性等因素影响，在储气库设计、建设、运行管理等方面与发达国家存在差距。因此，在学习和借鉴国外储气库先进技术和经验的同时，加强中国地质特点储气库核心技术攻关，建立以储层渗流为核心、井筒-地面为约束条件等，集地下地面于一体的三维仿真数值模拟技术，建立数字化储气库，实现储气库地下-井筒-地面一体化设计、运行管理，提高储气库运行效率，科学指导储气库扩容达产，防范并预警地下储气库建设运行过程中面临的安全风险。

3.2.8 中国储气库面临的挑战

(1) 资源挑战

中国东部地区油气藏目标已经基本上纳入了地下储气库建库的范围。由于东部地区地质条件复杂，寻找合适建库目标需要投入大量的工作量。南方地区的油气勘探没有突破，无法利用油气藏建库，水层建库勘探任务艰巨。世界上地下储气库单个平均工作气量为$5\times10^8m^3$，按世界平均水平计算，新建$500\times10^8m^3$的工作气量，需要新建100座地下储气库，就需要发现、寻找、评价300个左右的圈闭构造。

(2) 技术挑战

国外已基本形成一套成熟的地下储气库评价、筛选、建设和管理的技术体系和流程，国内在这一领域刚刚起步，技术体系还不成熟。

相比国外地下储气库的建设，中国的建库对象具有相当的复杂性，如何在低渗透、超深、复杂油气水系统地质条件下建库具有相当的挑战性。从目前的建库目标来看，油气藏地下储气库埋藏深度普遍较深，几乎都超过2000m，最深的达到5000m；储层物性较差，部分区块渗透率只有几个毫达西；而且有些目标已经水淹，建库扩容难度非常大。另外这些气藏往往又是20世纪60~70年代的开发井，井况复杂，处理或修复难度大，对地下储气库安全影响也较大；与此同时，不少气藏衰竭程度较高，压力系数低，钻井、完井、固井的难度大。

含水层储气库、岩洞型储气库建设对中国南方地区建库来讲具有重要意义，但这类地下储气库建设难度较大，目前中国这方面还处于空白，相关的技术经验都还不具备。在盐层建库方面，尽管金坛盐穴储气建设积累了一定的经验，但是针对多夹层盐层建库过程中溶腔控制、实时监控等同样面临很多技术难题。

在工程技术方面，尤其是在钻井、完井、保证井筒安全方面，还面临相当多的困难。目前地下储气库均处于主要的建设阶段，如何确保安全钻进、保证固井质量面临很多技术难题。今后随着地下储气库的投产，所有的地下储气库注采井的井筒都将面临注采过程中温度和压力的周期性变化，保证井筒的完整性，建立起一套科学有效的安全评价标准体系对地下储气库的安全运行至关重要。

（3）管理挑战

地下储气库的优化运行管理、提高地下储气库的运行效率是一个十分复杂的课题，其包括提高运行压力、减少水侵入影响、安全管理规范、应急注采方案、地下储气库的有效监测、井筒完整和系统完整性管理与监测等。

地下储气库总数不断增多，类型不一，且分布在不同的天然气管道沿线，针对不同管径、不同压力系统、不同的储气库注采调峰方式，将天然气管道与地下储气库作为一个整体进行优化管理非常重要：在正常调峰状态下，兼顾天然气管道输送效率和地下储气库建库达容的需要，研究整个系统的最佳调配运行方案；在不同管道、不同供气阶段、不同管段检修和事故状态下，研究最优的地下储气库注采运行方案；在不同地区极端气候条件下，研究合理的天然气管道与地下储气库的调配方案；形成系统应急处置预案。

3.3 中国储气库地面系统

3.3.1 大张坨地下储气库

陕京输气管道大张坨地下储气库及配套管线工程，是保障京津地区天然气需求和供气安全的重要基础设施。陕京输气管道于1997年9月建成投产后，选择在大港油田将大张坨凝析油气藏改建为地下储气库。大张坨储气库地面工程及工艺流程如图3.3.1所示。

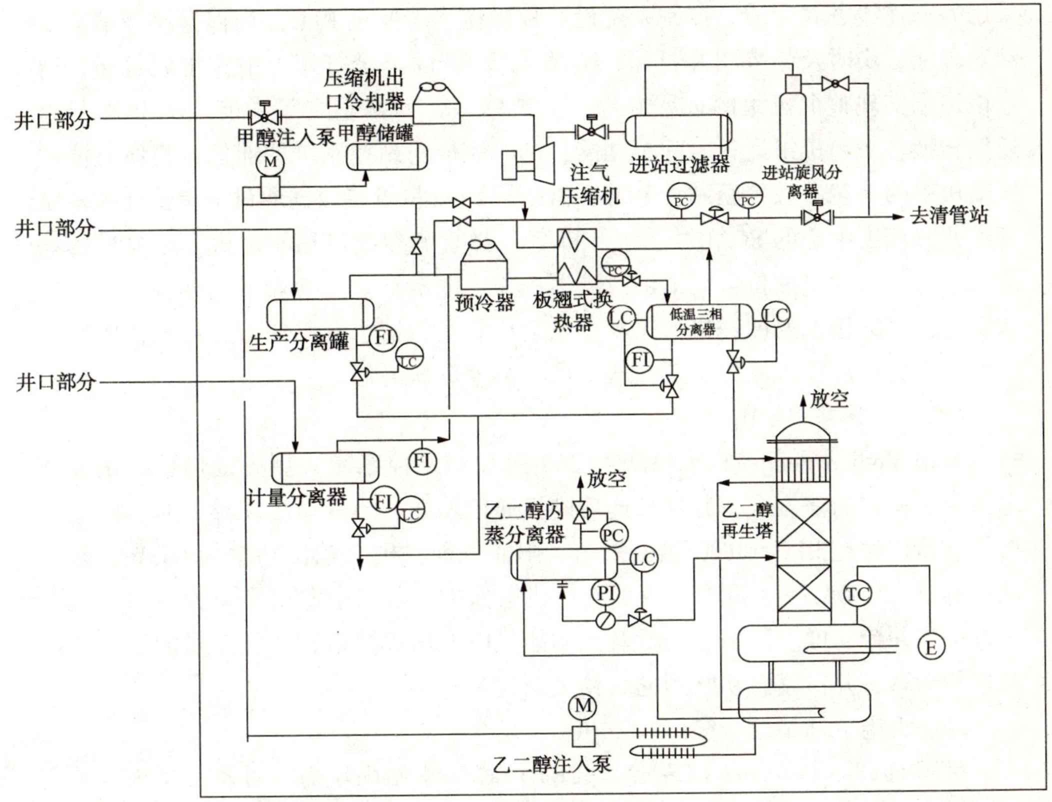

图 3.3.1　大张坨储气库地面工程及工艺流程

(1)人工岛集注站站控系统

主控站采用双机热备的 Modico Quantun PLC 140CPU513414，CPU、电源模块采用冗余热备配置。主控站负责采集集气站数据，A、B 井组的工艺参数 A、B 井组井口紧急切断阀遥控关断控制；通过 RS-232/MODBUSRTU 方式采集注气压缩机组工艺参数；对整个储气库采气、分离、脱水、外输、注气机组状态、注气等过程实时监控，动态流程画面显示、参数报警、历史数据存储、趋势显示、报表打印、人机交互操作等对控制参数进行自动调节并完成紧急关断控制，将井口、露点装置、注气压缩机组等主要生产数据通过卫星传送至北京集输公司调度中心。

(2) 压缩机组控制系统

注气压缩机组就地控制盘 LCP 由机组成套提供，LCP 装有彩色触摸操作屏，负责监控机组所有的运行参数，转速监测换算控制、起动停车控制、加载卸载控制、机组保护报警并实施紧急停车，保证机组安全平稳运行。另外 LCP 接受站控PLC的远方紧急停车命令，实施紧急停车。为保证命令可靠执行，停车命令采用外部连线方式完成。控制系统设远程操作终端及主PLC，远程操作终端显示动态画面、实时及趋势图并打印，故障报警/事件记录打印、中文报表打印，通过该终端实现整个机组的远程起停、参数修改、回路整定等功能。主PLC具有通信转换、平衡机组运行时间等功能，同时完成与站控系统的通信，将所有注气压缩机组的工艺参数传至站控PLC，由站控PLC将机组数据通过卫星传往陕—京管道北京调度中心的SCADA系统。机组主要监测参数包括发动机、压缩机的润滑油压力、温度、油位；润滑油过滤器压差；润滑油热交换器进出油温度、进出水温度；气缸排气温度；机身振动；发动机和空冷器水套水压力、温度；中冷水压力、温度；洗涤罐液位、工艺气进出口温度和压力等。

（3）A、B井组RIU

采用Modico Compact PC-E984-258 PLC与站控系统采用无线通信。正常情况下为主从式通信方式，并具有逢变则报通信功能。当井口出现异常时，则主动将信息传往站控PLC。RTU供电采用太阳能电池供电总输出功率为608W，蓄电池总容量为200A·h，配有完善的充、供电保护设备及电源切换装置。井口RTU负责采集井口温度、压力、流量及太阳能供电电压等参数，注气流量的温压补偿及累积运算，井口紧急切断阀的联锁关断控制。

（4）大港首站站控系统

采用Modico Compact PC-E984-265 PLC采集站内压力、可燃气体浓度、集输管道阴极保护数据对气液联动阀遥控关断控制。RTU通过BM85与流量计算机和本地上位机通信传递数据。通过卫星将数据传送至北京调度中心，并由北京调度中心将主要数据转送人工岛集注站系统。

3.3.2 京58地下储气库

（1）注气系统工艺流程

陕京二线来气经永清分输站至京58集注站(3.56~4.5MPa，20℃)，经过滤分离器(3套并联，二用一备)除去粉尘和杂质后，进入注气压缩机组(1套)入口缓冲罐，经压缩至10.0~32.0MPa(根据地层压力变化)，进空冷器(注气压缩机组附带)冷却至65℃以下，经集注站至各储气库井场的注气管线输送至井场，通过单井管线注入到地下储气库。注气压缩机进口设两级除尘过滤，使气体中粉尘≤3μm，可保证压缩机入口气体的清洁，为减少压缩机出口天然气携带的润滑油对地层渗透率产生的不利影响，要求压缩机厂家保证在压缩机出口的天然气中润滑油含量不超过1×10^{-6}(质量分数)。

（2）集气站事故流程

除正常露点控制流程外，集注站供气系统还设计了事故流程，即在露点控制装置事故状态下，井场来气经生产分离器分出凝析油后，天然气注甲醇后可应急直接外输以保证陕京二线的正常供气。

在集注站内发生火灾时，切断进出站紧急切断阀，打开紧急放空阀，将装置内的设备泄压，以保证在火灾情况下，火灾危害降低到最低程度。

(3) 应急调峰流程

当长输管道发生事故时，需由储气库应急供气。一方面，应急供气可能发生在一年的任何时间，有可能发生在注气期，因此整个储气库的工艺流程需满足在短时间内进行注、采转换的要求。另一方面，应急供气时，所需天然气供气量远大于储气库正常工作时高峰日采气量，此时，采出气经过生产分离器分出液相后，一部分通过露点控制装置处理后外输，另一部分通过注甲醇、节流工艺处理后外输。

(4) 辅助系统

辅助系统主要有：放空火炬系统、燃料气系统、甲醇(缓蚀剂)注入系统、制氮系统和仪表风系统。

3.3.3 板南储气库

(1) 注气系统工艺流程

一部分通过板 G1 库井场注采管线输往板 G1 库井场，后经注气汇管输至注气阀组分配并计量后注入板 G1 地下储气库；另一部分通过白 6 库、白 8 库井场注采管线输至白 6 库、白 8 库井场，后分别经白 6 库、白 8 库注气汇管，输至注气阀组分配并计量后再注入白 6 库、白 8 库注采井。注气压缩机入口设两级除尘过滤，使气体中粉尘粒径≤3μm，可保证压缩机入口气体的清洁。为减少压缩机出口天然气携带的润滑油对地层渗透率产生的不利影响，要求压缩机厂家保证在压缩机出口的天然气中润滑油含量不超过 1mg/L。在注气压缩机房内建 1 套润滑油系统，包括 1 具气缸润滑油储罐、1 具机身润滑油储罐、1 台气缸润滑油泵和 1 台机身润滑油泵，分别为 3 台注气压缩机自带的气缸及发动机润滑油罐补充润滑油。

(2) 采气系统工艺流程

① 工艺主流程

在采气期，板 G1 库、白 6 库和白 8 库井场断块地层中储存的天然气由注采井采出，各注采井产出流物经油嘴节流后，通过单井计量橇进行计量，所有注采井产出流物汇合后进生产分离器进行三相分离、计量，并进入露点控制装置系统和乙二醇再生系统进行处理，脱去气中的水，形成干气，同时乙二醇再生重复利用。

② 露点控制装置系统

板G1库、白6库和白8库井场所有注采井产出流物进露点控制装置，经生产分离器进行三相分离，分出的凝析油和水分别计量后进凝液管线。生产分离器分出的天然气，经管道过滤器过滤后，进入预冷器冷却至25℃，在甘醇雾化器中与乙二醇混合后进换热器与低温分离器分出的天然气换冷后，节流至-10℃进低温分离器。低温分离器分出的气相经聚结过滤器进一步净化后，进天然气换热器复热后经过计量外输至大港分输站。低温分离器底部设加热盘管，分离出的凝液去凝液管线，富乙二醇水溶液去乙二醇再生系统再生。

③ 乙二醇再生系统

根据露点控制要求，计算露点控制装置乙二醇防冻剂注入量为400kg/h。乙二醇低温分离出来富乙二醇节流至0.6MPa，经过滤器过滤后，先与乙二醇再生塔塔顶水蒸气换热至50℃，然后进闪蒸分离器，分出的低压气进放空系统，分出的液体与塔底乙二醇贫液换热至95℃后进乙二醇再生塔。再生塔塔底操作温度120℃，采用导热油供热。再生塔塔底乙二醇贫液经贫液冷却器冷却至75℃后，由乙二醇注入泵提升，经甘醇雾化器雾化后，注入到预冷器后的气相中循环使用。

（3）辅助系统

① 甲醇注入系统

甲醇主要注入到预冷器前、后原料气及管壳式换热器前原料气注、采管线收球筒气相出口中，防止原料气在低温状态下冻堵管线。

② 仪表风及制氮系统

仪表风系统主要为露点控制装置、注气装置气动仪表、阀门提供气源，注气压缩机配套的电机提供正压通风用于压缩空气。氮气系统主要为露点控制装置、注气装置及其他配套装置提供置换气。仪表风系统包括空气压缩机2台、干燥橇2台、制氮机2台、仪表风储罐和氮气储罐各1具。

③ 排放系统

集注站内主要工艺设备的排污均排入闭式排放罐，当闭式排放罐达到一定液位后，利用闭式排放罐输液泵将罐内污水与污油增压后输至白一站进行处理。该站设计闭式排放系统，建1个闭式排放罐（*PN*1.6MPa，d=2000mm×6000mm）；2台闭式排放罐输液泵。

④ 燃料气系统

集注站设置燃气调压橇，主要为600kW热媒加热系统、燃气发电机、燃气采暖炉、放空筒点火提供燃料气。燃料气采用干气，带流量计量装置。燃料气经燃气调压橇调压至0.4MPa后供给各用户，经燃气调压橇二级调压至0.25MPa后供燃气发电机使用。

⑤ 热媒加热系统

热媒加热系统主要为生产分离器、低温分离器、闭式排放罐及乙二醇再生装置提供热负荷，总净热负荷约为530kW。设置1套600kW的热媒加热系统为工艺装置供热。

⑥ 放空系统

集注站建1套放空系统，带点火功能。在事故状态下将井口和分输站出站紧急切断阀切断，将集注站、井场至集注站管道、集注站至分输站管道的压力在15min时间内降至0.7MPa，最大放空量为93.2×$10^4$$m^3$/d。放空系统设计放空量为96×$10^4$$m^3$/d，包括1具放空筒和1具放空分液罐。

3.3.4 苏桥储气库

(1) 注采井口工艺

井口集输工艺应由站场工艺、集输管线、井流物性质等综合因素确定。为充分利用采气井口的压力能，集注站内采用J-T阀制冷工艺。根据计算，外输干气进入陕京二线、三线系统时，完全利用J-T阀制冷的最低井口采气压力远低于采气井口初期压力。因此当井口压力高于计算值时，为降低输送压力，减少工程投资需在井口节流降压。

采气期，天然气由注采井采气树采出，经过双向节流阀(此时节流阀主要起到采气调节作用，控制采气量)，而后经双向流量计计量后进入采气生产管线，或者进入注气、计量合一管线进行计量，最终进入集注站进站分离单元。

注气期，天然气自集注站压缩机，经站外注气、计量合一管线进入注采井场，井场内采气生产、采气计量的电动阀门关闭，天然气流经注气管线上的球阀及止回阀，通过双向流量计后进入井口双向节流阀(此时节流阀主要起到控制注气流量的作用，将注气的流量控制在允许的范围，避免流量过大对井口或者管线造成冲蚀)，最终进入井口采气树实现均匀注气的要求。

(2) 注气工艺

苏桥储气库群由苏4储气库、苏49储气库、顾辛庄储气库和苏1/20储气库组成，四库总工作气量为23.32×$10^8$$m^3$/a，与陕京二线、三线的接点位置为38号阀室。

由于储气库的压力系统和注气量的差别及储气库地理位置分布特点，苏4、苏49、顾辛庄和苏1/20储气库注气压缩机单独设置，配套系统共用。从气源来气计量后，经15.2km管线输至集注站，然后经旋风分离、过滤分离、集注站注气压缩机组增压，通过注气管线分配至各储气库的注气井口注入目标地层储存，达到利用地下空间储气的目的。注气井口采用丛式布井，共设14处井场。

(3) 注气系统工艺流程

陕京二线、三线系统来气自38#阀室(4.47~4.72MPa，20℃)经双向输送管

线至集注站，经旋风分离、过滤分离器除去粉尘和杂质后，分别进入苏 4、苏 49、顾辛庄和苏 1/20 注气压缩机组入口缓冲罐，增压后送至 A-L 井场，通过单井管线注入到地下；注气压缩机进口设两级除尘过滤。

(4) 辅助系统工艺流程

① 露点控制装置工艺流程

采气井来气通过采气生产、计量管线进入集注站内。需计量单井井流物进计量分离器进行三相分离，分出的气相、凝析油和水分别计量，气相接入生产分离器气相出口管线，凝析油进站内凝析油处理系统处理，污水经气提装置后利用原有管线外输至永清气站，然后转输至京 30 回注。采气生产管线的天然气(9.0MPa,43~89℃)进到采气生产分离器，进行气液两相分离，分出的液相进站内油水处理系统，分出的气相经进站空冷器冷却至 30℃，进预冷分离器分离后，气相再经乙二醇注入器注入乙二醇，进绕管式换热器与低温分离器分出的天然气换冷至-1.5℃，经 J-T 阀节流，天然气温度降至 8.2℃进低温分离器。低温分离器分出的气相进聚结器分离后，气相进经绕管式换热器复热后通过天然气管线返回陕京二线、三线系统 38 号阀室。低温分离器、聚结器分离出的油相进罐储存，分出的富乙二醇溶液进入乙二醇再生系统进行再生。

② 乙二醇再生系统工艺流程

富乙二醇分离器分离出的富乙二醇节流至 0.3MPa 后，经活性炭过滤器过滤后，依次与乙二醇再生塔塔顶水蒸气和塔底乙二醇贫液换热至 70℃进再生塔。再生塔塔底操作温度 125℃，采用循环热水供热。再生塔塔底乙二醇贫液(75%质量分数)经塔底换热罐冷却至 75℃后再经乙二醇贫液换热器冷却至 40℃，由乙二醇贫液提升泵，经甘醇雾化器雾化后，注入到绕管式换热器前的气相中循环使用。

乙二醇循环系统设两套，处理量均为 320kg/h。正常工况下两套装置同时运行。当采出气量发生变化时，可以根据实际情况只运行一套乙二醇再生系统，以达到节能降耗的目的。

3.3.5 相国寺储气库

相国寺石炭系气藏各井历次气质分析资料表明该气藏气质纯，天然气组分以甲烷为主，其含量介于97.05%~98.14%之间，非烃含量低，不含或微含硫化氢，二氧化碳含量只有 0.1%~0.6%；气体相对密度为 0.562~0.568，临界压力为 4.588~4.634MPa，临界温度为 190.5~191.4K。根据气藏工程研究结论，采出天然气组分与注入气组分相同。采出天然气总工艺流程如图 3.3.2 所示。

储气库注气集输管网和采气集输管网分开，从井口至注采站形成两个完全独立的系统(注气系统和采气系统)，注采站北侧与南侧均各建 1 条注气管线和 1 条采气管线。

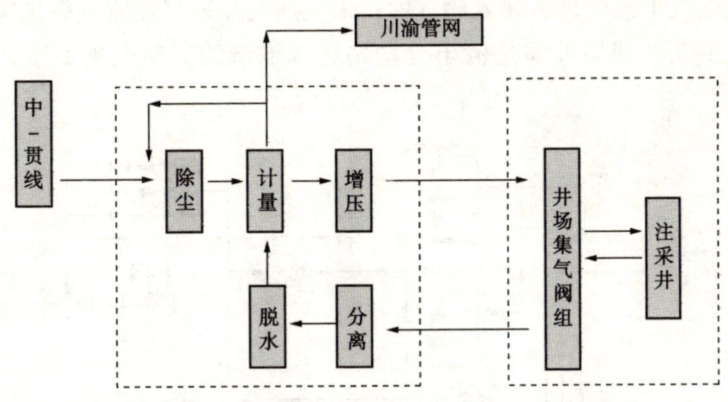

图 3.3.2　相国寺储气库采出天然气总工艺流程图

3.3.6　文 96 储气库

文 96 地下储气库地面工程天然气地面集输处理和集注站推荐采用集中布站方式，集注站建在原文留集气站附近。地下储气库地面总工艺流程如图 3.3.3 所示。西部天然气管输到中原油田中原输配总站，在注气阶段大部分天然气进入中原地区输气管网，其余天然气经总站—文留输气干线到文留集注站；在采气阶段，文留集注站来气经总站—文留输气干线到中原输配总站，与西部来气汇合进入中原地区输气管网。

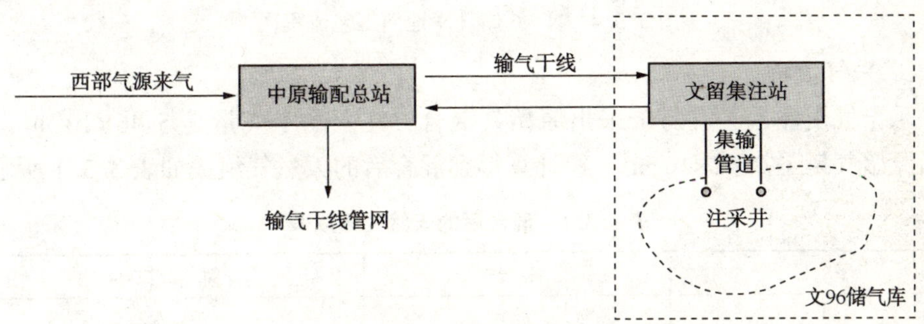

图 3.3.3　文 96 地下储气库地面总工艺流程

采气期时，采气井产出井流物经集气管道输至集注站进露点控制装置进行脱水脱烃处理，单井井流物进计量分离器进行三相分离计量。干气经 $\phi457\times6.4$ 输气管线输送至中原输配总站。

注气期时，中原输配总站来气经 $\phi457\times6.4$ 输气管线输送至集注站，经过滤分离，进注气压缩机增压后，由注气管道输至注采井口注入地下。

地面注气系统选用往复式压缩机组，驱动机推荐采用燃气发动机。

(1) 文 96 注采站工艺流程

文储气库投产后，注气期榆济线富余气量自清丰分输站通过输气管道输至文注采站，经注气工艺处理后注入储气库；采气期气井来气经输气管道输至文注采站，经采气工艺处理后外输至清丰分输站进入榆济线。整个地面工艺流程如图3.3.4所示。

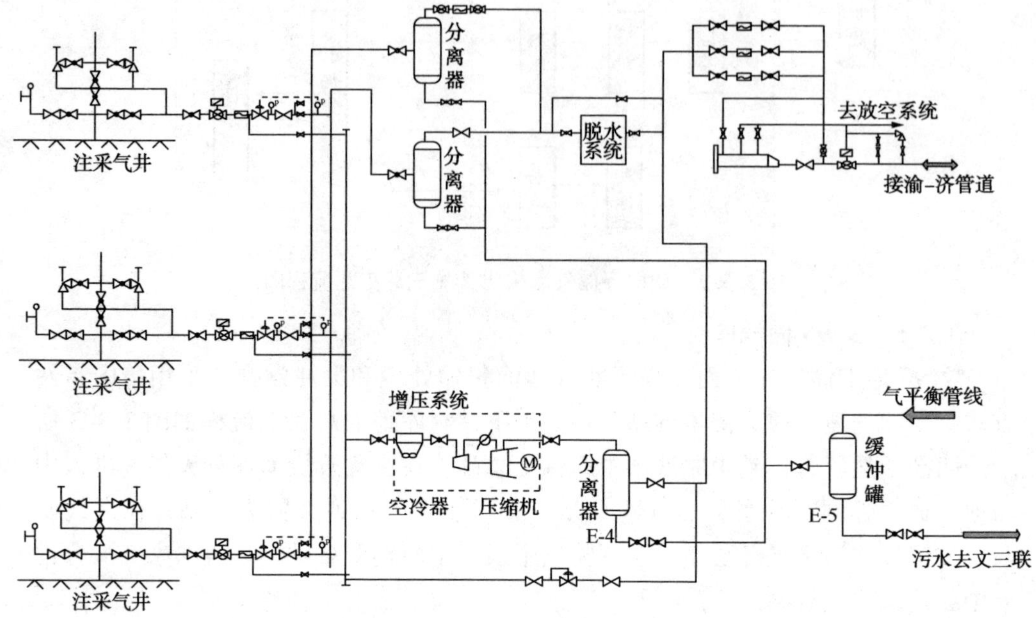

图3.3.4　文96储气库地面工艺流程图

① 采气流程

采出气由注入干气与未采出原始气混合，注入的干气量是$5.46\times10^8m^3$，未采出原始气量是$0.42\times10^8m^3$，经计算得到混合后的天然气组成如表3.3.1所示。

表3.3.1　混合后的天然气组成表

序　号	名　称	摩尔分数/%
1	C_1	93.7222
2	C_2	3.2972
3	C_3	0.8778
4	iC_4	0.1658
5	nC_4	0.2430
6	iC_5	0.1017
7	nC_5	0.0805
8	C_6	0.0620
9	C_7	0.0360
10	CO_2	0.8404
11	N_2	0.4948

随着储气库注采次数的增加，采出气重烃及水分的含量会越来越低，文96注采站采气工艺主要是采用三甘醇脱水工艺对水露点进行控制。在采气期(11月到来年3月)，将储存在地下储气库的天然气在井口进行一级节流，通过单井采气管线进入文96注采站内，在站内经过流量调节，进行一级分离、空冷，经二级分离过滤后进入天然气脱水处理装置，处理后的天然气经计量后输送至清丰分输站，补充进榆林济南输气管道进行季节调峰。

② 注气流程

在注气期(4月到10月)，榆林济南输气管道富裕的的天然气通过清丰分输站至文注采站的输气干线进入文注采站，首先进行流量计量，经过滤分离后进入注气压缩机增压，增压后的天然气通过单井管线注入文储气库。储气库注气压力在注气期开始时较低，略高于储气库最低压力，随着注气量的累加压力越注越高，到注气期结束时，注气井口压力为24MPa，地层压力达到27MPa，注气量随着时间不同而变化。

从热力学角度看，注采站是一个巨大的能量耗散系统，在整个地面工艺流程中包括能量的转换、输送、利用等环节。注采站主要包括采气工艺和注气工艺，采气工艺主要能耗系统为三甘醇脱水系统，注气工艺主要能耗系统为压缩机组增压系统，下面通过对这两个系统的分析来确定整个注采站的能量系统。

(2) 文96地面工艺系统

根据对文96注采站地面工艺流程的分析可知，整个注采站的主要能耗系统为采气流程中的脱水系统和注气流程中的增压系统。

① 脱水系统

在整个采气流程中最关键的能耗环节是脱水系统，文96注采站脱水系统设计规模为$500\times10^4m^3/d$，主要设备包括三甘醇脱水装置及三甘醇再生装置。三甘醇吸收塔将天然气中的水分吸收，使外输天然气达到管输标准，吸收水分的三甘醇富液经过换热、闪蒸、过滤后进入再生塔，再生后的三甘醇贫液与出吸收塔干气换热后，进入三甘醇吸收塔，完成循环。脱水系统的工艺流程如图3.3.5所示。

与传统的三甘醇脱水工艺相比，文96注采站脱水工艺具有如下特点：流程采用三甘醇富液与三甘醇贫液先换热再闪蒸的工艺，提高了三甘醇富液的闪蒸温度，增强了闪蒸效果；同时在流程中设置了汽提精馏柱，以满足对天然气水露点的不同要求。

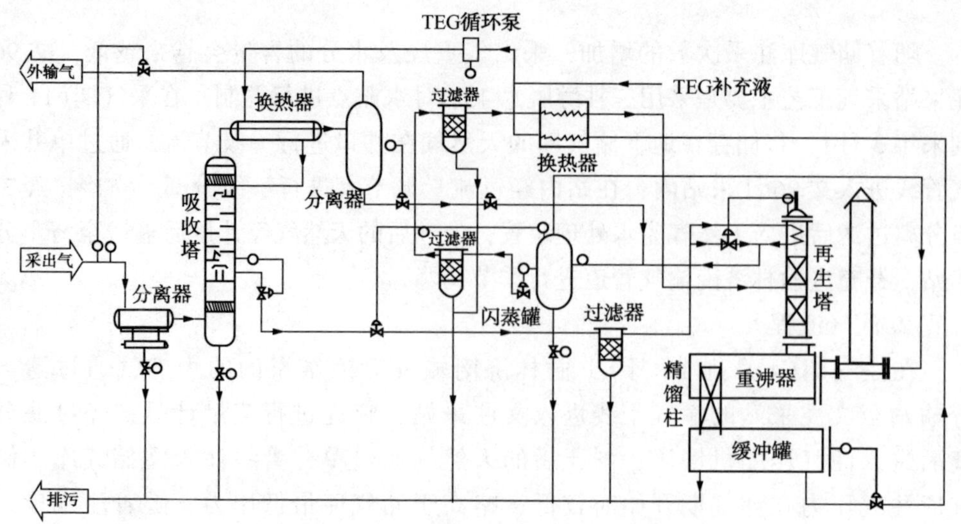

图 3.3.5　文 96 储气库脱水系统工艺流程图

② 增压系统

在整个注气流程中最关键的能耗环节是增压系统。增压系统中的注气压缩机是储气库地面工艺中最关键的设备，选择技术先进、质量可靠的压缩机组对降低工程投资和注气费用具有重要的意义。

文 96 注采站增压系统设计规模为 $200\times10^4 m^3/d$，由三台并联运行的压缩机组构成。针对储气库用注气压缩机出口背压范围大，注气压力高的特点，文 96 注采站注气压缩机选用往复式压缩机，驱动方式采用电机驱动，连接方式采用直联。增压系统的工艺流程如图 3.3.6 所示。

实际工作中，压缩机工作气量与实际气量相差较大时可以在运行前通过调节压缩机余隙、在运行中控制进口压力的方法解决。对于储气库压缩机的运行，也可以对进口不进行节流控制，而是根据管道系统注采站进站压力自动调节注气量，将管线中的富裕气量全部注入储气库。文 96 注采站设有进站、出站压力控制系统，在注气期初期、末期也可以通过设置的出口压力调节系统进行高压回流调节，以保证压缩机进口、出口压力的稳定，并与注气压力、气量相匹配。

(3) 辅助系统

文注采站辅助系统包括放空系统和排污系统。放空管线汇入放空总管后，输送到站外放空火炬进行放空，以满足安全和环保要求。过滤分离器、收球装置以及汇气管等排出液汇入排污总管后，输送到文三联合站进行处理。

3.3.7　金坛储气库

“川气东送”管道天然气经金坛分输站由输气管线输送至储气库注采站，在注采站内经净化、计量、压缩及冷却进入集输干线，压缩后的天然气输送至集配气站

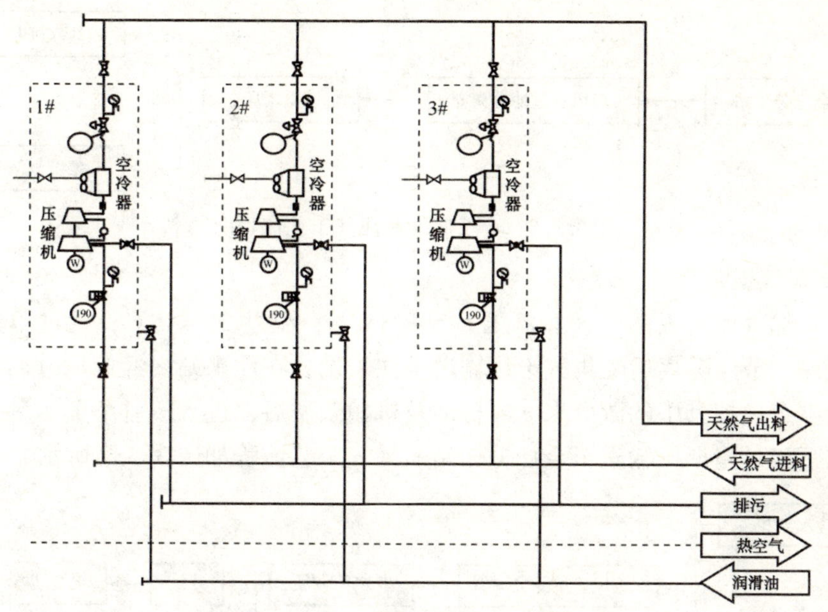

图 3.3.6　文 96 储气库增压系统的工艺流程

再分配至各盐穴气井内。在采气期，盐穴气井内天然气由集输支线输送至集配气站，在站内经调压、过滤、计量后经集输干线输送至注采站内采气系统，在注采站内处理后输送至金坛分输站进行调峰供气。总体流程框图如图 3.3.7 所示。

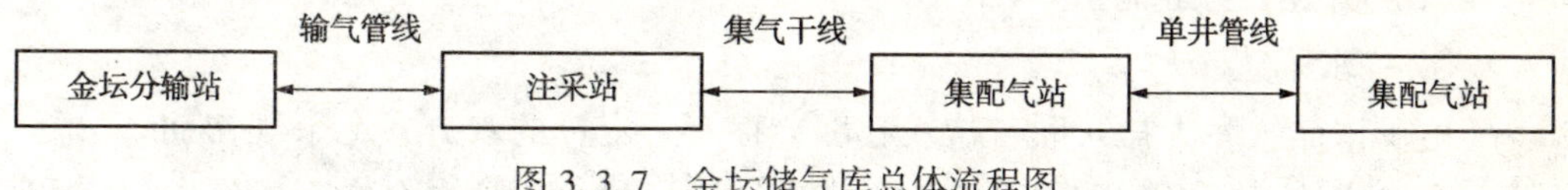

图 3.3.7　金坛储气库总体流程图

(1) 井口工艺方案

井口集输工艺应由站场工艺、集输管线、井流物性等综合因素确定。根据金坛盐穴天然气地下储气库井流温度较高(35~45℃)、井口温度波动不明显，最高采气井口压力只有 15MPa 的特点，井口集输工艺采用正常生产时不加热不节流，在集配气站内进行节流。

① 注气工艺

从分输站来的天然气进入注采站，分两路进入旋风分离器及过滤分离器，分离计量后分三路进入压缩机系统压缩。两级压缩后的天然气达到 16.0MPa，经过空冷器冷却至 50℃后送到汇管分配，分成多路送入集输干线管网至集配气站，由集配气站经单井输气管线注入到地下储气库(图 3.3.8)。压缩机进出口设置旁通，在入口压力较高，储气库压力较低时，可以不经过压缩机压缩直接进入集输管网。

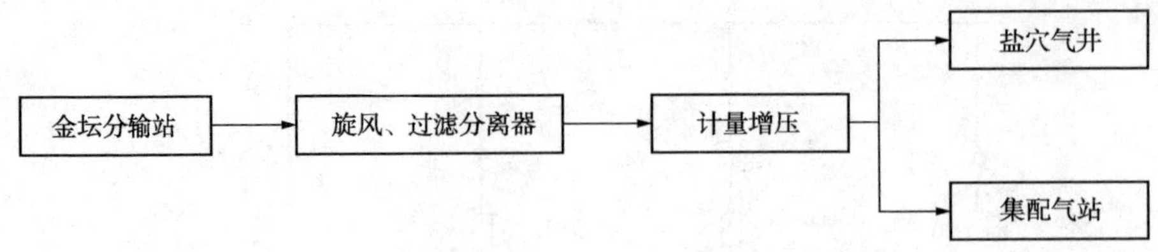

图 3.3.8　金坛储气库注气工艺流程图

② 采气工艺

来自储气库的天然气，井口压力 6~15MPa，温度 35~45℃，经过单井进入集配气站，节流分离后经集气干线输送至注采站，在注采站内经旋风分离器及过滤分离器分离掉其中的游离水、凝析油及机械杂质后，进入三甘醇脱水装置，脱水合格后经计量调压输送至金坛分输站。采气工艺流程如图 3.3.9 所示。

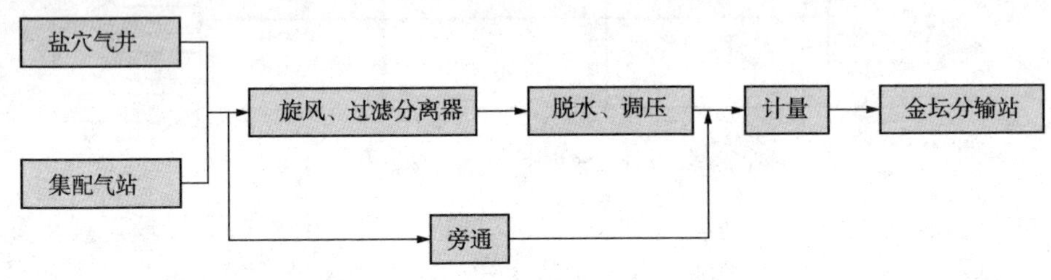

图 3.3.9　金坛储气库采气工艺流程

(2) 脱水工艺系统

① 脱水工艺

由于该储气库为盐穴库，盐穴底部会存有一定量的水分，在采气初期，一部分水会以小液滴的形式随着天然气夹带出地面，另一部分水会在天然气中以饱和水蒸气的形式存在。夹带出的液滴可通过旋风分离器、过滤分离器过滤分出。而天然气中的饱和水蒸气则需要通过降低天然气中的水露点，使天然气达到外输标准。同时随着采气量的不断增大，盐穴底部存留的水量会逐渐减少。

降低天然气水露点的方法有很多种，一般分为溶剂吸收法、固体干燥剂吸收法、直接冷却法、注防冻剂法、化学反应法等。根据需要采用溶剂吸收法的三甘醇脱水工艺。主要脱水设备包括吸收塔及三甘醇再生撬。

② 脱水工艺流程

来自储气库的湿天然气经过输气干管进入注采站汇管，再经旋风分离器及过滤分离器分离掉其中的游离水、凝析油及机械杂质后，进入三甘醇脱水装置。在三甘醇脱水装置中，湿天然气(压力 6~8MPa)由吸收塔下部的天然气进口进入三甘醇脱水吸收塔，与塔顶流下的贫三甘醇溶液充分接触，脱水后由塔顶天然气出口出塔，然后进套管换热器与进塔贫甘醇换热后经过压力控制阀后出装置。控制阀前压力即吸收塔工作压力。

富三甘醇由吸收塔富液出口出塔，进入三甘醇循环泵高压端，降压后出泵部分进入再生精馏柱顶，与三甘醇中再生出来的水蒸气换热，加热至50~80℃后进闪蒸罐，闪蒸出溶于富甘醇内的部分烃类及随富三甘醇进泵的天然气，闪蒸罐闪蒸压力0.45MPa。富液经闪蒸罐闪蒸脱气后分别通过滤布过滤器、活性炭过滤器进入三甘醇贫富液换热器、换热缓冲罐与贫三甘醇换热至130~150℃左右进富液精流柱精馏，提浓后的贫甘醇进入重沸器下部的换热缓冲罐。

贫液出换热缓冲罐后，经过三甘醇贫-富液换热器后经过滤器进三甘醇循环泵低压端，三甘醇循环泵将贫三甘醇压力由常压增为8.5MPa后，进入套管换热器与出吸收塔干气换热，进一步冷却后进入吸收塔塔顶。

③ 脱水橇配置

储气库为盐穴地下储气库，气源为川气东送管道天然气，不含水，注入到地下储气库后，由于采卤时注入淡水，溶腔内会积留部分水，当采气时，溶腔内饱和天然气可能会携带溶腔内少量水分，注采站调峰采气规模为$600×10^4m^3/d$，设置两套脱水装置，每套脱水装置的处理能力为$300×10^4m^3/d$。

在事故状态应急状态下，因采气量较大，脱水装置不能满足要求，这时采出的天然气可不经过脱水装置直接调压后送往管网。

3.3.8 文23储气库

文23储气库依托中原-开封输气管道、新疆煤制气管道、鄂尔多斯-安平-沧州输气管道、山东省天然气管网等附近管道配套建设，主要担负大华北地区(北京、天津、河北、山东、河南、山西、江苏北部)和新疆煤制气外输管道沿线中南部地区季节调峰、应急供气任务。近期以支撑中石化华北分公司天然气稳产增产与山东LNG工程的液化天然气项目输气管道的平稳运行为首要任务。

文23气田1988年开始产能建设。文23气田主块具有生产能力的气井53口，产气能力$40×10^4m^3/d$，文23气田建有1座脱水站(文23脱水站)、7座集气站(文1~5号集气站、文7~8号集气站)(文6号集气站属于文96块)、68口生产井及配套集气管网。气井产能普遍较低，气井产能低于$2×10^4m^3/d$占52%，产能低于$0.5×10^4m^3/d$的气井占26%。各站场单井管线设计压力16MPa，出站设计压力4.0MPa。目前，运行集气站进站压力3.5MPa。站场部分采用二级布站工艺，文23气田中心位置建设站场，共设置集注站1座、集气站8座、多井注采井场13座、单井注采井场6座、注采气井110口(其中注采合用井103口)。

文23气田7座集气站中，6座集气站(文1~5号集气站、文7号集气站)在冬季应急供气时进行生产，集气站的单站设计集气能力$120×10^4m^3/d$，目前6座集气站实际总集气量为$40×10^4m^3/d$。

文 23 脱水站处理设计处理能力为 $200\times10^4 m^3/d$，脱水站采用三甘醇脱水，站内设置处理能力为 $50\times10^4 m^3/d$ 和 $150\times10^4 m^3/d$ 的天然气脱水装置各 1 套，目前实际处理量为 $40\times10^4 m^3/d$。

(1) 注气工艺

储气库采用高压往复式压缩机增压注气工艺。注气期天然气经过联络线进入储气库集注站，经过交接计量、分离除尘、压缩机增压后，通过注气干线输送至集气站注气计量阀组、单井计量后分配注入至各注气井储存，注气流程示意图如图 3. 3. 10 所示。

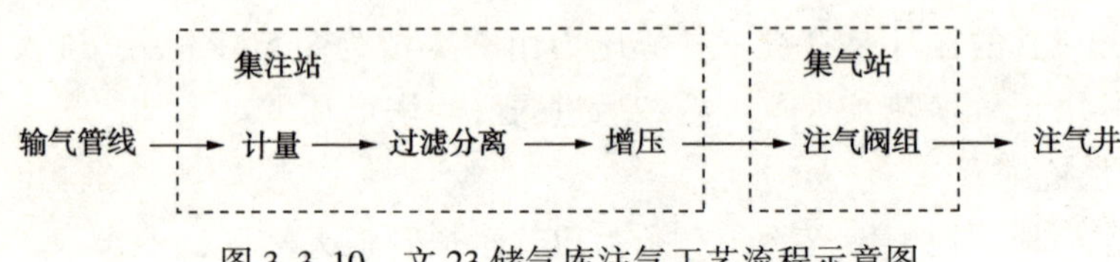

图 3. 3. 10　文 23 储气库注气工艺流程示意图

在注气期，从气源来管道气经输气管道联络线输至集注站，经过计量、分离、除尘，由注气压缩机增压至 34. 5MPa 后，通过注气干线输至集气站，通过集输站注气阀组分配至各单井注气管线注入目标底层储存，达到利用地下空间储气的目的。

(2) 采输气工艺

储气库采用井口防管柱冲蚀、不加热节流湿气/干气输送工艺。采气期天然气从储气库采出、经过井口节流控制(限制流速防止管柱气蚀)后从单井管线进入集气站，在站内单井计量、压力控制、气液分离、预脱水后输送至集注站，在集注站经过分离过滤、脱水处理、计量交接后输送至输气管道进入天然气目标市场，采输气流程示意图如图 3. 3. 11 所示。

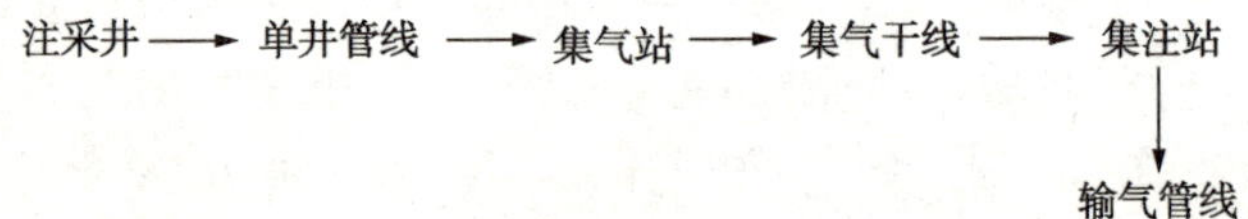

图 3. 3. 11　文 23 储气库采输气流程示意图

采用井口不加热、一级节流湿气输送工艺技术。地下储气库储存的天然气经井口气量控制装置(远程控制节流阀与超音速限流喷嘴装置)限制流速、防止管柱气蚀，调节控制单井气量(温度)，依靠自身压力输送进入集气站，在集气站内进行单井计量、油气分离、预脱液后以干气状态输送到集注站；在集注站经过分离过滤后进入天然气脱水处理装置脱水处理，达标后合格天然气经过交接计量输至输气管网，补充至输气管道进入目标市场，实现季节调峰需求。

对于单井管线长(大于1000m)的低产气井，在井口设置甲醇加注口，配备移动式甲醇加注装置，预防单井投产以及极端低温天气条件下集气温度达不到要求，形成水合物堵塞管道。

(3) 天然气脱水处理工艺

储气库天然气处理以水露点控制为主，兼顾烃露点控制措施(枯竭气藏储气库投产初期采出气可能含有烃问题)，采用甘醇吸收+节流预脱水集成脱水工艺。在采气初期、末期分别以节流、甘醇吸收为主进行脱水、露点控制，以达到充分利用气藏高温、高压能量，缩短工艺流程降低工程造价、实现设备运行平稳、管理方便、安全可靠、降低能耗的目的。

采气调峰初期(井口压力≥13MPa)或地温≥6℃时以集气站节流脱水为主，处理能力3600×10^4m^3/d；正常采气期(井口压力≥10MPa)或地温≤6℃时运行集气站节流预脱水+集注站甘醇吸收脱水工艺；采气调峰末期(井口压力≤10MPa)或地温≤6℃时以集注站三甘醇脱水为主，处理能力2250×10^4m^3/d。集气站配备活动式甲醇加注撬，采气初期烃露点不达标时，节流脱水装置注入甲醇、降低脱水温度进行烃露点控制。集气站节流预脱水流程如图3.3.12所示，集注站三甘醇脱水流程示意图如图3.3.13所示。

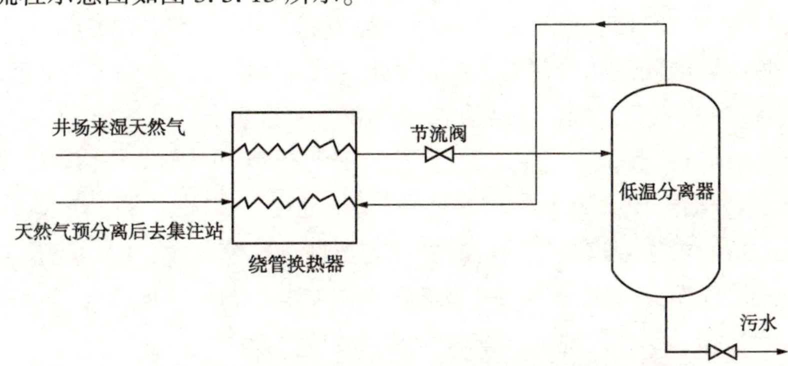

图3.3.12　文23储气库集气站节流脱水工艺流程示意图

文23储气库一期集注站三甘醇脱水处理能力2250×10^4m^3/d、节流预脱水处理能力3600×10^4m^3/d。

储气库注气增压工艺关键设备为天然气压缩机，采用12台电机驱动往复式注气压缩机；通过优化工艺，降低节流损失，可串联、并联运行实现高效、安全运行。

采出气处理工艺采用井口预防管柱冲蚀、控制气量湿气/干气集输与三甘醇脱水+节流预脱水集成工艺技术，充分利用气藏高温、高压能量，缩短了流程、降低了工程造价，操作管理方案安全可靠，能耗低。

(4) 联通管网

文23储气库同周边管网实现联通，如榆济、鄂安沧山东管网等。

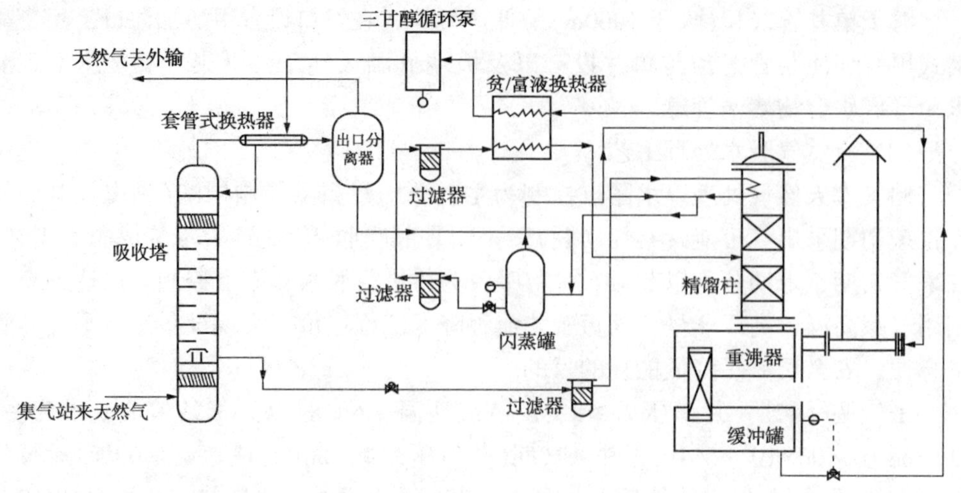

图 3.3.13　文 23 储气库集注站三甘醇脱水流程示意图

3.3.9　江汉储气库

川气东送管道工程西起川东北普光首站，东至上海末站，是继西气东输管线之后又一条贯穿我国东西部地区的天然气大动脉，管道主干线自西向东途经四川、重庆、湖北、安徽、江苏、浙江、上海五省二市，全长 1702km；为配合主干线向下游市场供气，同时建设天生-达州、梁平-川维、十字铺-南京、金坛-常州和嘉兴-苏州五条支线，支线总长 453km。天然气主供苏、浙、沪目标市场，兼顾沿线主要城市居民用气，并适当考虑四川、重庆的需求。主干线设计输量 $120\times10^8m^3/a$，输气压力 10MPa，管径为 1016mm。

为保障川气东送管道供气的可靠性及安全性，配套建设江汉地下盐穴储气库和地下岩穴储气库，分别用于川气东送管线在安徽和湖北等地区的季调峰储气及事故应急储气和苏浙、沪地区的季调峰及事故应急储气。

江汉储气库主要包括两部分：地下工程及地面设施。地下工程主要是地下盐穴储气库；地面部分主要有注采站、集输管网、储气井、采卤站及输水管线等。其中注采站、集输管网和地下储气库是在运行期使用，而采卤站和输水管线是在建设期使用。储气库总流程如图 3.3.14 所示。

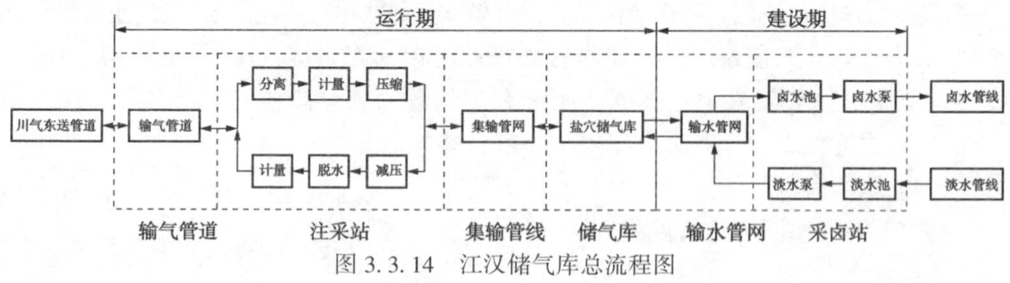

图 3.3.14　江汉储气库总流程图

注气期川气东送管道与储气库接点压力为 7.16MPa，采气期交接压力按 7.16MPa 考虑，外输气出站压力按照 8.0MPa 设计。储气库采出气经净化后输至川气东送管线，作为管线调峰用气。外输天然气达到 GB 17820—2012《天然气》中二类天然气的要求，天然气水露点比输送条件下的最低环境温度低 5℃，烃露点低于或等于最低环境温度，参考川气东送管道设计要求，取烃水露点≤-15℃。

注采站的最大注气能力为 $150\times10^4 m^3/d$，最大采气能力为 $720\times10^4 m^3/d$，应急供气时调峰采气量为 $200\times10^4 m^3/d$。从注采站到各井口的集输管网分为 13 根干管，注采管线合一使用。集输干管总长度 13560m，管径 ϕ114.3，壁厚 7.9mm，材质 L415，集输管线设计压力为 32.0MPa。输气管道自采注站至输气主线路管道总长度为 16km，管径 ϕ559，壁厚 14.3mm，材质 L415，集输管线设计压力为 10.0MPa。

(1) 注气工艺

从输气管网来的天然气进入注采站，分两路进入螺旋分离器及过滤分离器，分离杂质后经过计量进入压缩机汇管，分三路进入压缩机压缩，两级压缩后的天然气达到 32.0MPa，再经过空冷器冷却后送到汇管分配，分成多路送入集输管网的干管。压缩机进出口设置旁通，在入口压力较高，储气库压力较低时，可以不经过压缩机压缩直接进入集输管网。工况流量、压力变化范围较大，选择往复式压缩机，压缩机选择电机驱动形式。

(2) 采气工艺

① 脱水工艺

由于该储气库为盐穴库，盐穴底部会存有一定量的水分，在采气初期，这些水会随着天然气夹带出地面，随着采气量的不断增大，盐穴底部存留的水量会逐渐减少。由于水汽的存在，天然气管输过程中往往会造成管道积液，降低输气能力，加速天然气中 H_2S 和 CO_2 对钢材的腐蚀。即使在天然气的温度高于水的冰点时，水也可能和气态烃形成烃类的固态水化物，引起管道阀门堵塞，严重影响平稳供气。因此从地下储气库出来的天然气在管输前必须脱除其中的水分。天然气中的饱和含水量取决于天然气的温度、压力和气体组成等条件。采用三甘醇脱水。

② 采气工艺流程

来自储气库的湿天然气压力(32～13MPa)，温度 70～80℃，经过调压阀将压力调整到 10～8MPa 后，经输气干管进入注采站汇管，再用加热器将低温天然气加热到 20～40℃，经重力分离器及过滤分离器分离掉其中的游离水、凝析油及机械杂质后，进入三甘醇脱水装置。在三甘醇脱水装置中，湿天然气压力由吸收塔下部的天然气进口进入三甘醇脱水吸收塔，与塔顶流下的贫三甘醇溶液充分接触，脱水后由塔顶天然气出口出塔，然后进套管换热器与进塔贫甘醇换热后经稳压计量后出站送到分输站。富三甘醇由吸收塔富液出口出塔，进入三甘醇循环泵高压端，降压后出泵部分进入再生精馏柱顶，与三甘醇中再生出来的水蒸气换热，加热至50~80℃后进闪蒸罐，闪蒸出溶于富甘醇内的部分烃类及随富三甘醇进泵的天然气，闪蒸罐闪蒸压力0.45MPa。富液经闪蒸罐闪蒸脱气后分别通过滤布过滤器、活性炭过滤器进入三甘醇贫富液换热器、换热缓冲罐之后，与贫三甘醇换热至130~150℃左右进富液精流柱精馏，提浓后的贫甘醇进入重沸器下部的换热缓冲罐。贫液出换热缓冲罐后，经过滤器进三甘醇循环泵低压端，三甘醇循环泵将贫三甘醇压力由常压增为10MPa后，进入套管换热器与出吸收塔干气换热，进一步冷却后进入吸收塔塔顶。

③ 采气系统主要设备

采气系统工艺主要设备是三甘醇脱水设备，脱水设备包括吸收塔及三甘醇再生撬。注采站内设置两套三甘醇脱水装置，每一套装置的处理能力为100×10^4 m^3/d。根据调峰气量的需要，确定三甘醇脱水装置的开启套数，采气量小，可以只开一套脱水装置，采气量大两套全开，可以满足最大调峰要求。

在经过几个注采周期后，储气库中的水含量将会减少，采出的天然气中所含水量很少。在事故状态应急状态下，因采气量较大($720\times10^4m^3/d$)，脱水装置不能满足要求，这时采出的天然气可不经过脱水装置直接调压后送往管网。

(3)采卤工艺

采卤站只是用于储气库建设时期，为溶腔提供淡水，接收的卤水供给江汉油田分公司盐化工总厂作为生产原料使用。采卤站工艺流程如图3.3.15所示。

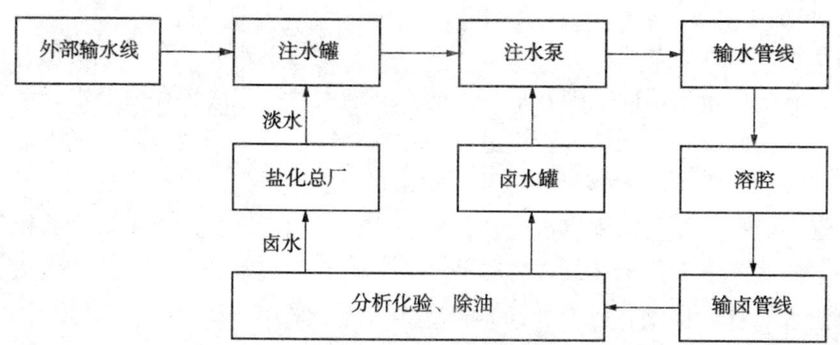

图3.3.15 采卤站工艺流程示意图

盐化工总厂来的循环水(80%)和新鲜水(20%)经计量后，直接进入站内注水罐，注水泵从注水罐吸水，淡水经增压调节后进入配水间的注水阀组，经调节计量后分配至各注水井口。采卤井出水经阀组计量调节后由输卤干管输至站内卤水罐，分析含盐浓度后，合格卤水送盐化工总厂，不合格卤水则进入卤水罐，再次循环进入盐井溶腔，提高浓度。注水罐设有液位显示、高低液位报警，信号均传至控制室。

3.4 国内外储气库压缩机

3.4.1 欧洲储气库压缩机系统概况

全球储气库约 650 座，其中欧洲 163 座。储气库地面系统作为储气库系统的重要组成部分，压缩机作为动力设备，用于天然气的注入和采出。经广泛调研，针对 150 座储气库分别调研了各自的压缩机系统，对储气库压气站进行了统计，调研情况如下。

（1）往复式压缩机

经调研和统计，获得含压缩机信息的储气库 62 座，压缩机 173 台，其中，采用往复压缩机的储气库 22 座，含压缩机共 72 台。压缩机类型，R 表示往复式压缩机，C 表示离心式压缩机，M 表示电动机驱动，E 表示气体发动机，T 表示燃气轮机。欧洲储气库往复式压缩机如表 3.4.1 所示。

表 3.4.1 欧洲储气库往复式压缩机列表

国家	储气库/站点	运营商	压缩机类型	数量	驱动	功率/MW
奥地利	Haidach 5	RAG. Energy. Storage	R	4	M	
白俄罗斯	Osipovichskoye	Gazprom Transgaz Belarus	R	6	M	4.6
白俄罗斯	Pribugskoye	Gazprom Transgaz Belarus	R	5	M	7
白俄罗斯	Mozyrskoye	Gazprom Transgaz Belarus	R	1	M	4.7
比利时	Loenhout	Fluxys	R			
捷克	Tvrdonice	RWE Gas Storage	R	3	M	
捷克	Uhřice	MND Gas Storage	R	2	E	
丹麦	Stenlille	DONG Energy	R	4		
德国	Kraak	E. ON Gas Storage	R	3	M	
德国	Epe Trianel	Trianel	R	4	M	14
德国	Kalle	RWE Gasspeicher	R	5	E	
德国	Xanten	RWE Gasspeicher	R	3	M	
德国	Rüdersdorf H	EWE Gasspeicher	R	2		
德国	Peckensen	storengy Deutschland	R	3		
德国	Wolfersberg	BayernUGS	R	8	M	
德国	Empelde	Gasspeicher Hannover	R	3		
德国	Berlin	BES(Berliner Erdgasspeicher)	R	4	M	
匈牙利	Szöreg-1	MMBF	R	7	M	

续表

国家	储气库/站点	运营商	压缩机类型	数量	驱动	功率/MW
波兰	Daszewo	PGNiG	R	2	E	
俄罗斯	Elshansky	Gazprom	R			
塞尔维亚	Banatski Dvor	Srbijagas	R			
英国	Caythorpe	Centrica Storage	R	3	E	
总计				72		

（2）离心式压缩机

采用离心压缩机储气库 23 座，含压缩机 55 台。其中压缩机类型，R 表示往复式压缩机，C 表示离心式压缩机，M 表示电动机驱动，E 表示气体发动机，T 表示燃气轮机。欧洲储气库离心式压缩机如表 3.4.2 所示。

表 3.4.2　欧洲储气库离心式压缩机列表

国家	储气库/站点	运营商	压缩机类型	数量	驱动	功率/MW
奥地利	7Fields	E. ON Gas Storage	C	2	M	
捷克	Stramberk	RWE Gas Storage	C		T	
法国	SEDIANE Nord：Saint-Illiers-la-Ville	Storengy	C	3	M	
法国	SEDIANE Littoral/SERENE Sud storage group	Storengy	C			
德国	Etzel EKB	EKB（Etzel-Kavernenbetriebsgesellschaf）	C	3		
德国	Stassfurt	RWE Gasspeicher	C		M	
德国	Bad Lauchstädt（storage group）	VNG Gasspeicher	C	5		
德国	Rehden	astora	C	2	T	
匈牙利	Hajdúszoboszló	Hungarian Gas Storage	C		T	
意大利	Sergnano	STOGIT	C	1	T	
荷兰	Grijpskerk *	NAM	C	1	M	
荷兰	Norg（Langelo）*	NAM	C	2	M	
荷兰	Bergermeer	TAQA Energy BV	C	6	M	
波兰	Husow	Operator Systemu Magazynowania Sp. z o. o.	C		M	

续表

国家	储气库/站点	运营商	压缩机类型	数量	驱动	功率/MW
波兰	Wierzchowice	Operator Systemu Magazynowania Sp. z o. o.	C	2	M	
俄罗斯	Shchelkovskoye	Gazprom	C	4	T	
斯洛伐克	Lúb 4	Pozagas	C	8		
土耳其	Silivri(Marmara)	TPAO	C	4		
英国	Rough	Centrica Storage	C	2		
英国	Hatfield Moor	SSE	C	2	T	
英国	Hole House Farm	EDF Trading	C	1	M	
英国	Holford	E. ON Gas Storage UK	C	3		
英国	Stublach	Storengy UK	C	4	M	
总计				55		

3.4.2 欧洲储气库压缩机

(1) Haidach 5 储气库压缩机

奥地利 Haidach 5 储气库采用 4 台电驱往复式压缩机，压缩机由 MAN Diesel 公司提供，电驱采用 ABB 公司的 VFD 型号，设计流量 225000Nm^3/h，功率 14600kW，转速 13700r/min，密封系统为 DGS 系统，入口压力 4.6MPa，出口压力 18.2MPa。压缩机如图 3.4.1 所示。

图 3.4.1 Haidach 5 储气库压缩机

(2) 白俄罗斯管道公司运营储气库

白俄罗斯管道公司运营三个储气库，分别为 Osipovichskoye、Pribugskoye 和 Mozyrskoye。Osipovichskoye 储气库在 1976 年投产，工作气量 3.6×10^{8}m^3。Pribugskoye 于 2000 开始注气，目前工作气量 4.5×10^{8}m^3，经 2015 年扩建，气量将达到 6×10^{8}m^3。Mozyrskoye 储气库工程于 2006 年启动，2009 年储气库一期投入试运行，到 2015 年，工作气量到 2.75×10^{8}m^3，二期工程将于 2020 年工程开始建设，总工作气量达到 11×10^{8}m^3。三个储气库共有压缩机组 13 台，总功率 16.3MW，各储气库压缩机功率如表 3.4.3 所示。

储气库压缩机组采用了 10GKMA1-28/75、10GKNAM2-40/150 和 JGC/4+12V-AT27GL 三种机组型号，压缩机照片如图 3.4.2 所示。

表 3.4.3　白俄罗斯储气库压缩机机组型号

压气站	压缩机组型号	压缩机数量	功率/MW	总功率
Osipovichskoye	10GKMA1-28/75	6	0.767	4.6
Pribugskoye	10GKNAM2-40/150	4	1.175	4.7
	JGC/4+12V-AT27GL	1	2.334	2.334
Mozyrskoye	JGC/4+12V-AT27GL	2	2.334	4.668
总计		13		16.302

(a)10GKMA1-28/75

(b)JGC/4+12V-AT27GL

图 3.4.2　白俄罗斯储气库压气站图

Osipovichskoye 储气库采用电机驱动两冲程往复式压缩机 10GKMA1，Pribugskoye 储气库采用电机驱动两冲程往复式压缩机 10GKNAM2-40/150。

① 10GKMA1 压缩机

10GKMA1 压缩机结构图如图 3.4.3 所示。

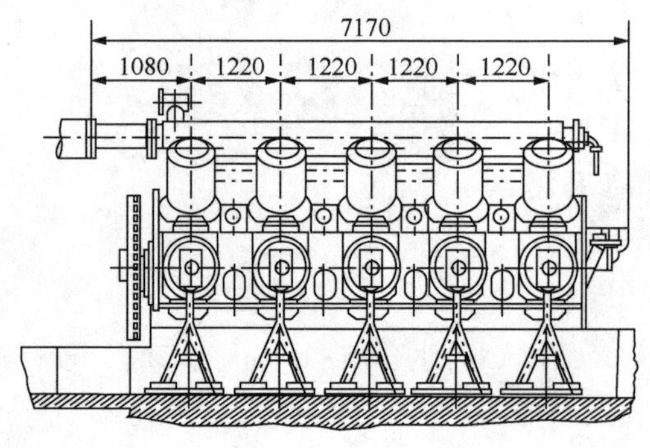

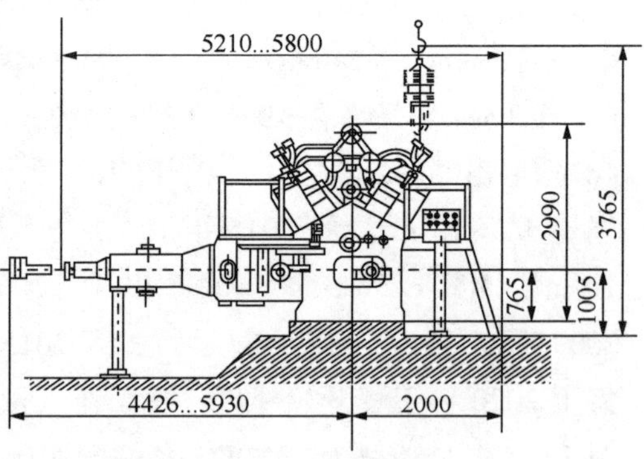

图 3.4.3　10GKMA1 压缩机结构图

② 10GKNAM2-40/150 压缩机

10GKNAM2-40/150 压缩机结构图如图 3.4.4 所示。

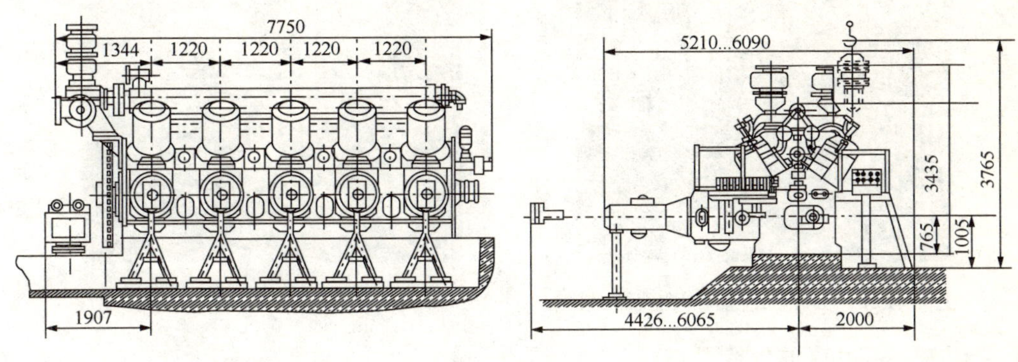

图 3.4.4　10GKNAM2-40/150 压缩机结构图

③ 压缩机 JGC/4+12V-AT27GL

Mozyrskoye 压缩机组，包括型号为 JGC/4 的往复式压缩机和型号为 12V-AT27GL 的天然气发动机（生产厂家为 WAUKESHA 公司），压缩机如图 3.4.5 所示。

图 3.4.5　JGC/4 压缩机图

（3）Loenhout 储气库

Loenhout 储气库位于比利时北部，该储气库于 1985 年开始运行，储气量为 $7\times10^8m^3$。储存深度超过 1000m，属于蓄水层储气库。压气站采用 Dresser Rand 公司的 VIP1-6 型往复式压缩机组，功率 2300kW，入口压力 4~8MPa，出口压力 8~13.5MPa，压缩机如图 3.4.6 所示。

（4）Tvrdonice 储气库

捷克 Tvrdonice 储气库装配有 3 台电驱往复式压缩机，型号 CKD 4 JBK 240。

（5）Uhřice 储气库

捷克 Uhřice 储气库工作气量 $2.8\times10^8m^3$，采用燃气发动机驱动的两级往复式压缩机，一级出口压力 12MPa，二级出口压力达到 21MPa，燃气发动机功率 3500kW，采用了 HOERBIGER RecipCOM 监测系统和 HOERBIGER HydroCOM 控制系统，压缩机如图 3.4.7 所示。

图 3.4.6 Loenhout 储气库压缩机图

图 3.4.7 Uhřice 储气库压缩机图

（6）Stenlille 储气库

丹麦 Stenlille 储气库属于含水层类型，地面系统包括 1 座集注站、3 座配气站和 14 口生产井，14 口井分配在 3 座配气站，集注站内压缩机将来气增压后输送至配气站，经配气站输送至各井口，最终注入储气库中。2007 年储气库含 3 台往复压缩机，每台压缩机的流量为 $30000m^3/h$，2009 年新增往复式压缩机 1 台，流量为 $50000m^3/h$，转速 3751r/min，功率 4MW，压缩机如图 3.4.8 所示。

（7）Kraak 储气库

德国 Kraak 储气库地面系统配置了 3 台电驱往复式压缩机，其中 2007 年新的压缩机，入口压力 4.1～8MPa，出口压力 10～21MPa，流速 $30000m^3/h$，功率 2000kW，型号为 JGK/4，压缩机如图 3.4.9 所示。

图 3.4.8 Stenlille 储气库压缩机图

图 3.4.9 Kraak 储气库压缩机图

（8）Epe Trianel 储气库

图 3.4.10 Trianel 储气库压缩机图

Epe Trianel 储气库位于德国，该储气库与三个不同的管网系统相连，考虑道管网系统压力等级不同，采用了 4 台电驱往复式压缩机，总功率 16MW，注气范围 15000～$70000m^3/h$，NEA 公司提供 2SLV700hs 型两级压缩机，转速 750r/min，压缩机如图 3.4.10 所示。

(9) Kalle 储气库

德国 Kalle 储气库深度 2100m，8 口生产井，2 口监测井，储层最小压力 12MPa，最大压力 32MPa，总气量 $6.2\times10^8m^3$，工作气量 $2.15\times10^8m^3$，最大采气速率 $1080\times10^4m^3/d$，最大注气速率 $528\times10^4m^3/d$，储气库分四个阶段(1976/77、1985/86、1995/96 和 2004/05 四个阶段)建成，目前 8 口生产井，其中 6 口直井，2 口水平井，地面系统配置 5 台电驱往复式压缩机组。储气库运行模型 PORTEC，在线监测和模拟储气库、气井和地面管道系统，监控数据界面如图 3.4.11 所示。

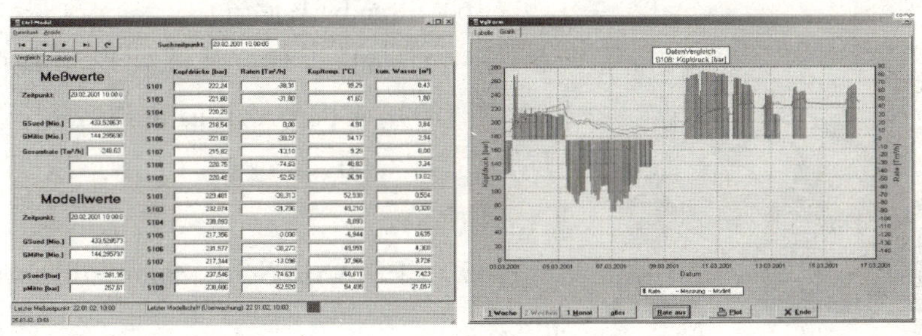

图 3.4.11 Kalle 储气库运行监控界面

(10) Xanten 储气库

Xanten 储气库 3 台电驱往复式压缩机，每台功率 3700kW，总流量 $160000m^3/h$。

(11) Rüdersdorf H 储气库

Rüdersdorf H 储气库位于德国柏林附近，地面系统配置 2 台电驱往复式压缩机组，入口压力 4.1～8MPa，出口压力 8～17MPa，每台流量 $30000m^3/h$，功率 1900kW。

(12) Peckensen 储气库

Peckensen 储气库地面系统配置 3 台电驱往复式压缩机组，入口压力 4.1～8MPa，出口压力 10～21MPa，每台流量 $60000m^3/h$，功率 4500kW。

(13) Wolfersberg 储气库

Wolfersberg 储气库地面系统配置 8 台电驱往复式压缩机组，其中 2009 年新增的 2 台压缩机，入口压力 15.1～17.5MPa，出口压力 17.5～24.5MPa，每台流量 $70000m^3/h$，功率 1000kW。

(14) Empelde 储气库

Empelde 储气库地面系统目前采用 2 台 Hoss 公司的往复式压缩机，替换了已使用 30 年的旧压缩机组，压缩机如图 3.4.12 所示。

(15) 7Fields 储气库

奥地利 7Fields 储气库采用 2 台电驱离心式压缩机，型号 ICL，压缩机如图 3.4.13 所示。

图 3.4.12　Trianel 储气库压缩机图

图 3.4.13　7Fields 储气库压缩机

（16）Stramberk 储气库

捷克 Stramberk 储气库采用燃驱离心式压缩机组，离心压缩机型号 Prague Energo，燃气轮机型号 UGT 3000 改进型 DE76，压缩机如图 3.4.14 所示。

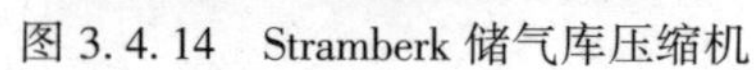

图 3.4.14　Stramberk 储气库压缩机

（17）SEDIANE Nord：Saint-Illiers-la-Ville 储气库

法国 SEDIANE Nord：Saint-Illiers-la-Ville 储气库位于巴黎以西 70km，2010 年新增 3 台 ICL 型离心压缩机组，替换了已有的 5 台压缩机。

（18）Etzel EKB 储气库

德国 Etzel EKB 储气库采用 3 台 MAN 公司的离心式压缩机，其中 2 台为 HOFIM RB35-7（LP），1 台为 HOFIM RB35-4（HP），电驱型号分别为 Converteam MGV2 和 Converteam VFD。LP 型压缩机入口压力 5.4MPa，出口压力 12.9MPa，功率 7220kW；HP 型压缩机入口压力 12.7MPa，出口压力 18.2MPa，功率 6535kW。LP/HP 型压缩机转速 9900r/min。

（19）Bad Lauchstädt 储气库

德国 Bad Lauchstädt 是盐岩和废弃油气田混合型储气库，盐岩溶腔 17 个，自 1976 年开始运行，地面系统配置 5 台离心式压缩机，压缩机如图 3.4.15 所示。

图 3.4.15　Bad Lauchstädt 储气库压缩机

（20）Rehden 储气库

Rehden 储气库配置 2 台燃驱离心压缩机组。

（21）Sergnano 储气库

意大利 Sergnano 储气库于 1965 年开始运行，35 口生产井，2 口监测井，平均井深 1300m，注采站配置 1 台 Rolls-Royce RB211DLE/RCB 型燃驱离心式压缩机组，最大采气速率 $5850\times10^4m^3/d$，压气站总功率 47000kW。

（22）Grijpskerk 储气库

Grijpskerk 储气库配置 1 台 MAN 公司的电驱离心式压缩机，压缩机型号 RBZ-4+3，驱动机 SIEMENS Synchronous VFD，流量 $500000m^3/h$，入口压力 5.5MPa，出口压力 31.5MPa，功率 38000kW，转速 9700r/min。

（23）Norg 储气库

Norg 储气库配置 2 台 MAN 公司的电驱离心式压缩机，压缩机型号 RBZ-4+3，驱动机 SIEMENS Synchronous VFD，流量 $500000m^3/h$，入口压力 5.5MPa，出口压力 31.5MPa，功率 38000kW，转速 9700r/min。

（24）Bergermeer 储气库

Bergermeer 储气库配置 6 台 MAN 公司的电驱离心式压缩机，压缩机型号 Tandem HOFIM RB45+RB45，驱动机型号 MAN M43/ABB VFD，流量 $217000m^3/h$，入口压力 4.9MPa，出口压力 15MPa，功率 12200kW，转速 8370r/min。

（25）Husow 储气库

波兰 Husow 储气库配置了 GE 公司的 Integrated Compressor Line（ICL）电驱离心式压缩机。

（26）Shchelkovskoye 储气库

俄罗斯 Shchelkovskoye 储气库配置了 4 台燃驱离心式压缩机组，型号 Saturn 4 RM，替换了之前的 14 台燃气压缩机。

（27）Hole House Farm 储气库

英国 Hole House Farm 储气库配置 1 台 MAN 公司的电驱离心式压缩机，压缩机型号 HOFIM RB45-4，驱动机型号 MAN M43/ABB VFD，流量 $647450m^3/h$，入口压力 2MPa，出口压力 6.6MPa，功率 14800kW，转速 9175r/min，压缩机如图 3.4.16 所示。

3.4.3 中国储气库压缩机系统

（1）国外天然气压缩机组发展现状

目前大型天然气压缩机生产商主要有：ANGI 公司、IMW 公司、Cooper 公司、Ariel 公司、D-R（德莱塞兰）公司等；天然气发动机生产主要有 Waukesha（沃喀莎）公司和 Caterpillar（卡特比勒）公司。其产品已经系列化设计、模块化生

图 3.4.16 Hole House Farm 储气库压缩机

产，成套技术先进，工艺配套科学，型号齐全，应用范围广，产品使用遍布世界各地。机组都在向高可靠、长周期、低成本运行方向发展。在天然气增压项目上经过长期考验，可靠性能高。设备主要用于新疆、江苏、四川、上海等地。撬装设计结构紧凑，冷却系统多采用全风冷或者混冷的方式，配套废气回收系统及控制系统。

(2) 国内天然气压缩机组发展概况

国内生产天然气压缩机始于20世纪80年代末期。经过几十年的生产、建设经验积累，已能满足CNG加气站、低压大排量、高压小排量天然气增压的工艺要求，但是在大型天然气增压方面应用较少，国内压缩机生产主要有江钻股份压缩机分公司、无锡压缩机股份有限公司、济柴成都压缩机公司等，生产的产品遍布国内各个地区乃至亚洲的其他地区，同时国内压缩机造价较低(约为同等进口压缩机的1/3~2/3)，供货周期短，售后服务快捷，备品、配件供应及时等。

(3) 国内储气库天然气压缩机组应用概况

我国的地下储气库建设起步较晚，与发达国家相比有明显的差距。1969年我国在大庆曾利用枯竭气藏建造过萨尔图地下储气库，真正意义的储气库为2005年建成的大张沱储气库群，继大张坨地下储气库后又建成板876地下储气库、板中北高点地下储气库、板中南高点地下储气库、文96储气库、相国寺储气库、呼图壁储气库、双六储气库、苏桥储气库等储气库，国内储气库95%以上的注气压缩机全部采用进口往复式压缩机或进口主机国内成撬的压缩机，国内储气库采用的压缩机参数如表3.4.4所示。文23储气库运行工况复杂，具有注气压缩机组进气压力、排气压力波动范围大、压比大，周期运转、使用寿命长的特点。常用的压缩机组中只有往复式压缩机组、离心式压缩机组满足这些要求，同时结合国内外储气库注气压缩机的应用现状，文23储气库工程注气选用撬装进口二级压缩往复式压缩机组，可以国内或国外成撬，具有可串联、并联运行功能。

表 3.4.4 国内建成储气库压缩机工作参数表

储气库名称	入口压力/MPa	出口压力/MPa	排量/$10^4 m^3$	配套电机功率/kW	台数	压缩机生产/厂商
相国寺储气库	7.0~9.5	30	166	4000	8	普帕克
呼图壁储气库	9	28	200	4000	8	普帕克
京58储气库	4	18	90	1500	4	艾斯德伦
文96储气库	5.0~7.0	23.5	62	1550	2	艾斯德伦
双六储气库	4.0	26	142	4500	8	普帕克
苏桥储气库	4.5	35	115	4000	12	普帕克

(4) 国内储气库天然气压缩机组应用

国内储气库压缩机还处于起步阶段，没有定型产品，也没有形成规模，只在中原文96储气库作为重大国产化攻关项目试验过1台压缩机，且压缩机的配套电机功率不超过2000kW，如表3.4.5所示。

表 3.4.5 国产化压缩机在储气库的应用情况表

储气库名称	入口压力/MPa	出口压力/MPa	排量/$10^4 m^3$	配套电机功率/kW	台数	压缩机生产/厂商
文96气库	5~7	23.5	62	1500	1	武汉压缩机分公司

参考文献

[1] 孙聆轩，吴晓明，李建平，等. 中国天然气进口空间格局演进及优化路径[J]. 天然气工业，2016，36(2)：125~130.

[2] 陈家新，谭羽非，余其铮. 天然气地下储气库规划设计要点[J]. 油气储运，2001，20(7)：13~16.

[3] 王亮. 储气库库址的选型方法探究[J]. 中国石油和化工标准与质量，2013，(6)：238~238.

[4] 周学深. 有效的天然气调峰储气技术——地下储气库[J]. 天然气工业，2013，33(10)：95~99.

[5] 梁光川，田源，蒲宏斌. 国内地下储气库发展现状与技术瓶颈探讨[J]. 煤气与热力，2014，34(2)：1~6.

[6] 戴鑫，马建杰，丁双龙，等. 金坛盐穴储气库JT1井造腔异常情况分析[J]. 中国井矿盐，2015，46(1)：26~29.

[7] 任继善，任世晔. 解决城市供气调峰问题的快捷途径[J]. 油气储运，2005，24(2)：7~9.

[8] 吴忠鹤，贺宇. 地下储气库的功能和作用[J]. 天然气与石油，2004，22(2)：1~4.

[9] 李伟，张园园. 中国天然气管道行业改革动向及发展趋势[J]. 国际石油经济，2015，23

(9)：57~61.

[10] 中华人民共和国国家发展和改革委员会．天然气基础设施建设与运营管理办法[Z]. 2014. 02. 28.

[11] 明传政．东营地区地下储气库建设可行性研究[J]. 科技信息，2013，(14)：466~466.

[12] 苏欣，张琳，李岳国．国内外地下储气库现状及发展趋势[J]. 天然气与石油，2007，26(6)：1~4.

[13] 魏欢，田静，李建中，等．中国天然气地下储气库现状及发展趋势[J]. 国际石油经济，2015，23(6)：57~62.

[14] 丁国生．中国地下储气库的需求与挑战[J]. 天然气工业，2011，31(12)：90~93.

[15] 张正友，朱晓红．大港大张坨地下储气库自控系统[J]. 石油规划设计，2002，13(6)：66~68.

[16] 康剑阁．京58储气库群地面工程研究[D]. 四川：西南石油大学，2010.

[17] 张辉，蔡维国，王东军，等．板南储气库地面注采工艺设计[J]. 油气田地面工程，2014，33(12)：37~38.

[18] 熊新强．苏桥储气库群地面配套工艺研究[D]. 山东：中国石油大学(华东)，2011.

[19] 李明，温冬云，吴艳，等．相国寺地下储气库采出气脱水方案的选择[J]. 天然气与石油，2011，29(4)：32~36.

[20] 文雯．文96储气库注采站地面工艺能效评价技术研究[D]. 四川：西南石油大学，2015.

[21] 黄兴．文96储气库地面注采系统运行优化研究[D]. 四川：西南石油大学，2016.

[22] 孙鹏．金坛盐穴储气库项目采出气脱水工艺研究[J]. 化工管理，2016，(12)：145~145.

[23] 朱荣强，刘成伟，王进军，等．盐穴天然气地下储气库余压利用探讨[J]. 山东化工，2014，43(9)：179~181.

[24] 元震宇．盐穴储气库天然气脱水处理工艺[J]. 中国石油和化工标准与质量，2013，(6)：249~249.

[25] 王子枫．文23储气库采出气处理方案[D]. 四川：西南石油大学，2013.

[26] 王永科．××地下储气库建设项目经济评价研究[D]. 四川：西南石油大学，2013.

[27] 肖杰．枝状天然气管网调峰方案综合评价研究[D]. 四川：西南石油大学，2014.

[28] 朱荣强，刘成伟，王进军，等．盐穴天然气地下储气库余压利用探讨[J]. 山东化工，2014，(9)：179~181.

4 欧洲天然气管道系统和气体平衡

4.1 欧洲天然气管道系统

欧盟天然气管道总长 221.45×10^{4}km（2014 年年底），其中德国 50.5×10^{4}km，占总长度的 22.8%；意大利 29.1×10^{4}km，占总长度的 13.1%，英国 28.56×10^{4}km，占总长度的 12.9%，法国 23.21×10^{4}km，占总长度的 10.5%。欧洲天然气管网如图 4.1.1 所示，各国天然气管道长度如图 4.1.2 所示。

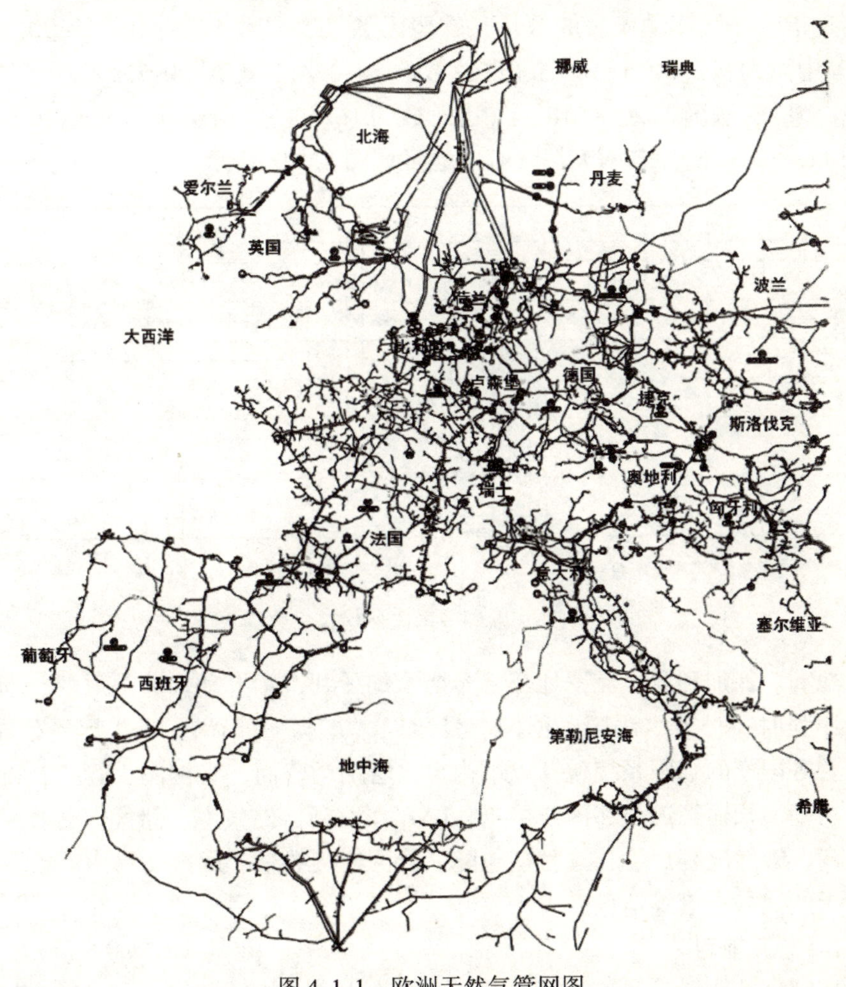

图 4.1.1 欧洲天然气管网图

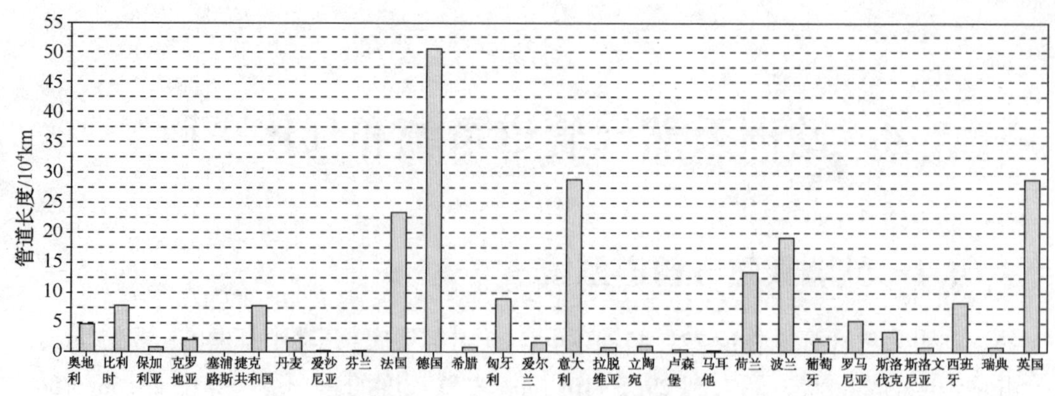

图 4.1.2　欧洲各国天然气管道长度

天然气管网系统输送至天然气客户，包括居民、商业、工业和其他用户。天然气客户指天然气计量仪表的数量，欧盟天然气客户数 6783×10^4 个(2014 年年底)，其中意大利 2320.3×10^4 个(占总数的 34.2%)，德国 2097.9×10^4 个(占总数的 30.9%)，法国 1126.8×10^4 个(占总数的 16.6%)，西班牙 755.6×10^4 个(占总数的 11.1%)。欧洲各国天然气客户数量如图 4.1.3 所示。

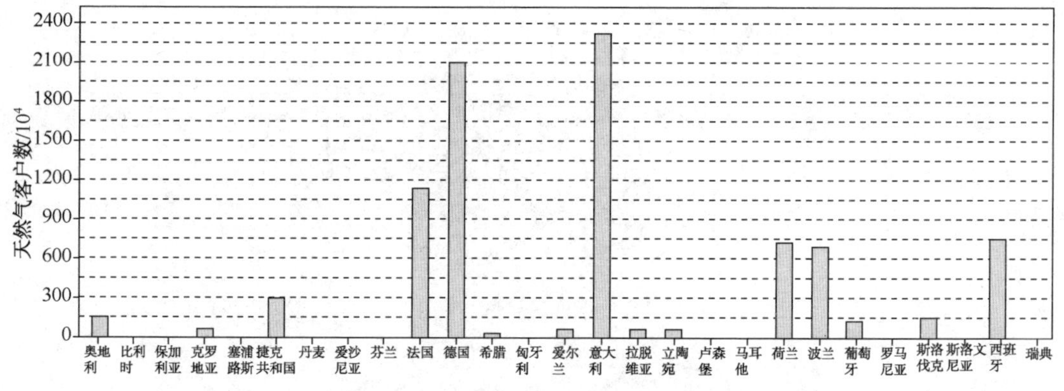

图 4.1.3　欧洲各国天然气客户数量

奥地利、保加利亚、克罗地亚、希腊、匈牙利、意大利、罗马尼亚、斯洛文利亚、比利时、丹麦、法国、德国、爱尔兰、卢森堡、荷兰、瑞士、英国、捷克、波兰等国家的管网系统包括以下内容：管网运营商、管网图、管道长度、压缩机总功率、长输管道与邻国连接点、LNG 接收站、储气库、储气库与管网连接点、生产、天然气客户、长输管道与配气管网连接数量、虚拟交易中心、平衡区数量、天然气需求量等信息。

4.1.1　奥地利

奥地利是俄罗斯天然气输往欧洲的主要气体过境国家之一，天然气经 WAG

and Penta West 管道进入德国和西欧，经 TAG 和 SOL 管网分别连接意大利和斯洛文尼亚，经 HAG 管道输送天然气至匈牙利，奥地利天然气长输管道 1600km。天然气管网系统如图 4. 1. 4 所示，图例含义如图 4. 1. 5 所示。奥地利天然气管网压缩机总功率 621MW，长输管道运营商共 3 个，分别是 GAS CONNECT AUSTRIA、BOG GMBH 和 TAG GMBH 公司。表中“LNG 接收站”表示该国 LNG 站点数量和信息；“储气库”表示该国储气库站点、储气库运营商和储气库与管网系统的连接关系等信息；“生产”表示国内天然气生产点名称、数量、与管网系统的连接等信息；“直接连接的客户”表示长输管道运营商的天然气客户数，“TSO 与配气系统”表示长输管道与配气管道的连接点数量和配气管网营运商数量；“实体中心和虚拟交易点”表示天然气交易点；“气体平衡区”表示一定范围的天然气管网系统构成的满足气体平衡规定的区域；“需求量”表示全国天然气消耗量。奥地利天然气管网系统详细信息如表 4. 1. 1 所示。国家名称编写代码见表 4. 1. 2。

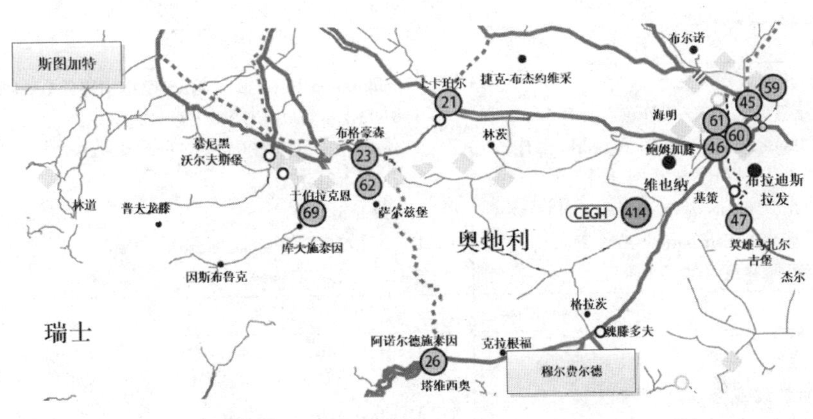

图 4. 1. 4　奥地利天然气管网系统图

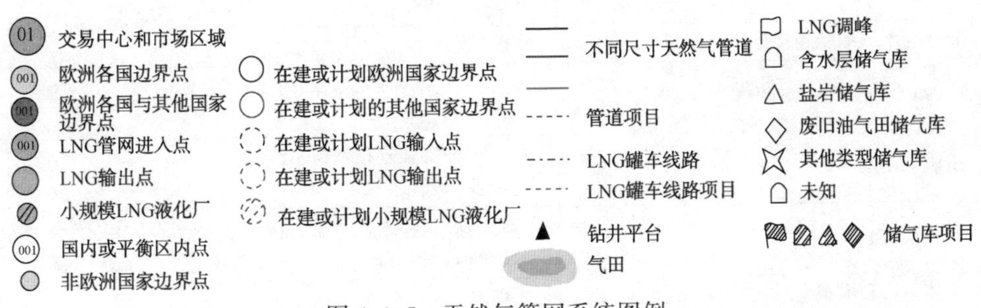

图 4. 1. 5　天然气管网系统图例

表 4.1.1 奥地利天然气管网系统数据

基础设施	
TSO 数量	3
输气管道总长度	约 1600km
压缩机总功率	621MW
与 TSO 连接情况	
GAS CONNECT AUSTRIA	- Baumgarten/Eustream(SK，各国名称缩写如表 4.1.2 所示) - Mosonmagyaróvár/FGSZ(HU) - Petržalka/eustream，a. s.(SK) - Murfeld/Geoplin plinovodi(SI) - Überackern ABG/Bayernets(DE) - Überackern SUDAL/Bayernets(DE)
BOG	- Oberkappel/Open Grid Europe(DE) - Oberkappel/GRTgaz Deutschland(DE) - Baumgarten/Eustream(SK)
TRANS AUSTRIA GASLEITUNG	- Baumgarten/Eustream(SK) - Tarvisio-Arnoldstein/Snam Rete Gas(IT)
LNG 接收站	
	无
储气库	
与 DSO 相连 [所有储气库与 DSO 相连(除了 Haidach 和 7 Field，Haidach 与 German network 相连，7 Field 与输气管网和配气管网相连)，由 Austrian Gas Grid Management AG(AGGM)作为配气区域管理者(Distribution Area Manager)管理国内天然气容量]	- Schönkirchen Reyersdorf/GAS CONNECT AUSTRIA - Tallesbrunn/GAS CONNECT AUSTRIA - Thann/GAS CONNECT AUSTRIA - Puchkirchen/RAG - Haidach 5/RAG - Haidach/RAG/Wingas/Gazprom Export - 7 Fields/Eon Gas Storage
生产	
与配气系统连接 (所有生产设施与 DSO 管网相连)	- 1 virtual entry point from OMV Austria Exploration & Production - 1 virtual entry point from RAG
直接连接的客户	
	- 总计：1 - 天然气电厂：0
TSO 与配气系统连接，DSO 数量	
GAS CONNECT AUSTRIA	- TS-DS 实体连接数量：1 - DSO 数量：1
BOG GMBH	- TS-DS 实体连接数量：6 - DSO 数量：1
TAG GMBH	- TS-DS 实体连接数量：10 - DSO 数量：1
实体中心和虚拟交易点	- CEGH

续表

基础设施	
平衡区域数量	1
GAS CONNECT AUSTRIA GmbH	
输气管网总长度(不包括配气)	170km，运行：约 1600km
压缩机总功率	40MW
输送总能量(气体)	93882GW·h
输送总能量与国内市场比例(2012)	1.03
分类计价模型	ITO
BOG GmbH	
输气管网总长度(不包括配气)	383.5km
压缩机总功率	106MW
输送总能量(气体)	2012：134843GW·h
输送总能量与国内市场比例	1.48
Trans Austria Gasleitung GmbH	
输气管网总长度(不包括配气)	1140km
压缩机总功率	475MW
输送总能量(气体)	2012：280799GW·h
输送总能量与国内市场需求比例	3.07

表 4.1.2 国家名称缩写代码

序号	国家名称	国家代码
1	阿尔巴尼亚	AL
2	奥地利	AT
3	保加利亚	BG
4	白俄罗斯	BY
5	捷克共和国	CZ
6	德国	DE
7	丹麦	DK
8	法国	FR
9	希腊	GR
10	克罗地亚	HR
11	匈牙利	HU
12	意大利	IT
13	立陶宛	LT
14	马其顿共和国	MK
15	荷兰	NL
16	挪威	NO

续表

序号	国家名称	国家代码
17	波兰	PL
18	罗马尼亚	RO
19	塞尔维亚	RS
20	俄国	RU
21	斯洛文尼亚	SI
22	斯洛伐克	SK
23	土耳其	TK
24	乌克兰	UA
25	英国	UK

4.1.2 保加利亚

保加利亚国内高压天然气管网呈环形，总长度1700km，3个压气站分别为Kardam-1、Valchi Dol和Polski Senovets，总功率48MW，250条测量支线与115个出口点相连，设计输量$74\times10^8m^3/a$，最大工作压力5.4MPa。

保加利亚过境天然气管线总长945km，直径*DN*1000，6个压气站分别是Kardam-2、Provadia、Lozenets、Strandja、Ihtiman和Petrich，总功率214MW，设计输量$187\times10^8m^3/a$，最大工作压力5.4MPa。

保加利亚仅有一座储气库Chiren，位于Vratsa城附近，开发井22口，注采站一座，功率10MW。目前容量能满足夏季居民用气量的$5.5\times10^8m^3$，采气速率最小$100\times10^4m^3/d$，最大$420\times10^4m^3/d$。注气速率最小$150\times10^4m^3/d$，最大$350\times10^4m^3/d$。

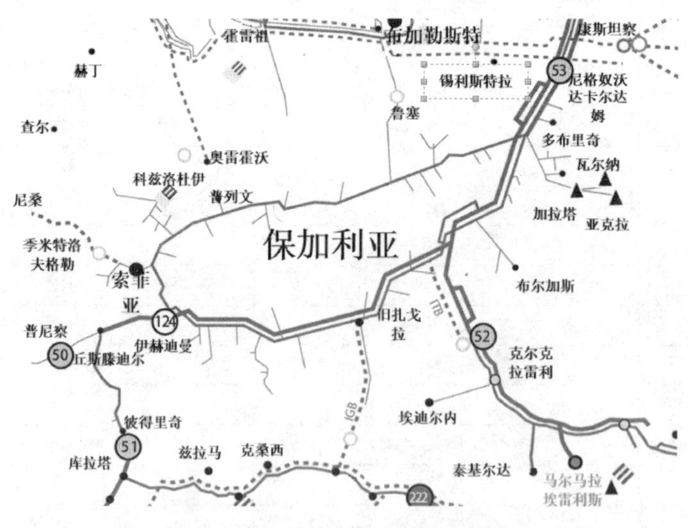

图4.1.6 保加利亚天然气管网系统图

保加利亚天然气管网系统图和详细信息分别如图 4.1.6 和表 4.1.3 所示。

表 4.1.3　保加利亚天然气管网系统详细信息

基础设施	
TSO 数量	1
输气管道总长度	2645km
压缩机总功率	输气：263MW 储气：10MW
与 TSO 连接情况	
BULGARTRANSGAZ	- Negru Voda 1(Transgaz RO/Kardam(BG) - Negru Voda 2，3(Transgaz RO)/Kardam(BG) - Kulata(BG)/Sidirokastron(DESFA GR) - Srtandzha(BG)/Malkoclar(BOTAŞ TR) - Kyustendil(BG)/Zidilovo(GA-MA MK)
LNG 接收站	
	无
储气库	
Bulgartransgaz 所有和运行，与 Bulgartransgaz 管网连接	UGS Chiren
生产	
与 Bulgartransgaz 管网连接，连接点：	- GMS Provadia - GRS Pleven
直接连接的客户	
BULGARTRANSGAZ	- 总计：262 - 天然气电厂：0
TSO 与配气系统(DS)连接，DSO 数量	
BULGARTRANSGAZ	- TS-DS 实体连接数量：65 - DSO 数量：17
实体中心和虚拟交易点	无
平衡区域数量	1
Bulgartransgaz	
输气管网总长度(不包括配气)	2645km
压缩机总功率	输气：263MW 储气：10MW
输送总能量(气体)	212040GW · h
输送总能量与国内市场需求比例(2012)	6.0

4.1.3 克罗地亚

克罗地亚管网运营商 Plinacro 运营境内 2576km 管道，该管道有 10 个进气口，其中 2 个国际气源进气口，1 个是储气库，157 个计量减压出口站点。2012 年最大设计输量 $2880\times10^4m^3/d$，日最大调峰荷载 $1662.1\times10^4m^3/d$。克罗地亚 2012 年国内天然气消耗量的 41.62% 来自国内生产，49.4% 购自国外市场，8.97%来自储气库。克罗地亚天然气管网系统图和详细信息分别如图 4.1.7 和表 4.1.4 所示。

图 4.1.7 克罗地亚天然气管网系统图

表 4.1.4 克罗地亚天然气管网系统详细信息

<table>
<tr><td colspan="2">基础设施</td></tr>
<tr><td>TSO 数量</td><td>1</td></tr>
<tr><td>输气管道总长度</td><td>2576km</td></tr>
<tr><td>压缩机总功率</td><td></td></tr>
<tr><td colspan="2">与 TSO 连接情况</td></tr>
<tr><td>PLINACRO</td><td>- Rogatec/Plinovodi(SI)
- Donji Miholjac(Dravaszerdehaly)/FGSZ(HU)</td></tr>
<tr><td colspan="2">LNG 接收站</td></tr>
<tr><td></td><td>N/A</td></tr>
<tr><td colspan="2">储气库</td></tr>
<tr><td>PLINACRO</td><td>- PSP OKOLI/Podzemno skladište plina</td></tr>
<tr><td colspan="2">生产</td></tr>
<tr><td>PLINACRO</td><td>- CPS Molve(Durdevac)/INA
- CPS Etan(Ivanic Grad)/INA
- offshore platforms/Pula terminal/INA
- Ferdinandovac/INA
- Gola/INA
- Hampovica/INA</td></tr>
<tr><td colspan="2">直接连接的客户</td></tr>
<tr><td>PLINACRO</td><td>- 总计：24
- 天然气电厂：5</td></tr>
<tr><td colspan="2">TSO 与配气系统(DS)连接，DSO 数量</td></tr>
<tr><td>PLINACRO</td><td>- TS-DS 实体连接数量：157
- DSO 数量：37</td></tr>
<tr><td>实体中心和虚拟交易点</td><td>无</td></tr>
<tr><td>平衡区域数量</td><td>1</td></tr>
<tr><td colspan="2">PLINACRO</td></tr>
<tr><td>输气管网总长度(不包括配气)</td><td>2576km</td></tr>
<tr><td>压缩机总功率</td><td></td></tr>
<tr><td>输送总能量(气体)</td><td>34510GW · h</td></tr>
<tr><td>输送总能量与国内市场需求比例(2012)</td><td>1.15</td></tr>
</table>

4.1.4 希腊

希腊位于欧洲东南部，北部与保加利亚、马其顿以及阿尔巴尼亚相连，东部与土耳其接壤，希腊国内无天然气资源，希腊国家天然气管网系统已建成高压管线长度1291km，管径为*DN*250、*DN*600、*DN*750和*DN*900；已建调压计量站40座、地区性管理维护中心4座。位于希腊南端Revythousa岛的LNG接收站是希腊国家天然气输气系统的重要组成部分，Revythousa LNG接收站储气能力为$7800\times10^4m^3$，小时气化能力为$1000m^3$液态天然气，在希腊国家天然气供气系统中起储气、调峰、稳定压力、应急储备等作用。希腊天然气管网系统图和详细信息分别如图4.1.8和表4.1.5所示。

图4.1.8 希腊天然气管网系统图

表 4.1.5　希腊天然气管网系统详细信息

基础设施	
TSO 数量	1
输气管道总长度	1291km
压缩机总功率	13MW
与 TSO 连接情况	
DESFA	- Kulata/Sidirokastron-Bulgartransgaz(BG) - Kipi-BOTAŞ(TK)
LNG 接收站	
	- Revythoussa
储气库	
	无
生产	
	无
直接连接的客户	
	- 总计：17 - 天然气电厂：11
TSO 与配气系统(DS)连接，DSO 数量	
	- TS-DS 实体连接数量：24 - DSO 数量：4(DEPA 和 3 个地区 DSOs)
实体中心和虚拟交易点	无
平衡区域数量	1
DESFA S. A.	
输气管网总长度(不包括配气)	1291km
压缩机总功率	13MW
输送总能量(气体)	47175GW · h
输送总能量与国内市场需求比例(2012)	1.0

4.1.5　匈牙利

匈牙利管网全长 5784km，6 个压气站，20 个进气点，400 个国内市场出气点。固定的输气量 1750GW · h/d。国内终端用户输气量 $100\times10^8m^3/a$，过境天然气 $20\times10^8\sim30\times10^8m^3/a$。匈牙利管网与周围 5 个邻国相连，天然气对外依存度 80%(2013 年)，境外天然气来源主要有两个，一个是乌克兰，另一个是俄罗斯。储气库工作气量 $63\times10^8m^3$，供气能力 850GW · h/d，足够用于国内天然气季节性调峰。匈牙利天然气管网系统图和详细信息分别如图 4.1.9 和表 4.1.6 所示。

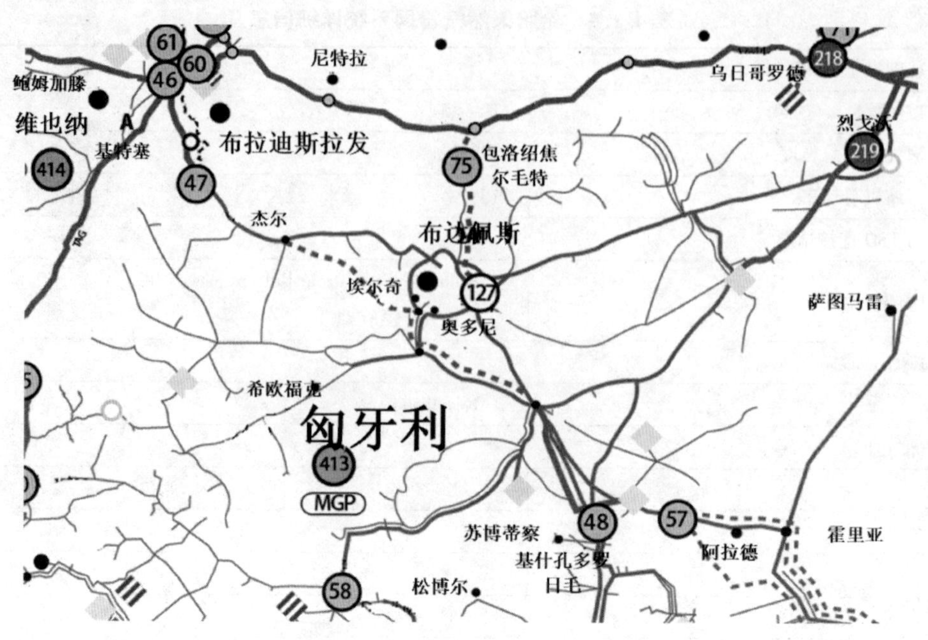

图 4.1.9　匈牙利天然气管网系统图

表 4.1.6　匈牙利天然气管网系统详细信息

基础设施	
TSO 数量	1
输气管道总长度	5784km
压缩机总功率	233MW
与 TSO 连接情况	
FGSZ	- Beregdaróc/Ukrtansgas(UA > HU) - Beregdaróc/Ukrtansgas(HU > UA) - Mosonmagyaróvár/Gas Connect Austria(AT) - Kiskundorozsma/Srbijagas(RS) - Csanádpalota/Transgaz(RO) - Drávaszerdahely/Plinacro(HR)
LNG 接收站	
	无
储气库	
FGSZ	- Zsana/Hungarian Gas Storage - Hajdúszoboszló/Hungarian Gas Storage - Pusztaederics/Hungarian Gas Storage - Kardoskút/Hungarian Gas Storage - Szőreg-I/MMBF
生产	

续表

基础设施	
FGSZ	- AlgyőIII "0" point/MOL - Babócsa "0" point/MOL - Endrőd "0" point/MOL - Hajdúszoboszló "0" point/MOL - Karcag II(Bucsa) "0" point/MOL - Pusztaederics "0" point/MOL - Szank "0" point/MOL - Kardoskút regional/MOL - Kenderes II inert "0" point/MOL - Babócsa regional/MOL - Tiszavasvári II "0" point/HHE North
直接连接的客户	
FGSZ	- 总计：39 - 天然气电厂：14
TSO 与配气系统(DS)连接，DSO 数量	
FGSZ	- TS-DS 实体连接数量：361 - DSO 数量：9
实体中心和虚拟交易点	- MGP I/FGSZ - MGP II/FGSZ
平衡区域数量	1
FGSZ Ltd. (Natural Gas Transmission Company Limited by Shares)	
输气管网总长度(不包括配气)	5784km
压缩机总功率	233MW
输送总能量(气体)	173145GW·h
输送总能量与国内市场需求比例(2012)	1.47

4.1.6 意大利

意大利天然气主要来源于俄罗斯、欧洲北部和非洲北部，其次是国内生产和LNG。气体经 8 个进入点流入意大利天然气管网系统：突尼斯、利比亚、奥地利、斯洛文尼亚和瑞士气源分别在 Mazara del Vallo、Gela、Tarvisio、Gorizia 和 Passo Gries 输气点输入，有利古里亚海 Panigaglia 和 Livorno LNG 气化站，北亚得里亚海的 Cavarzere LNG 气化站。管网系统中也同样有天然气地下储气库在系统中充当调节作用，意大利有 2 个地下储气库运营商，SNG 拥有并运营 9 个枯竭油气藏储气库，Edison Stoccaggio 公司拥有 3 个。意大利天然气管网系统图和详细信息分别如图 4.1.10 和表 4.1.7 所示。

图 4.1.10　意大利天然气管网系统图

表 4.1.7　意大利天然气管网系统详细信息

<table>
<tr><td colspan="2">基础设施</td></tr>
<tr><td>TSO 数量</td><td>10</td></tr>
<tr><td>输气管道总长度</td><td>34415km</td></tr>
<tr><td>压缩机总功率</td><td>864.1MW</td></tr>
<tr><td colspan="2">与 TSO 连接情况</td></tr>
<tr><td>SNAM RETE GAS</td><td>- Passo Gries/FluxSwiss(CH)
- Passo Gries/Swissgas(CH)
- Tarvisio/TAG(AT)
- Gorizia/Plinovodi(SI)
- Gela/Greenstream(LY)
- Mazara del Vallo/TPMC(TN)
- Bizzarone/DSO(CH)
- San Marino/DSO(SM)</td></tr>
<tr><td colspan="2">LNG 接收站</td></tr>
<tr><td>SNAM RETE GAS</td><td>- Panigaglia/GNL Italia
- Cavarzere/Adriatic LNG
(the related entry point is linked to Infrastrutture Trasporto Gas Network and Snam Rete Gas markets the entry point capacity)
- Livorno/OLT Offshore LNG Toscana</td></tr>
<tr><td colspan="2">储气库(通过两个虚拟出入点，Stogit hub and Edison Stoccaggio hub 与国家管网相连)</td></tr>
<tr><td>SNAM RETE GAS</td><td>- Brugherio/Stogit
- Cortemaggiore/Stogit
- Fiume Treste/Stogit
- Minerbio/Stogit
- Ripalta/Stogit
- Sabbioncello/Stogit
- Sergnano/Stogit
- Settala/Stogit</td></tr>
<tr><td>SOCIETÀ GASDOTTI ITALIA</td><td>- Cellino/Edison Stoccaggio
- Collalto/Edison Stoccaggio</td></tr>
</table>

基础设施		
生产		
SNAM RETE GAS	- Casteggio - Caviaga - Fornovo - Ovanengo - Piadena Ovest - Pontetidone - Quarto - Rivolta d'Adda - Soresina - Trecate - Casalborsetti - Collalto - Medicina - Montenevoso - Muzza - Ravenna Mare - Ravenna Mare Lido Adriano - Santerno - Spilamberto B. P. - Vittorio V. (S. Antonio) - Rubicone - Falconara - Fano - Capparuccia - Carassai - Cellino - Grottammare	- Montecosaro - Pineto - S. Giorgio M. - San Benedetto T. - Settefinestre/Passatempo - Fonte Filippo - Larino - Ortona - Poggiofiorito - Reggente - S. Stefano M. - Candela - Roseto/T. Vulgano - Torrente Tona - Calderasi/Monteverdese - Metaponto - Monte Alpi - Pisticci A. P. /B. P. - Sinni(Policoro) - Crotone - Hera Lacinia - Bronte - Comiso - Gagliano - Mazara/Lippone - Noto
直接连接的客户		
SNAM RETE GAS	- 总计：约 3500 - 天然气电厂：114(加上 3 个连接到其他 TSOs)	
TSO 与配气系统(DS)连接，DSO 数量		
SNAM RETE GAS	- TS-DS 实体连接数量：约 3500 - DSO 数量：236 (Source：AEEG Annual Report，2013；this may include DSOs not directly connected to Snam Rete Gas' network)	
实体中心和虚拟交易点	Punto di Scambio Virtuale(PSV)/Snam Rete Gas	
平衡区域数量	1	

续表

基础设施	
Snam Rete Gas S. p. A. (Societa per Azioni-Joint Stock Company)	
输气管网总长度(不包括配气)	32245km
压缩机总功率	864. 1MW
输送总能量(气体)	801203GW · h
输送总能量与国内市场比例(2012)	1. 01
Infrastrutture Trasporto Gas S. p. A. (Societa per Azioni-Joint stock Company)	
输气管网总长度(不包括配气)	83km
压缩机总功率	0MW
输送总能量(气体)	65258GW · h(在 Cavarzere 输入点)
输送总能量与国内市场需求比例(2012)	0. 08

4. 1. 7 罗马尼亚

罗马尼亚天然气管网总长 13138km，其中 553km 为过境管线，管径 50~1200mm，压力 0. 6~3. 5MPa，过境管线压力 5. 4MPa，压气站 5 座，总功率 32MW。罗马尼亚天然气管网系统图和详细信息分别如图 4. 1. 11 和表 4. 1. 8 所示。

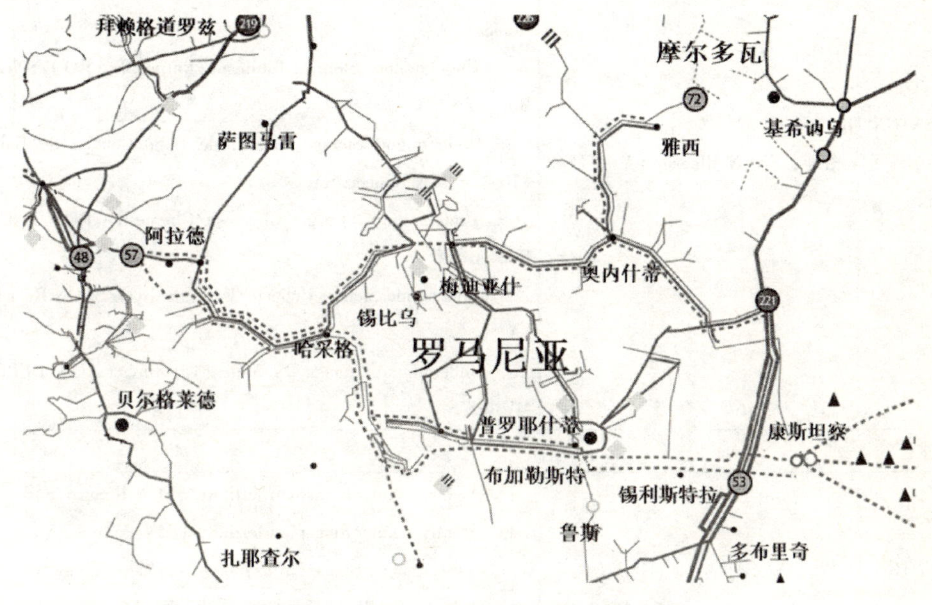

图 4. 1. 11 罗马尼亚天然气管网系统图

表 4.1.8　罗马尼亚天然气管网系统详细信息

基础设施	
TSO 数量	1
输气管道总长度	13138km
压缩机总功率	32MW
与 TSO 连接情况	
SNTGN TRANSGAZ SA	– Csanádpalota/FGSZ(HU) – Negru Voda I/Bulgartransgaz(BG) – Negru Voda II/Bulgartransgaz(BG) – Negru Voda III/Bulgartransgaz(BG) – Mediesu Aurit Import/Ukrtransgaz(UA) – Isaccea Import/Ukrtransgaz(UA) – Isaccea I/Ukrtransgaz(UA) – Isaccea II/Ukrtransgaz(UA) – Isaccea III/Ukrtransgaz(UA)
LNG 接收站	
	无
储气库	
SNTGN TRANSGAZ SA 与储气库相连，SNGN Romgaz SA 所有和运行	– Underground Storage Sarmas/Sarmas(RO)/SNGN Romgaz SA – Underground Storage Balaceanca/Balaceanca(RO)/SNGN Romgaz SA – Underground Storage Butimanu/Butimanu (RO)/SNGN Romgaz SA – Underground Storage Cetatea de Balta/Cetatea de Balta (RO)/SNGN Romgaz SA – Underground Storage Ghercesti/Ghercesti (RO)/SNGN Romgaz SA – Underground Storage Urziceni/Urziceni(RO)/SNGN Romgaz SA – Underground Storage Tg. Mures/Tg. Mures (RO)/DEPO-MURES SA
生产	
SNTGN TRANSGAZ SA	– 85 entry points/Romanian territory/SNGN Romgaz SA – 43 entry points/Romanian territory/OMV Petrom SA – 7 entry points/Romanian territory/Amromco Energy SRL – 1 entry point/Romanian territory/SC Raffles Energy SRL – 1 entry point/Romanian territory/Lotus Petrol SRL

续表

基础设施	
直接连接的客户	
SNTGN TRANSGAZ SA	- 总计：232 - 天然气电厂：18
TSO 与配气系统(DS)连接，DSO 数量	
SNTGN TRANSGAZ SA	- TS-DS 实体连接数量：870 - DSO 数量：39
实体中心和虚拟交易点	无
平衡区域数量	1
SNTGN TRANSGAZ SA	
输气管网总长度(不包括配气)	13138km
压缩机总功率	32MW
输送总能量(气体)	156297GW · h
输送总能量与国内市场需求比例(2012)	1.20

4.1.8 斯洛伐克

斯洛伐克管道总长 2255km，有 5 条管径 900～1400mm 的线路，配气管网约 19660km。斯洛伐克天然气管网系统图和详细信息分别如图 4.1.12 和表 4.1.9 所示。

图 4.1.12 斯洛伐克天然气管网系统图

表 4.1.9　斯洛伐克天然气管网系统详细信息

基础设施	
TSO 数量	1
输气管道总长度	2255km
压缩机总功率	700MW
与 TSO 连接情况	
EUSTREAM	- Veľké Kapušany-Ukrtransgaz(AU)/Eustream(SK) - Baumgarten-Eustream(SK)/Gas Connect Austria, BOG, Trans Austria Gasleitung(AT) - Lanžhot-Eustream(SK)/Net4Gas(CZ)
LNG 接收站	
	无
储气库	
EUSTREAM	- NAFTA a. s. (NAFTA is also connected to the DSO-SPP-distribucia, a. s.) - POZAGAS a. s. (not connected to the Eustream transmission system)
生产	
EUSTREAM	- NAFTA a. s. (NAFTA is also connected to the DSO-SPP-distribucia, a. s.)
直接连接的客户	
	无
TSO 与配气系统(DS)连接，DSO 数量	
EUSTREAM	- TS-DS 实体连接数量：8 - DSO 数量：53
实体中心和虚拟交易点	1
平衡区域数量	1
Eustream	
输气管网总长度(不包括配气)	2255km
压缩机总功率	700MW
输送总能量(气体)	590000GW·h
输送总能量与国内市场需求比例(2012)	11.03

4.1.9　斯洛文尼亚

斯洛文尼亚是位于欧洲中部的内陆国家，东部和南部被克罗地亚包围。斯洛文尼亚是天然气匮乏的国家，斯洛文尼亚的天然气管网经 3 个边界点连接奥地利、意大利和克罗地亚管网，整个天然气管网系统中的工作压力较小，一般小于 6.7MPa，主要原因是该管网为欧洲的内部终端用气国家，所以普遍工作压力低，管径小，系统中包括 236 个计量站和 25 条管线。斯洛文尼亚天然气管网系统图和详细信息分别如图 4.1.13 和表 4.1.10 所示。

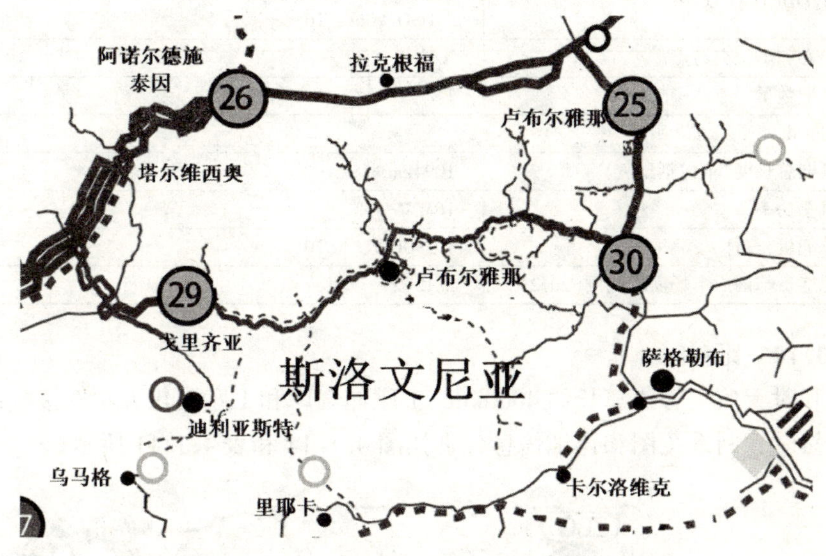

图 4.1.13 斯洛文尼亚天然气管网系统图

表 4.1.10 斯洛文尼亚天然气管网系统详细信息

基础设施	
TSO 数量	1
输气管道总长度	1094km
压缩机总功率	16MW
与 TSO 连接情况	
PLINOVODI D. O. O.	- Murfeld/Ceršak-GAS CONNECT AUSTRIA - Rogatec-Plinacro(HR) - Gorizia/Šempeter-Snam Rete Gas(I)
LNG 接收站	
	无
储气库	
INTERCONNECTED DSOs	无
生产	
INTERCONNECTED DISTRIBUTION SYSTEMS	无
直接连接的客户	

基础设施	
PLINOVODI D. O. O.	- 总计：151 - 天然气电厂：2
TSO 与配气系统(DS)连接，DSO 数量	
PLINOVODI D. O. O.	- TS-DS 实体连接数量：107 - DSO 数量：16
实体中心和虚拟交易点	N/A
平衡区域数量	1
Plinovodi d. o. o.	
输气管网总长度(不包括配气)	1094km
压缩机总功率	16MW
输送总能量(气体)	19390GW · h(2012)
输送总能量与国内市场需求比例(2012)	2. 12

4. 1. 10　比利时

比利时天然气管道总长约4000km，1座储气库和1座液化天然气接收站，比利时天然气管网系统图和详细信息分别如图4. 1. 14和表4. 1. 11所示。

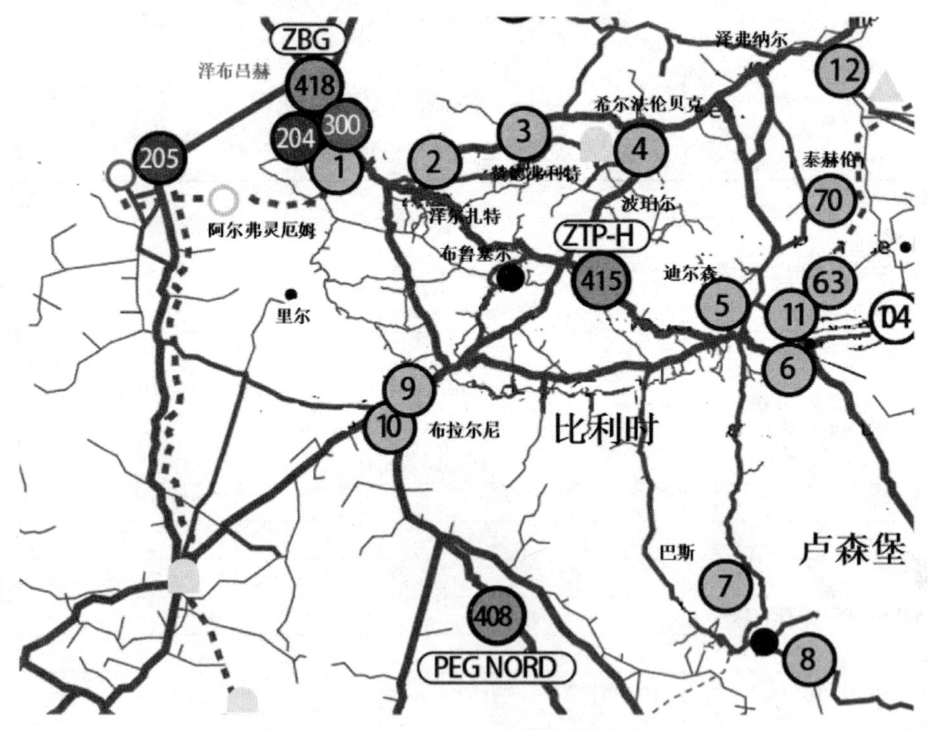

图 4. 1. 14　比利时天然气管网系统图

表 4.1.11　比利时天然气管网系统详细信息

基础设施	
TSO 数量	1
输气管道总长度	4000km
压缩机总功率	116MW
LNG 接收站	
	1
储气库	
	1
IP 数量	
	17
TSO 与配气系统(DS)连接，DSO 数量	
	- TS-DS 实体连接数量：200

4.1.11　丹麦

丹麦陆上输气干线 831km，输气压力最高设计为 8MPa，由西至东到哥本哈根是管径 762mm 干线，两次穿越狭小海峡，与瑞典管道相接；往北至里尔土腊普，往南至边境的埃尔赫夫特，管径 610mm，与德国管道相通。输气管道沿途建有 36 座计量调压站，减压至 4～1.9MPa。丹麦的 Li Torup 盐岩储气库，1990 年完工，总储气容积约 $6\times10^8m^3$，其中工作容积为 $3\times10^8m^3$，垫气容积 $2.7\times10^8m^3$，盐洞中最大压力 16～18MPa，洞穴最大直径 5m，洞穴高 300～400m，到洞穴顶的厚度 940～1300m，洞穴最小间距 400m。井口工作压力 7～20MPa。丹麦天然气管网系统图和详细信息分别如图 4.1.15 和表 4.1.12 所示。

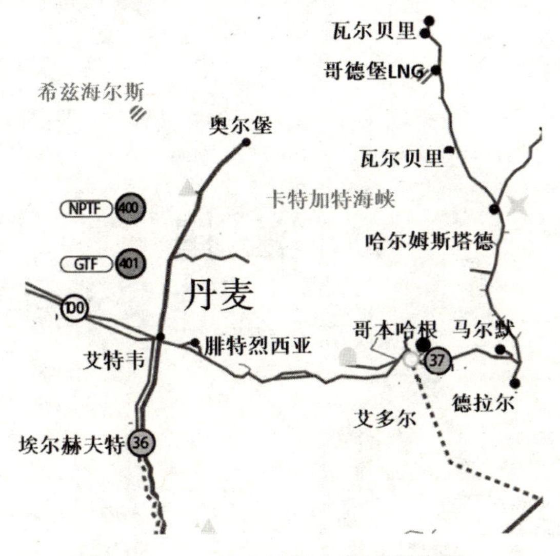

图 4.1.15　丹麦天然气管网系统图

表 4.1.12　丹麦天然气管网系统详细信息

基础设施	
TSO 数量	1
输气管道总长度	831km
压缩机总功率	0MW
LNG 接收站	
	1
储气库	
	1
IP 数量	
	2
TSO 与配气系统(DS)连接，DSO 数量	
	－TS-DS 实体连接数量：40(不包括 3 个直接与个人用户)

4.1.12　法国

法国国内天然气管网发展已经比较成熟，并且与挪威、比利时、德国、卢森堡、瑞士和西班牙等国相连。目前共有 43000km 的主干输气管道，配气管道长度为 170000km。法国目前有 3 座 LNG 接收站与法国天然气管网连接，法国天然气输送采用市场交易的方式进行。法国分为 3 个区域，各区域作为管网客户的气体平衡区，一旦气体流入管网，客户可不受限制的在任何一个点输出气体。法国天然气管网系统图和详细信息分别如图 4.1.16 和表 4.1.13 所示。

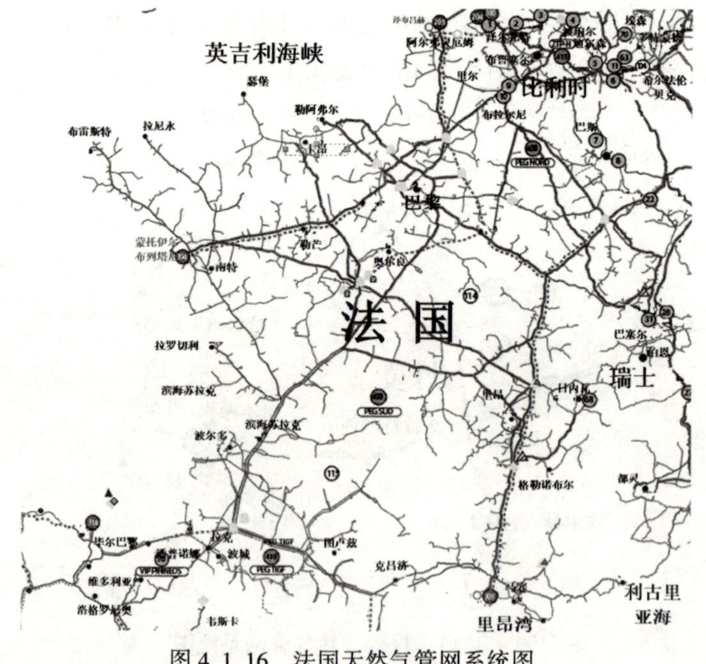

图 4.1.16　法国天然气管网系统图

表 4.1.13 法国天然气管网系统详细信息

基础设施	
TSO 数量	2
输气管道总长度	37300km
压缩机总功率	650MW
LNG 接收站	
	3
储气库	
	16
生产	
	1
IP 数量-Number of Cross-border interconnection points	
	7
TSO 与配气系统(DS)连接，DSO 数量	
	- TS-DS 实体连接数量或直接与客户连接：4820

4.1.13 德国

德国管道建设始于 1981 年，迄今为止总长度接近 40×10^4km。如今在德国，天然气的应用已达到德国总能源应用的 21.7%，被认为是最具有发展潜力和绿色的能源。但是德国已探明的储量仅仅为 175×10^8m^3，仅占世界能源的 5%。天然气的应用在德国主要依靠进口，其中以俄罗斯、挪威和荷兰为主要进口国。目前德国天然气管网根据天然气的不同热值被划分为两个管网系统，即高热值管网和低热值管网。德国拥有 5 家大型长输管道运营公司，超过 10×10^4km(27%)的 0.1MPa 以上的输气管道、15×10^4km(35%)的 1000Pa～0.1MPa 的输气管道以及约 15×10^4km 低于 1000Pa 的城市配气管网。德国天然气管网系统图和详细信息分别如图 4.1.17 和表 4.1.14 所示。

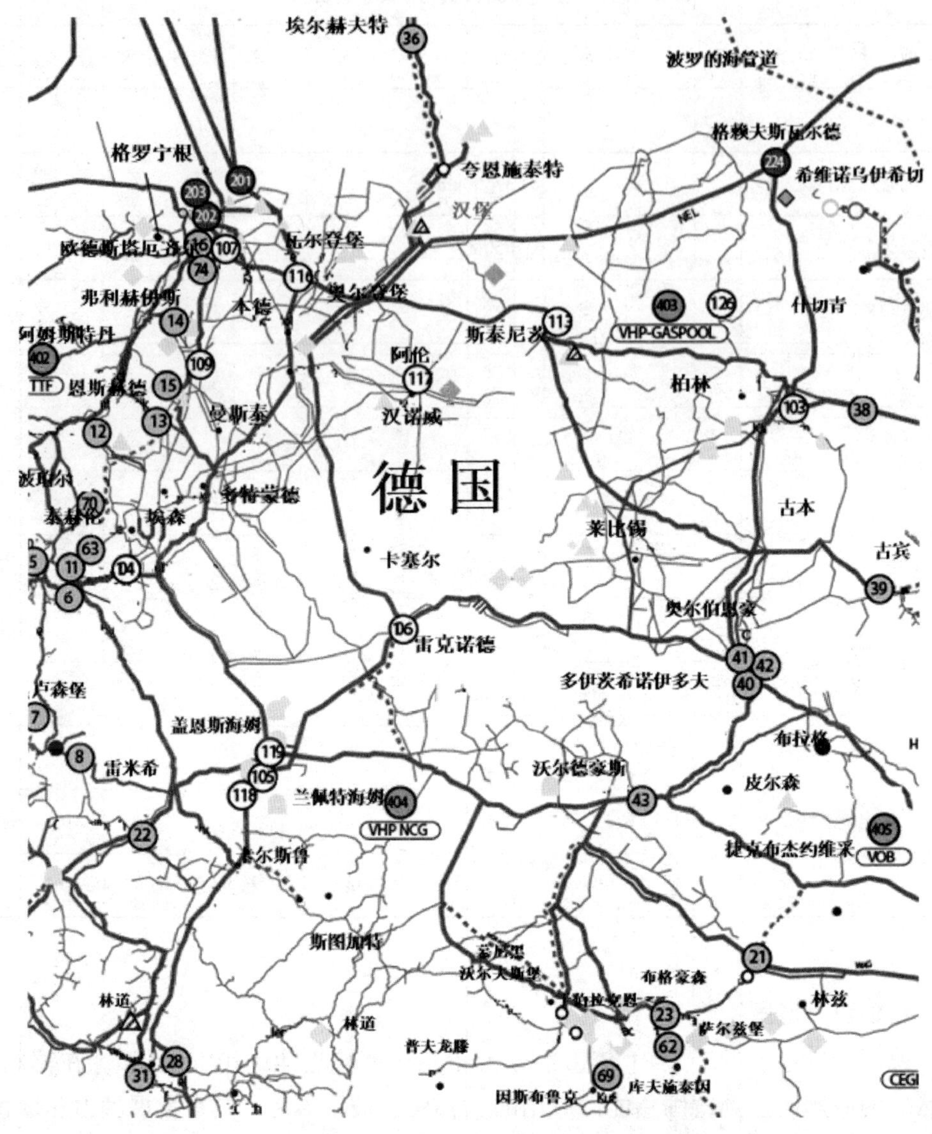

图 4.1.17　德国天然气管网系统图

表 4.1.14　德国天然气管网系统详细信息

基础设施	
TSO 数量	17
输气管道总长度	38125km
压缩机总功率	2542MW
TSO 的跨境连接情况(包括上下游运营商)	

基础设施	
BAYERNETS	– Überackern(Gas Connect Austria) – Überackern 2(Gas Connect Austria) – VIP Kiefersfelden–Pfronten(exit zone to Austrian DSOs)
FLUXYS DEUTSCHLAND	– Greifswald(Nord Stream)
FLUXYS TENP	– Bocholtz(Gasunie TS) – Lichtenbusch/Raeren(Fluxys Belgium) – Wallbach(Swissgas & FluxSwiss)
GASCADE GASTRANSPORT	– Brandov–Stegal(NET4GAS) – Eynatten(Fluxys Belgium) – Bunde(Gasunie TS) – Mallnow[GAZ–SYSTEM(ISO)] – Olbernhau(NET4GAS)
GASUNIE DEUTSCHLAND	– Bunde/Oude Statenzijl(H) (Gasunie TS) – Bunde/Oude Statenzijl(L) (Gasunie TS) – Emden(EPT1) (Gassco) – Emden(NPT) (Gassco) – Dornum(Gassco) – Ellund(Energinet. dk)
GASUNIE OSTSEEANBINDUNGSLEITUNG	– Greifswald(Nord Stream)
GRTGAZ DEUTSCHLAND	– Medelsheim(GRTgaz) – Oberkappel(BOG) – Waidhaus(NET4GAS)
GTG NORD	– Bunde/Oude Statenzijl(L) (Gasunie TS)
JORDGAS TRANSPORT	– Dornum(Gassco)
LBTG	– Brandov(NET4GAS) – Greifswald(Nord Stream)
NEL GASTRANSPORT	– Greifswald(Nord Stream)
ONTRAS	– Deutschneudorf(NET4GAS) – Lasów(GAZ–SYSTEM)

续表

基础设施	
OPAL GASTRANSPORT	- Brandov(NET4GAS) - Greifswald(Nord Stream)
OPEN GRID EUROPE	- Bocholtz(Gasunie TS) - Bunde(Gasunie TS) - Dornum(Gassco) - Ellund(Energinet. dk) - Emden(EPT1)(Gassco) - Emden(NPT)(Gassco) - Lichtenbusch/Raeren(Fluxys Belgium) - Kiefersfelden-Kufstein(TIGAS) - Medelsheim(GRTgaz) - Oberkappel(BOG) - Remich(CREOS Luxembourg) - Tegelen(Gasunie TS) - Burghausen(Gas Connect Austria) - Waidhaus(NET4GAS) - Wallbach(Swissgas & FluxSwiss) - Winterswijk(Gasunie TS) - Zevenaar(Gasunie TS)
TERRANETS BW	- RC Basel(Gasverbund Mittelland GVM) - RC Lindau(Vorarlberger Energienetze VNe) - RC Thayngen-Fallentor(Erdgas Ostschweiz EGO)
THYSSENGAS	- Bocholtz-Vetschau(Gasunie TS) - Emden(EPT1)(Gassco) - Emden(NPT)(Gassco) - Lichtenbusch/Raeren(Fluxys Belgium) - Haanrade(Gasunie TS) - Zevenaar(Gasunie TS)
德国 TSO 间连接情况(包括上游运营商)	
GASCADE GASTRANSPORT	- Reckrod < Open Grid Europe
GASUNIE DEUTSCHLAND	- Emsbüren-Berge < Thyssengas - Wardenburg RG < Open Grid Europe
GRTGAZ DEUTSCHLAND	- Gernsheim < GASCADE Gastransport
ONTRAS	- Steinitz < Open Grid Europe

基础设施	
OPEN GRID EUROPE	- Ahlten < Nowega - Bunder-Tief < Gasunie Deutschland - Drohne GUD/OGE < Gasunie Deutschland - Emsbüren RG < Gasunie Deutschland - Kienbaum < GASCADE Gastransport - Lampertheim I < GASCADE Gastransport - Nordlohne < Gasunie Deutschland - Steinitz < ONTRAS - Wardenburg RG < Gasunie Deutschland - Reckrod < GASCADE Gastransport
TERRANETS BW	- Lampertheim IV < GASCADE Gastransport
THYSSENGAS	- Broichweiden Süd < GASCADE Gastransport - Emsbüren-Berge < Gasunie Deutschland
LNG 接收站	
	无
储气库	
BAYERNETS	- Haidach USP - Haiming 2 7F-bayernets - Inzenham-West USP - Wolfersberg/USP
GASCADE GASTRANSPORT	- 1BQA Nüttermoor - 3070 Sp. Rehden - 1BMA Jemgum I - 1BRA Jemgum III
GASTRANSPORT NORD	- Zone UGS-EWE L-Gas
GASUNIE DEUTSCHLAND	- H096/H097-UGS Dötlingen - H098/H099-UGS Uelsen - H102/H103-UGS Harsefeld - H152/H171-UGS Etzel - H196/H197-UGS Etzel ESG - H199/H200-UGS Jemgum EWE - L131/L132-UGS Lesum - L133/L134-UGS Nüttermoor L
JORDGASTRANSPORT	- H152S/H171S-Etzel EGL - H196S/H197S-Etzel ESE - H203S/H204S-Etzel EKB

基础设施	
NOWEGA	- Empelde
OGE	- Friedeburg-Etzel, Bitzenlander Weg 2 - Friedeburg-Etzel, Bitzenlander Weg 3 - Friedeburg-Etzel, Bitzenlander Weg 4 - Speicher Bierwang - Speicher Breitbrunn - Speicher Epe H - Speicher Epe L - Speicher Eschenfelden - Speicher Etzel - Speicher Gronau-Epe H1 - Speicher Gronau-Epe L1 - Speicher Gronau-Epe L2 - Speicher Hähnlein - Speicher Inzenham West - Speicher Krummhörn - Speicher Stockstadt
ONTRAS	- UGS Bad Lauchstädt - UGS Bernburg - UGS Buchholz - UGS Katharina - UGS Kirchheilingen - UGS Kraak - UGS Peckensen - UGS Staßfurt
TERRANETS BW	- Fronhofen 1 - RC Speicher Fronhofen - RC Speicher Sandhausen - Sandhausen 1
THYSSENGAS	- Jemgum I - KGE Epe - Nüttermoor H - RWE Epe-RWE Kalle - RWE Xanten - Trianel Epe

基础设施	
生产	
GASTRANSPORT NORD	- EZONE-SDS
GASUNIE DEUTSCHLAND	- H072-Groothusen - H073-Leer EGM - H075-Visselhövede MEEG - H076-Imbrock - H078-Dötlingen UE H - H153-Bahnsen - L112-Dötlingen UE L - L115-Lehringen RI Luttum - L115-Lehringen RI Voigtei - L118-Husum - L119-Voigtei - L120-Unterlüß LL - L121-Thoense H - L141-Schneeren - L165-Thoense L
NOWEGA	- Schneeren - Zone Produktion
OGE	- Steinbrink Produktion
直接连接的客户	
德国总数	- 总计：约 400 - 天然气电厂：约 50
TSO 与配气系统(DS)连接，DSO 数量	
德国总数	- TS-DS 实体连接数量：约 1800 - DSO 数量：约 700
实体中心和虚拟交易点	2 个虚拟交易点：GASPOOL 和 NCG
市场区域数量	2
需求量	
气体年需求量	2012：910TW · h

续表

基础设施	
输送能量(气体)	2012：1.679TW·h
GASCADE Gastransport GmbH	
输气管网总长度(不包括配气)	2300km
压缩机总功率	490MW
输送总能量(气体)	See country profil for Germany
输送总能量与国内市场需求比例(2012)	
Gasunie Deutschland Transport Services GmbH	
输气管网总长度(不包括配气)	3235km
压缩机总功率	158MW
输送总能量(气体)	GW·h
输送总能量与国内市场需求比例(2012)	
Gasunie Ostseeanbindungsleitung GmbH	
输气管网总长度(不包括配气)	约440km
压缩机总功率	0MW
输送总能量(气体)	GW·h
输送总能量与国内市场需求比例(2012)	
GRTgaz Deutschland GmbH	
输气管网总长度(不包括配气)	1161km(pipe in pipe model with Open Grid Europe)
压缩机总功率	296MW(pipe in pipe model with Open Grid Europe)(ISO, including emergency units)
输送总能量(气体)	GW·h
输送总能量与国内市场需求比例(2012)	
ONTRAS Gastransport GmbH	
输气管网总长度(不包括配气)	7249km
压缩机总功率	38MW
输送总能量(气体)	GW·h
输送总能量与国内市场需求比例	
Open Grid Europe GmbH	
输气管网总长度(不包括配气)	约12000km
压缩机总功率	约1000MW
输送总能量(气体)	GW·h

续表

基础设施	
输送总能量与国内市场需求比例	
terranets bw GmbH	
输气管网总长度(不包括配气)	1965km
压缩机总功率	33MW
输送总能量(气体)	GW·h
输送总能量与国内市场需求比例	

4.1.14 爱尔兰

Gaslink 独立管网运营商，管理爱尔兰 ROI 管网系统(长输和配气系统)。ROI 系统包括 IC 系统和路上 ROI 系统，IC 系统由 2 个连接苏格兰的海底点、位于 Beattock 和 Brighouse Bay 的 2 座压气站和苏格兰境内 Brighouse 至 Moffat 的 110km 陆上管道组成。陆上 ROI 系统由 Dublin，Galway 和 Limerick 间的环状管网和 1 座位于 Midleton 的压气站组成。爱尔兰天然气管网系统图和详细信息分别如图 4.1.18 和表 4.1.15 所示。

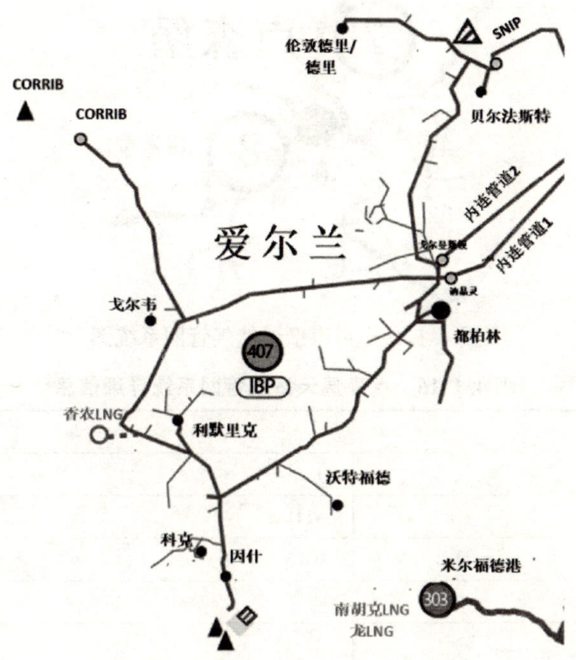

图 4.1.18 爱尔兰天然气管网系统图

表 4.1.15　爱尔兰天然气管网系统详细信息

基础设施	
TSO 数量	1
输气管道总长度	2147km
压缩机总功率	94MW
IP 数量	
	2
TSO 与配气系统(DS)连接，DSO 数量	
	- TS-DS 实体连接数量：105

4.1.15　卢森堡

卢森堡、比利时和德国的天然气管网相通，卢森堡天然气管道总长 411km，75%的管道建成于 1986 年之后，管网呈放射状，无压气站。卢森堡天然气管网系统图和详细信息分别如图 4.1.19 和表 4.1.16 所示。

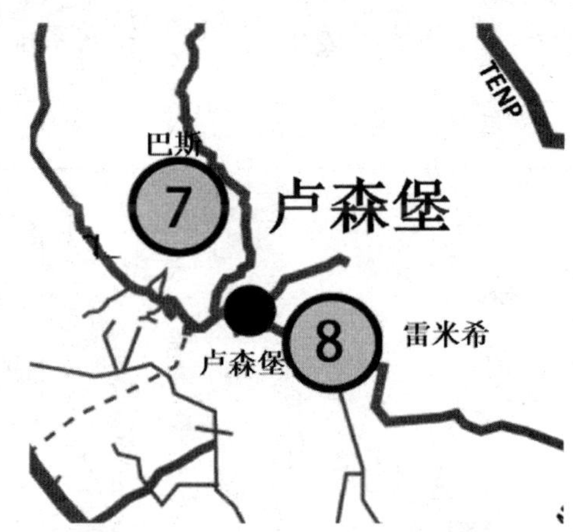

图 4.1.19　卢森堡天然气管网系统图

表 4.1.16　卢森堡天然气管网系统详细信息

基础设施	
TSO 数量	1
输气管道总长度	411km
压缩机总功率	0MW
IP 数量	
	3
TSO 与配气系统(DS)连接，DSO 数量	
	- TS-DS 实体连接数量：37

4.1.16 荷兰

荷兰是欧洲最大的天然气生产国，超过50%的管输天然气输往邻国，荷兰天然气管网系统图和详细信息分别如图4.1.20和表4.1.17所示。

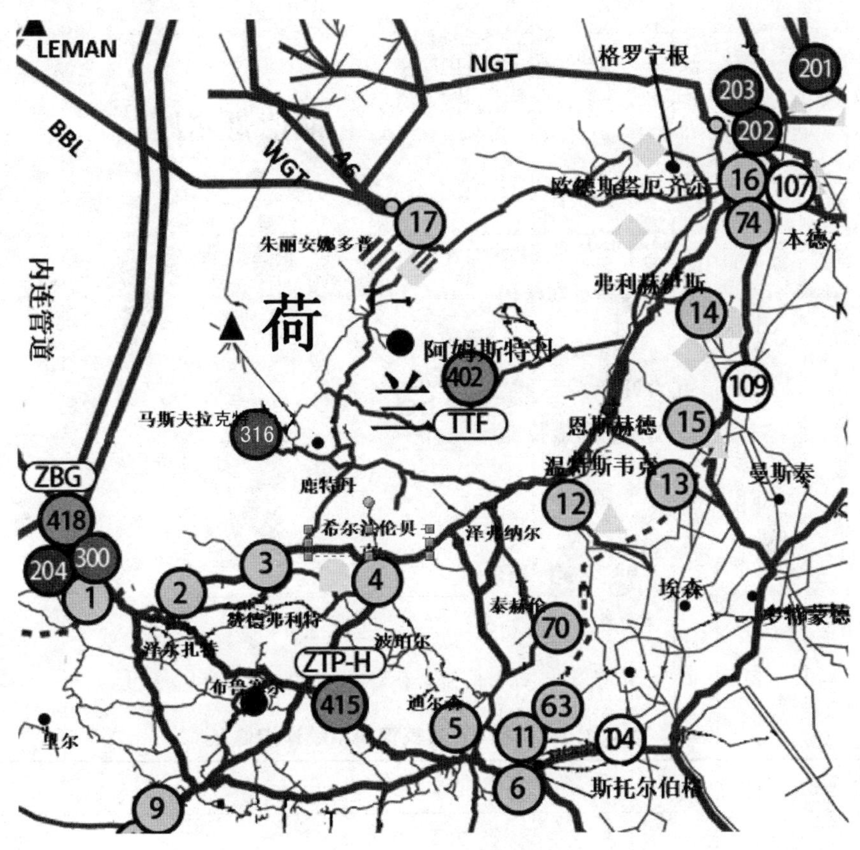

图4.1.20 荷兰天然气管网系统图

表4.1.17 荷兰天然气管网系统详细信息

基础设施	
TSO数量	1
输气管道总长度	11500km
压缩机总功率	大于900MW
IP数量	
	25
TSO与配气系统(DS)连接，DSO数量	
	- TS-DS实体连接数量：大于600 - 国内出口点(Domestic Exit Points)：1100

4.1.17 瑞典

瑞典天然气管网位于国家南部和西部，总长度约 620km，瑞典天然气管网系统图和详细信息分别如图 4.1.21 和表 4.1.18 所示。

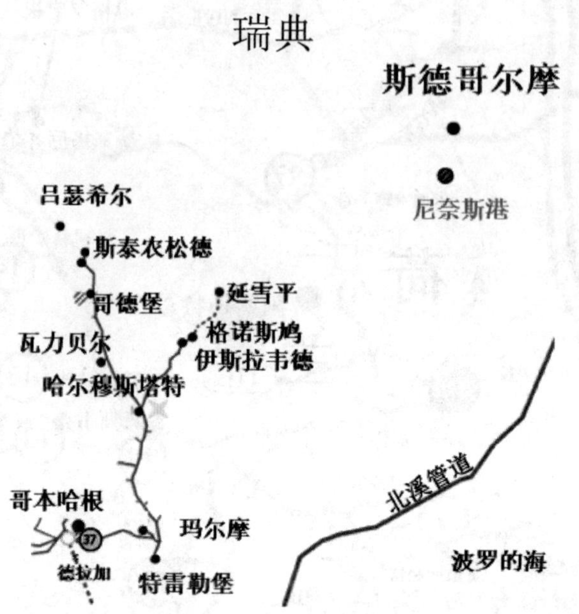

图 4.1.21 瑞典天然气管网系统图

表 4.1.18 瑞典天然气管网系统详细信息

基础设施	
TSO 数量	2 • Swedegas AB，owning and operating the grid，responsible for transportation • Svenska kraftnät，responsible for system balancing
输气管道总长度	620km
压缩机总功率	0MW
IP 数量	
	Dragör/Energinet. dk(only marketed by Energinet. dk according to the legal CAM set in the Swedish Natural Gas Act)
TSO 与配气系统(DS)连接，DSO 数量	
	– TS–DS 实体连接数量：39

4.1.18 英国

英国天然气管网系统图和详细信息分别如图 4.1.22 和表 4.1.19 所示。

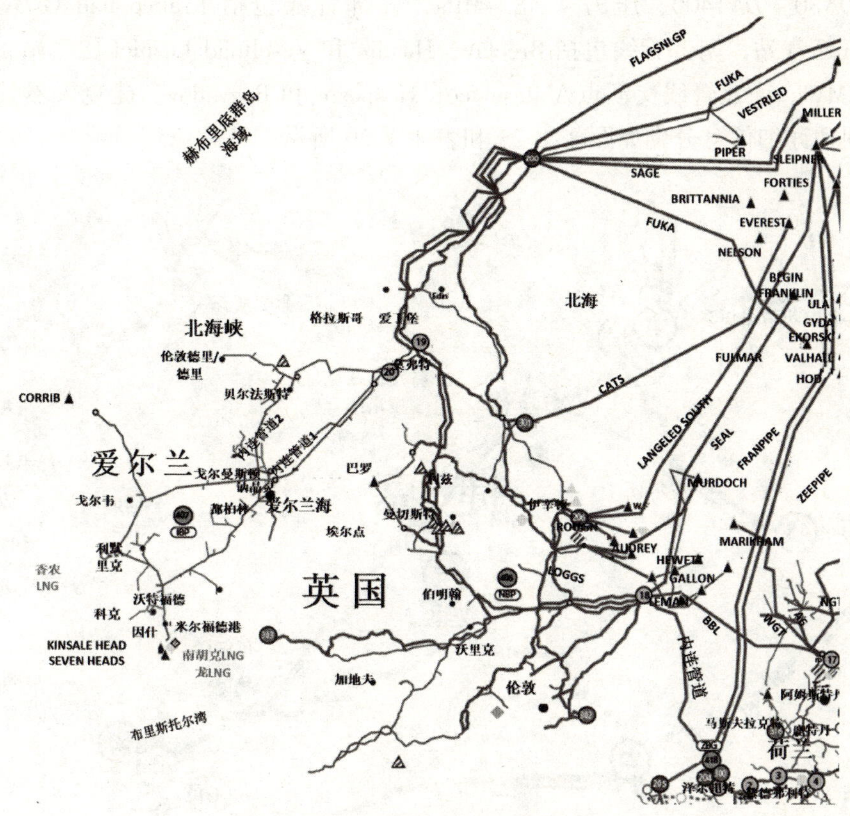

图 4.1.22 英国天然气管网系统图

表 4.1.19 英国天然气管网系统详细信息

基础设施	
TSO 数量	5 • Belfast Transmission Limited • BGE UK • Interconnector UK • National Grid • Premier Transmission Limited
输气管道总长度	8513km
压缩机总功率	1455MW
IP 数量	
	3

4.1.19 捷克

捷克唯一长输管网运营商 NET4GAS S. R. O. 公司，管理运营 3813km 管道，管径 *DN*80 ~ *DN*1400，压力 4 ~ 8.4MPa，北部管线包括 Kralice nad Oslavou 和 Kourim 压气站，南部管线包括 Breclav，Hostim 和 Veselfnad Luznicf 压气站，总功率 297MW。南北管线交汇点 Malesovice，Hospozfn 和 Rozvadov。捷克天然气管网系统图和详细信息分别如图 4.1.23 和表 4.1.20 所示。

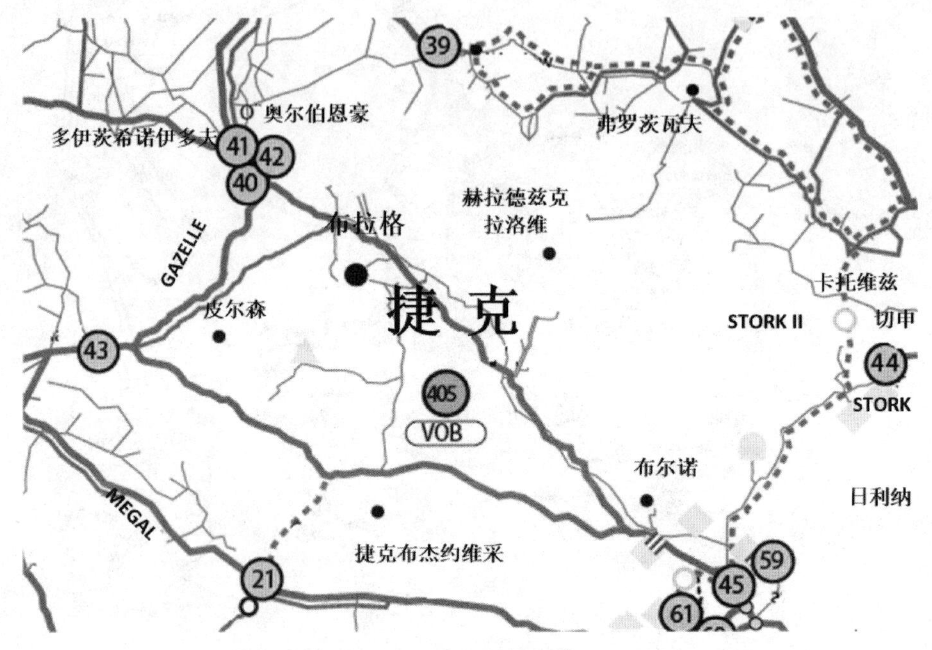

图 4.1.23 捷克天然气管网系统图

表 4.1.20 捷克天然气管网系统详细信息

基础设施	
TSO 数量	1
输气管道总长度	3813km
压缩机总功率	297MW
与 TSO 连接情况	
NET4GAS，S. R. O.	- Opal(DE)/Brandov(CZ) [OPAL NEL Transport GmbH(DE)/NET4GAS，s. r. o.(CZ)] - Brandov(CZ)/Stegal(DE) [NET4GAS，s. r. o.(CZ)/GASCADE Gastransport GmbH(DE)]

基础设施	
NET4GAS，S. R. O.	- Olbernhau(DE) I Hora Svate Kateriny(CZ) [GASCADE Gastransport GmbH(DE)/NET4GAS，s. r. o.(CZ)] - Waidhaus [NET4GAS，s. r. o.(CZ)/GRTgaz Deutschland GmbH & Open Grid Europe GmbH(DE)] - Hora Svate Katefiny(CZ) I Deutschneudorf(Sayda)(DE) [NET4GAS，s. r. o.(CZ)/ONTRAS Gastransport GmbH(DE)] - Cieszyn[NET4GAS，s. r. o.(CZ) I GAZ-SYSTEM S. A.(PL)] - Lanzhot[NET4GAS，s. r. o.(CZ) I eustream，a. s.(SK)]
LNG 接收站	
	N/A
储气库	
NET4GAS，S. R. O.	- UGS Háje/RWE Gas Storage，s. r. o. - UGS Dolnf Dunajovice/RWE Gas Storage，s. r. o. - UGS Lobodice/RWE Gas Storage，s. r. o. - UGS Štramberk/RWE Gas Storage，s. r. o. - UGS Hanovice/RWE Gas Storage，s. r. o. - UGS vrdonice/RWE Gas Storage，s. r. o. - UGS UhHice/MND Gas Storage，a. s. - UGS Dolnf Bojanovice/SPP Bohemia，a. s.(currently used for Slovakia only)
生产	
NET4GAS，S. R. O.	- No interconnected producer
NET4GAS，S. R. O.	1 virtual entry/Moravske naftove doly，a. s. 1 virtual entry/Ceska naftafska spolecnost，s. r. o.
直接连接的客户	
NET4GAS，S. R. O.	- 总计：6 - 天然气电厂：1
TSO 与配气系统(DS)连接，DSO 数量	
NET4GAS，S. R. O.	- TS-DS 实体连接数量：93 - DSO 数量：6
实体中心和虚拟交易点	virtual trading point is operated by OTE，a. s.

续表

基础设施	
平衡区域数量	1
需求量	
气体年需求量	2012：86.326TW · h 2011：85.646TW · h 2010：95.138TW · h
NET4GAS，s. r. o. (s. r. o. =spolecnost s rucenfm omezenym=Limited liability company)	
输气管网总长度(不包括配气)	运行 3813km
压缩机总功率	297MW
输送总能量(气体)	355318GW · h

4.1.20 波兰

波兰输气干线约 1×10^4 km，波兰天然气管网系统图和详细信息分别如图 4.1.24 和表 4.1.21 所示。

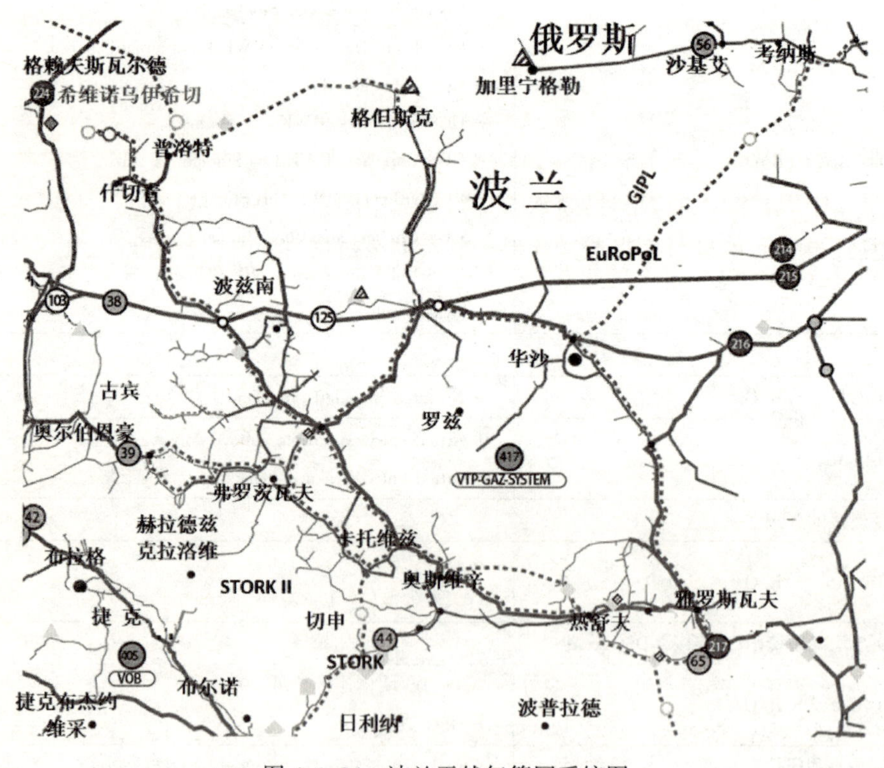

图 4.1.24　波兰天然气管网系统图

表 4.1.21 波兰天然气管网系统详细信息

基础设施	
TSO 数量	1
输气管道总长度	10077km-输气管网 680km-Yamal-Europe pipeline（GAZ-SYSTEM S. A. fulfils the function of ISO）
压缩机总功率	140.6MW-输气管网 400MW-Yamal-Europe pipeline
TSO 间连接情况	
GAZ-SYSTEM S. A.	- Lasów/Ontras(DE) - Cieszyn/NET4GAS(CZ) - Drozdowicze/Ukrtransgaz(UA) - Wysokoje/Gazprom Bieltransgaz(BY) - Tietierówka/Gazprom Bieltransgaz(BY) - Kondratki/Gazprom Bieltransgaz(BY) - Mallnow/Gascade(DE) - Lwówek/GAZ-SYSTEM S. A. - ISO - Włocławek/GAZ-SYSTEM S. A. - ISO
LNG 接收站	
	无
储气库	
GAZ-SYSTEM S. A.	- Swarzów/PGNiG - Strachocina/PGNiG - Brzeōnica/PGNiG - Husów/PGNiG - Wierzchowice/PGNiG - Mogilno/PGNiG - Daszewo(Low-Methane Gas)/PGNiG - Bonikowo(Low-Methane Gas)/PGNiG - Mikstat/DPV Service Sp. z o. o
生产	
GAZ-SYSTEM S. A.	- Sanok/PGNiG - Zielona Góra/PGNiG - Odolanów/PGNiG
直接连接的客户	
GAZ-SYSTEM S. A.	- 总计：74 - 天然气电厂：7

续表

基础设施	
TSO 与配气系统(DS)连接，DSO 数量	
GAZ-SYSTEM S. A.	- TS-DS 实体连接数量：879 - DSO 数量：17
实体中心和虚拟交易点	1
平衡区域数量	2
需求量	
气体年需求量	2012：165. 1TW · h 2011：161TW · h 2010：159TW · h
Gas Transmission Operator GAZ-SYSTEM S. A.	
输气管网总长度(不包括配气)	10077km-输气管网 680km-Yamal-Europe pipeline（GAZ-SYSTEM S. A. fulfils the function of ISO）
压缩机总功率	140. 6MW
输送总能量(气体)	170. 7TW · h

4. 2 欧洲天然气交易市场体系

第二次能源改革后，欧洲天然气开始实行非捆绑式定价。由于在销售环节、天然气商品和天然气基础设施的所有权分离，从而用户需要分别购买天然气商品和管道储气容量。因此天然气市场交易被划分为两个相对独立的部分：天然气商品市场和天然气容量市场(主要指天然气管道容量、天然气储气库容量、LNG 接收站容量的交易市场)。

4. 2. 1 欧洲天然气市场组成

欧洲天然气交易市场涵盖面广，政府和民间成立的一些机构和组织，围绕政策研究、规则制定、信息发布等领域各司其职，市场管理体制和运行机制如图 4. 2. 1 所示。其中，政府机构只要制定天然气战略规划、协调市场行为等，非政府组织和民间协会主要提供决策咨询、搭建信息平台、出台行业规范等。

(1) 欧盟委员会

欧盟委员会(European Commission，EC)是欧洲天然气行业管理的最高决策机构，职责之一是制定并组织实施包括天然气政策在内的能源政策。欧洲三次能源改革计划和管网统一法令等大部分由欧盟委员会审定发布。

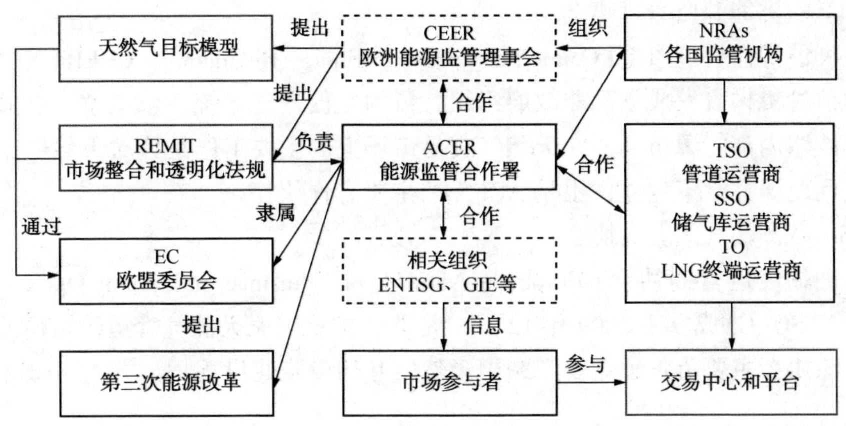

图 4.2.1 欧洲天然气市场结构

(2) 能源监管合作署

能源监管合作署(Agency for the Cooperation of Energy Regulators, ACER)是在欧盟推出第三次能源改革计划后，根据欧盟 2009 年 713 号决议成立的。其主要使命是在欧盟层面协助欧洲国家的能源监管部门开展监管工作，并协调各国间的能源监管和市场行为。在天然气行业上的主要任务是：审定欧洲跨国天然气输送管网运行规则，协调建立跨国天然气市场并进行监管。

(3) 各国管理机构

第二次能源改革前后，欧洲各国都相继成立了独立的天然气监管机构，主要负责制定天然气行业发展规划、天然气市场监测、天然气基础设施价格监管、基础设施第三方准入监管等。欧洲各国监管机构如表 4.2.1 所示。

表 4.2.1 各国管理机构

国家	天然气监管机构	国家	天然气监管机构	国家	天然气监管机构
德国	BNetzA	希腊	PAE/RAE	挪威	NVE
法国	CRE	匈牙利	MEH/HEO	荷兰	URE/ERO
奥地利	ECG-Control	爱尔兰	OS	葡萄牙	ERSE
比利时	CREG	意大利	AEEG	罗马尼亚	ANRE
保加利亚	HERA	拉脱维亚	PUC	斯洛伐克	URSO-RONI
塞浦路斯	ERU-ERO	立陶宛	NCC	斯诺文尼亚	AGEN-RS
丹麦	DERA	卢森堡	ILR	西班牙	CNE
爱沙尼亚	ECA	马其他	MRA	瑞典	EI
芬兰	EMV	荷兰	NMa	英国	Ofgen

（4）欧洲能源监管理事会

欧洲能源监管理事会（Council of European Energy Regulators，CEER）是欧洲各国能源监管机构自发成立的非政府组织，目的是促进建立统一、竞争、有效和可持续的欧盟内部能源市场。在天然气交易市场上的主要工作是针对天然气市场上的特定问题研究政策建立，也是 ACER 的主要合作伙伴。

（5）欧洲输气运营商协会

欧洲输气运营商协会（European Network of Transmission System Operation for Gas，ENTSO-G）成立于2009年12月，是欧洲主要国家天然气管道运营商的合作组织。该协会主要负责独立研究跨国天然气基础设施建设规划，并为 ACER 提供决策支持。

（6）欧洲能源交易商联盟

欧洲能源交易商联盟（European Federation of Energy Traders，EFET）是欧洲从事天然气、电力、石油、煤炭等能源批发交易的行业协会。对其天然气交易市场最大的贡献是制定了一系列格式化的天然气交易合同，从而实现交易的流程、规则、手段和方式的标准化，活跃和规范了市场交易。

（7）欧洲天然气基础设施信息平台

欧洲天然气基础设施信息平台（Gas Infrastructure Europe，GIE）。集中了 24 个国家 67 个运营天然气基础设施公司的主要信息，这些公司都按照 GIE 规定的统一模板，在网站上公示其管道、储气库和 LNG 接收站的价格，可用容量、技术数据等相关资料。GIE 分为三部分：

① 欧洲天然气管输联盟（Gas Transmission Europe，GTE），集中了 24 个国家 31 个长输管道运营商（Transmission System Operators，TSO）。

② 欧洲天然气储气库联盟（Gas Storage Europe，GSE），集中 17 个国家 30 个储气系统运营商（Transmission System Operators，SSO）101 个储气库，总工作气量 $910 \times 10^8 m^3$，占欧盟储气库总工作气量的 84%。

③ 欧洲液化天然气联盟（Gas LNG Europe，GLE），集中 9 个国家的 16 个 LNG 终端运营商（LNG Ternimal Operators，TO），LNG 气化量占欧洲的 90%。

4.2.2 天然气商品的交易途径

天然气商品的交易主要包括长期合同、场外交易和交易所交易 3 种途径。

长期合同交易是通过与天然气生产商签订 10 年以上长期供应合同进行的交易。目前主要在俄罗斯、阿尔及利亚、挪威、荷兰等资源国的天然气交易中使用。

（1）场外交易（Over The Counter，OTC）是供需双方通过经纪人达成的双边交易，是欧洲天然气市场化交易的主要方式。欧洲 OTC 交易起步于英国“NBP97”

条款，交易双方只需要填写买卖方、供应周期、日供应量、价格等交易确认信息就能快速完成交易、现阶段欧洲 OTC 交易使用最多的是 EFET 标准合同，采用“主条款+交易中心附件”的方式。OTC 交易主要通过经纪人提供的电子交易系统进行双边撮合，通过市场参与者报价或询价，并由系统自动识别买家和卖家来实现交易。OTC 交易可分为两种：一种使实际交易，以获取天然气实物为目的的交易，又可细分为现货交易和远期交易；另一种是金融交易，以天然气避险投机获利为目的的交易，包括掉期交易、期权交易等。OTC 交易的主要特点是不受政府管制、采用标准化合同、通过经纪人交易等。

(2) 交易所交易(Exchange)主要包括现货和期货交易。现货交易可分为两种，一种是短期现货(Spot)，一般在 1~2 天内由交易所组织进行实物交割；另一种是与管道平衡机制相联系的即期现货(如 ICE-END-EX 的 OCM 市场)，即管道公司为平衡天然气管道压力参与的市场交易，是一种对破坏管道系统平衡性的市场参与者的惩罚机制(这种交易可不进行实物交割)。天然气期货交易一般都出于投资保值避险等金融性目的，用现金清算的方式平仓，只有很少一部分用于实物交割。

此外，还有写依托交易中心的小型平台用于气量平衡交易，这些交易方式也视为交易所交易的范畴，如 NCG 的出价系统(Bid system)、TTF 的系统平衡信号(System Balance Signa)等。

4.2.3 天然气交易中心和交易所

天然气交易中心和交易所是欧洲天然气交易市场的重要因素。天然气交易中心是指在交易合同中约定的天然气所有权发生转移的地点，既可以是实际的管道交汇点、LNG 接收点，又可以是得到广泛认可的虚拟交易地点，大多数欧洲国家都有 1 ~2 个交易中心。交易所是可操作进行天然气实物或金融交易的区域性的实际场所。天然气交易中心有 MS ATR、PEG TIGF、PEG Sud、PEG Nord、PSV、CEGH、NCG、ZEE ZTP、Gaspool、NBP、TTF 和 GTF。天然气交易所有 POWERNEXT、EEX、ICE、ICE-ENDEX 和 NORDPOOLGAS。

所谓天然气交易中心，在实体层面，是指各种来源(本国生产气、进口管道气和 LNG)的天然气进行实物交易的场所；在金融层面，是天然气期货合约电子化交易的平台。因此，天然气交易中心一般由现货市场和期货市场组成(如图 4.2.2 所示)，两者的主要区别体现在交割期限，前者一般在一周内，合同由交易双方直接谈判达成，价格取决于市场短期供需；后者交割期限较长，交易双方同意按照协定的价格、数量和质量在未来某个时点完成交割。这种金融期货市场与实物现货市场相结合的方式，不但可以让天然气定价更加合理，而且也能帮助交易商回避与分散供求风险和价格风险。

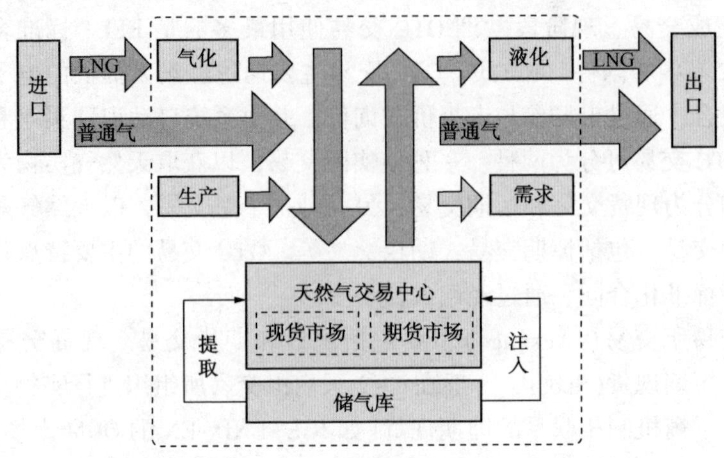

图 4.2.2　天然气交易市场结构示意图

目前欧洲的天然气交易中心多为虚拟型，这种交易中心是将区域性的管网视为一个虚拟的点，天然气交易都在该点进行，而不区分实际交割地点的差异。这样，管网中任何一处的天然气均为相同价格，在天然气管输费采用"入口/出口"法的情况下，天然气交易可以不考虑管道运输距离和价格问题。各交易中心的市场认可度和功能作用存在差异。

2012 年和 2013 年洲际交易所(Intercontinental Exchange，ICE)先后收购APX-ENDEX 和 NYSE Euronext。2013 年欧洲两个专门的能源交易所 EEX(European Energy Exchange，EEX)和 POWERNEXT 合作成立了泛欧天然气合作组织(Pan-European Gas Cooperation，PEGAS)，2016 年 2 月 1 日 EEX 持有 POWERNEXT 的 87.73%股份，以打造专业统一的欧洲能源交易平台。目前欧洲主要的商品交易所都推出了天然气交易合约，主要包括现货、期货和期权、标准化合同，以ICE-ENDEX 为例，主要的天然气交易品种有现货交易中心 TTF、ZTP 和 OCM；期货交易中心 TTF、NCG 和 GPL；期权交易中心 TTF；此外还包括储气库天然气交易，如 Gasterra、Rough 和 Taqa Bergermeer。

欧洲天然气产品交易平台 PEGAS，采用 Trayport® Global Vision ETS (Exchange Trading System)技术，为客户提供欧洲天然气现货交易和期货交易。市场参与者可在多个市场区域进行天然气合同交易，PEGAS 市场区域(market areas)包括：GASPOOL、NBP、NCG、PEG Nord、PSV、TRS、TTF、ZEE 和 ZTP。产品除现货和期货外，还包括市场间的利差产品，利差产品促进市场间的产品流动性。截至 2016 年 10 月 1 日市场参与者 186 家。市场区域如图 4.2.3 所示。

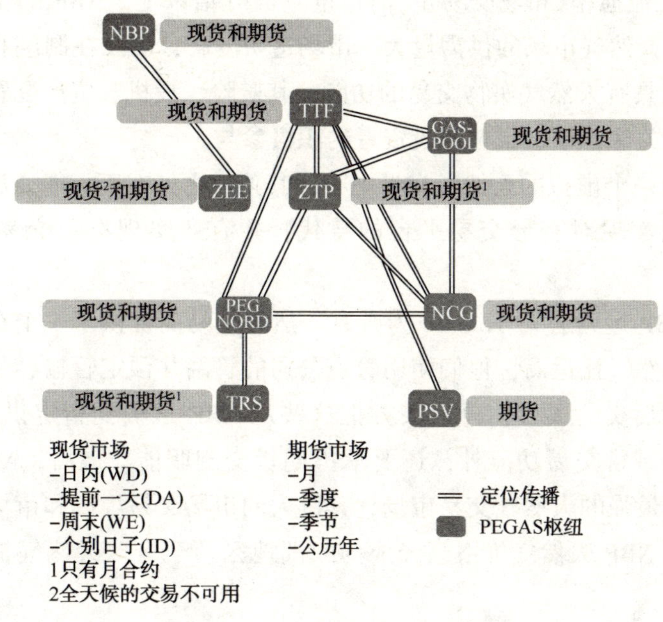

图 4.2.3　欧洲天然气市场区域

（1）英国 NBP 天然气交易中心

NBP 建立于 1996 年，它是欧洲历史最为悠久的天然气现货交易市场，也是欧洲天然气市场流动性最强的交易中心，NBP 天然气价格被认为是欧洲天然气现货市场的风向标，目前它还是 ICE 指定的天然气期货交割地。NBP 是一个虚拟的点或者交易位置，是基于《天然气管网规程》的相关规定而建立起来的，其建立的目的在于促进天然气的平衡。

NBP 是洲际交易所(ICE)天然气期货的四大交割地之一，其余三个分别是荷兰的 TTF 管网、德国的 NCG 管网和 Gaspool 管网，其中 NBP 交割量占比达 92.2%。在 NBP 交割的天然气期货于 1997 年 1 月在 ICE 上市，随后交易量逐步上升，2012 年该期货占到 NBP 管网天然气总交割量(包括现货、远期、期货合约等)的 35%。

NBP 尽管被称为英国的天然气交易中心，但事实上它只是一个虚拟的中心，从物理上说，它就是整个英国国家天然气管网(National Transmission System)，其运营商是英国国家电网公司(National Grid plc，NGG)，一家在伦敦证券交易所和纽约证券交易所上市的公用事业公司。英国国家电网作为管网运营商，对于买卖交割方提出的管输申请进行集中处理，并集中调度气流。NBP 管网有 9 个注气点和 175 个提气点，23 处压缩站以及多个大型储气库。

NBP 成立以来，对英国天然气供需平衡、能源繁荣发挥了重要作用，2013

年NBP的市场流通率(市场交易量/消费量)在20倍以上。NBP的快速发展主要在于英国自身天然气市场的供需量大，市场透明度高，以及在制度和监管上的完善。NBP不仅具有天然气实物交易的功能，其避险、投机、资产配置等金融性功能也受到市场关注，吸引了全球投资者的积极参与。

NBP作为一个虚拟的天然气交易中心，其独特之处在于，能通过虚拟交易平台和相关机制实现对有形交易平台的替代，并有效实现有形交易平台的全部功能。

首先，NBP运营公司Transco为所有天然气交易商提供了一个在线系统。主要参与者是天然气托运商，他们使用管道公司的管网并预定管输容量，把天然气输往NBP，然后卖给买方，再由买方把这些从NBP运输到指定供气点。其次，NBP除了履行现货交易功能外，还要承担期货交割职能。最后，NBP是欧洲流动性、交易性最强的天然气交易市场，其巨大的市场交易规模和市场化的定价机制，都决定了NBP天然气价格已经成为欧洲地区乃至全球天然气价格的重要参照标杆。

灵活机制是NBP较为突出的一个特点。为了确保高效安全地履行天然气运输合同，Transco公司要求所有使用管输系统的托运商保证通过管网的天然气总量保持不变。当不平衡总量超过规定标准并造成管输系统不平衡时，管道经营者就必须输入或输出一定数量的天然气，使得整个管道系统重新恢复平衡。这部分平衡用天然气的交易由Transco公司以拍卖方式进行，托运商通过互联网进行投标，Transco公司依据使恢复系统平衡成本最小化的原则和投标情况确定买卖价格。托运商可以在线销售或者采购天然气，使自己的管输量维持在规定的平衡水平之内。

在灵活机制中，恢复系统平衡的成本由造成不平衡的托运商承担，不遵守管网准则的托运商要为超过允许误差水平的天然气付款。通过竞标方式确定的平衡气价高于一般性生产企业的售气价格，又低于用户的购气价格，给违规的托运商带来了实际的经济损失，可以有效防止托运商的违规行为。

英国的经验是，市场和管制变革携手促进了批发市场的竞争，从而导致NBP的创建，而标准化合同对于英国的天然气交易中心成功起到了关键作用。

NBP定价模式：

①“注-提点定价”

NBP的天然气交割采取了“注-提点定价”模式。“注-提点定价”指的是用户仅在注气点、提气点支付管输费，与距离没有关系。之所以实行“注-提点定价”，是因为英国国家管网布局复杂，呈网状结构，气流路径难以识别。不像亨利中心的管网是线型的，流径明确，“点对点定价”较易施行。另外一个重要的原因，“点对点定价”可能违背公平竞争的原则。原有交易商由于具有规模效应，握有多方供气合约，因此他们有机会通过互换来改变“注-提点”布局，减少运输距离，形成优于新进入交易商的成本优势。

例如，原有交易商同时握有从西面气源向 A 点、B 点各供气 1 单位，从东面气源向 C 点供气 1 单位的合同(图 4.2.4)。假定单位气源单位距离的管输费用为 1，由于 B 点距离西面气源为 2 单位距离，按照点对点定价法，交易商需要向管网运营商支付总数为 4 的管输费。如果 A 点需求增加了 1 单位，且增加的气源来自东面气田，原有交易商不必真正从东面气源向 A 点增加 1 单位的供应，只需要将原先供应 B 点的气源转而供应 A 点，B、C 两点由东面供气。在这种情况下，该交易商仅需向管网运营商多支付 1 单位的管输费。设想新需求由一个新进入的交易商承担，由于没有其他合约可以互换，只能从东面气田输送 3 个单位的距离供应 A 点，需要向管网运营商支付总数为 3 的管输费。实现同样的气流供应，原有交易商需要支付的费用大大减少，因此“点对点定价”有违公平竞争的原则。

如果使用“注-提点定价”，“点对点定价”出现的不公平竞争就有了解决方案。假设东、西面气源的注入点价格和 A、B、C 提气点价格均为单位气源 1，那么无论是原有的还是新进入的交易商都必须为这 1 单位的新增需求交付 2 单位的管输费，体现了公平准入的原则。更深一层次，“注-提点定价”是成本体现(Cost-reflective)原则的实现方式。在输送天然气的过程中，管网中充满天然气，依靠压缩站来加压推动气体流动。为了达到输送这新增 1 单位天然气的目的，需要在东面气源增压，在 A 点减压提气来引导气体流向。因此无论是原有交易商通过互换调整管输权布局，还是新来的交易商新增管输权申购，所引起的技术成本是一致的，因此管输费用设置也应该一致，“注-提点定价”的主要目的就在于此。

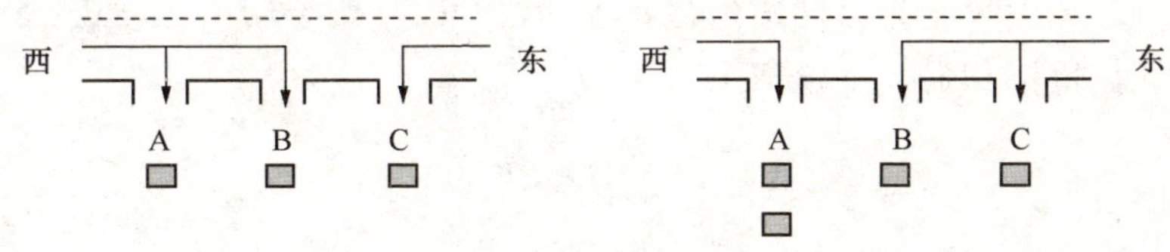

图 4.2.4　定价示意图

② 管输定价

对于 NBP 来说，注气点的管输费用由两部分组成：容量费(Capacity charge，单位是便士/日)和商品费(Commodity charge，便士/千瓦时)。容量费表示对管输容量的预订，与真实输送的气流量大小没有关系。各个注气点的容量费不固定，由拍卖决定，与亨利中心一样也分成可中断用户价格和不可中断用户价格。如果拍卖形成的价格不足以收回目标成本，则加收商品费，各个注气点的商品费率均为0.0341便士/千瓦时。提气点的收费标准与注气点类似，不同的是其容量费不由拍卖决定，按照公布的固定费率表执行。

用于决定是否收取商品费的目标成本是由英国国家电网公司使用长期边际成本(*LRMC*)计算的。通常，一段管道达到预期的管输容量需要多年的投资，从而形成当时的管输资产净值。在考虑折旧和相应的资产回报率后，得到管输使用期限内的年金支付额。加上每年的运营成本，就得到每年必须收回以支付固定成本的金额。这一数值除以这段管道的管输容量，就得到该段管道运营的长期边际成本 *LRMC*[(便士/m^3)/日]。一段从注气节点 e 到提气节点 x 管输路径的 *LRMC* 就是途径各段 *LRMC* 的加总。因此，最后问题归结为如何找到所有注气点容量费(ET_e)和提气点容量费(XT_x)，使所有可能的管输路径($e \to x$)费用与他们的长期边际成本 $LRMC_{e,x}$ 尽可能地相等，如果用平方差最小化定义，就得到下式

$$\min \sum_{e,\ x} (ET_e + XT_x - LRMC_{e,\ x})$$

约束条件：$ET_e \geqslant 0\ XT_x \geqslant 0$

该目标函数拥有无穷个解，极端的情况就是：注气点价格为零，而提气点价格为所有以该点为终点的 n 条管道的 *LRMC* 平均值，即

$$XT_x = \sum_{i=1}^{n} LRMC_{i,\ x}/n$$

提气点价格为零，而注气点价格为所有以该点为起点的 m 条管道的 *LRMC* 平均值，即

$$ET_e = \sum_{j=1}^{m} LRMC_{e,\ j}/m$$

为了得到一个唯一解，使用系数 α(一般为0.5)在平均值之间进行分拆，使最优的注气点价格和提气点价格为

$$XT_x = \sum_{i=1}^{n} LRMC_{i,x}/n$$

$$ET_e = \sum_{j=1}^{m} LRMC_{e,j}/m$$

进而解出最后的目标成本价，不足部分通过收取商品费进行补偿。

(2) CEGH

中欧天然气枢纽(CEGH，原名 Gas Hub Baumgarten)是一家位于奥地利维也

纳的天然气公司。它成立于2005年，作为OMV Gas&Power GmbH的子公司。2009年12月CEGH连同维也纳交易所集团拉开了CEGH气体交换的现货市场。期货市场随后于2010年12月展开。CEGH股权分别由OMV天然气与电力有限公司占65%，维也纳交易所集团(维也纳证券交易所)占20%，斯洛伐克的天然气输送系统运营商eustream占15%。中欧天然气集团在奥地利为国际天然气贸易公司提供气体交易平台。自2013年1月起，CEGH是奥地利(市场区东部)VTP(虚拟交易点)的运营商。

(3) Gaspool

Gaspool是GASCADE Gastransport GmbH，Gastransport Nord GmbH，Gasunie Deutschland Transport Services GmbH，Nowega GmbH和ONTRAS Gastransport GmbH的子公司。该公司的目标是在德国经营GASPOOL市场区域，350个下游天然气管输管网。通过整合前市场区域L-Gas 1，Jordgas Transport GmbH也参与了这一市场领域的合作。

(4) 上海天然气交易中心

上海石油天然气交易中心(以下简称“交易中心”)由上海市人民政府批准建设，于2015年3月4日在上海自贸区注册成立，接受国家发展和改革委员会、国家能源局及商务部的指导和监督，旨在成为具有国际影响力的石油天然气交易平台、信息平台和金融平台。

交易中心股东为新华社、中石油、中石化、中海油、申能、北燃、新奥、中燃、港华、华能十家单位，注册资本10亿元，类型为有限责任公司(国内合资)。

交易中心秉承“公开、公平、公正和诚实信用”原则，充分利用现代信息技术，打造市场化、国际化的交易平台，开展天然气、非常规天然气、液化石油气、石油等能源产品的现货交易，提供交易相关的技术、场所和设施服务，以及资讯与信息服务。以建成立足中国，面向全球的国家级、国际性石油天然气交易平台为目标，交易中心将创建良好的市场环境，充分发挥市场配置资源和发现价格的功能，为广大石油天然气经营者提供一个全新的、参与中国乃至亚太石油天然气行业的大舞台，分享经济高速发展的成果。交易中心实行会员制，符合会员资格要求的国内外交易商都能进场交易。

(5) 其他交易中心

荷兰TTF交易中心设立于2003年，也是虚拟的计价交气点，该交易中心由荷兰天然气管道公司(Gasunie)下属的独立子公司——天然气管输服务公司(Gas Transport Services B. V.)负责运营，并通过英国和荷兰共同设立的APX-ENDEX能源交易所进行天然气短期实物交易和期货交易。目前TTF交易中心是欧洲第二大天然气交易中心，其交易规模和流动性正在快速追赶英国NBP交易中心。

2010 年合约交易量 $1148\times10^8m^3$，实物交割量 $338\times10^8m^3$；2011 年天然气合约交易量 $6450\times10^8m^3$，实物交割量 $380\times10^8m^3$；2012 年 1～5 月天然气交易量 $2850\times10^8m^3$，同比增长 34.5%。

与 NBP 和 TTF 相比，欧洲其他天然气交易中心的交易量与实物交割量均要小得多。德国 NCG 交易中心和 GPL 交易中心、法国 PEG Nord 交易中心和意大利 PSV 交易中心仍处于从天然气输送枢纽向交易中心过渡的阶段。比利时 Zeebrugge 交易中心和奥地利 Central European Gashub 交易中心（简称 CEGH）则更多地发挥着“过境输气中心”的作用。Zeebrugge 交易中心毗邻英国-比利时天然气联络线管道终点和由 LNG 接收站和多条输气管道构成的天然气供应管网交汇点，是英国与欧洲大陆进行天然气贸易的理想转运点。CEGH 交易中心拥有位于奥地利鲍姆加登的地下储气库，且鲍姆加登是俄罗斯天然气经过中欧输往西欧地区的主要转运点。

尽管欧洲天然气交易中心近年来发展很快，但是与美国亨利天然气交易中心（Henry Hub）相比，规模和流动性还较小。随着欧洲各大天然气交易中心的发展，新的趋势开始出现，即两个或多个天然气交易所联合，共同推出涵盖这些天然气交易中心所辐射市场区域的天然气现货和期货交易，逐步形成泛欧洲天然气交易平台。例如，德国的欧洲能源交易所（European Energy Exchange，EEX）通过与荷兰 APX-ENDEX 能源交易所的合作，使在 EEX 交易的现货和期货天然气实现在德国 GPL 交易中心、德国 NCG 交易中心和荷兰 TTF 交易中心辐射的市场区域内交付。EEX 还与法国 Powernext 交易所合作，将其天然气交易平台扩大到后者覆盖的市场区域，以推进天然气交易市场跨越式发展，满足天然气交易参与者对天然气实物交割、现金结算的多重需求。从发展趋势来看，未来欧洲天然气交易中心的交易规模和流动性将呈加速发展，以逐渐成熟起来的欧洲天然气交易中心为平台，欧洲天然气现货市场的重要性将更加凸显。

4.2.4 储气库天然气交易

（1）GasTerra

GasTerra 是一家私人有限责任公司。股东结构如下：荷兰国家 10%，EBN 40%，壳牌荷兰 25%和埃索 Nederland25%，股东结构如图 4.2.5 所示。GasTerra 是一家批发商。从国内外生产商和天然气市场购买天然气。客户群包括能源公司，工业等大客户，公司还提供天然气贸易相关服务。由于其强大的采购地位，该公司是荷兰和西欧能源供应的重要环节。

通过充分利用其在欧洲市场上的地位，实现其使命和愿景，主要是在需求存在天然气与补充服务的市场。在这样做时，使用来自荷兰自然资源的气体，以及由气体使用提供的灵活性。作为自由能源市场的支持者，GasTerra 不断开发新产

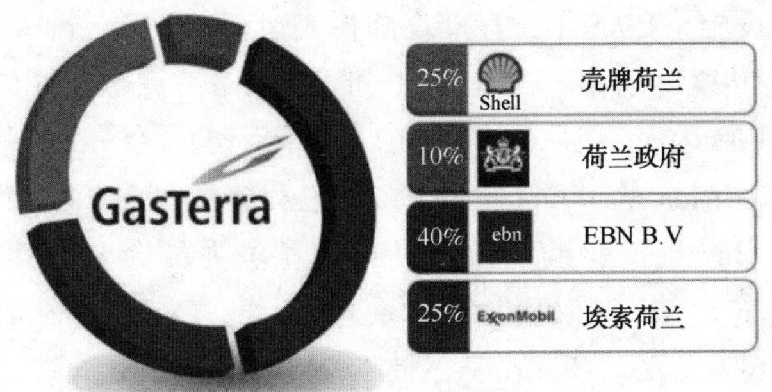

图 4.2.5　GasTerra 的股东结构

品和服务。在这方面，它认为，为其客户成为一个可靠和有竞争力的气体供应商是非常重要的。GasTerra 旨在加强天然气在整体能源结构中的地位。五十年来，GasTerra 一直为荷兰主要工业供应天然气。其使命是在荷兰最大限度地发挥天然气储量的价值，2013 年格罗宁根大气田与周边小气田和储气库联动如图 4.2.6 所示。

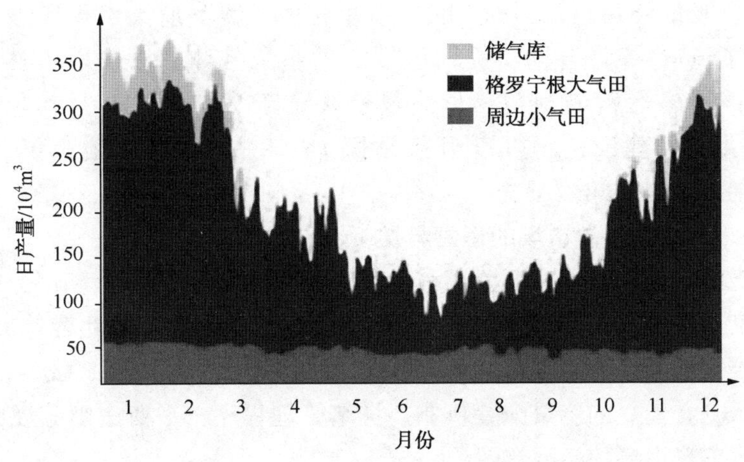

图 4.2.6　荷兰 2013 年格罗宁根大气田与周边小气田和储气库联动示意图

（2）Rough

Rough 是由 Centrica 经营的英国最大的天然气储存设施，为欧洲能源生产商，贸易商和供应商储存天然气。1975 年，天然气被运到了伊宁顿。1980 年，BG 公司(在私有化之后于 1986 年成为英国天然气公司)购买了三分之一的油田，其储量枯竭，在注意到英国燃气供应和需求的季节性趋势后，成为气体储存设施。

1983 年，BG 公司最终决定将 Rough 转换为天然气设施，这是英国大陆架内建的最大天然气储存设施。1985 年，存储设施投入运行。

BG 公司在 1997 年分解成 BG 集团和 Centrica，意味着 BG 储气库作为一个独立的企业开始运营。2001 年，BG 存储公司向 Dynegy 出售了 Rough 设施。2002 年，Centrica 从 Dynergy 以 3.24 亿英镑买回该厂。因为 Centricas 控制了 Morecambe Bay 气田，购买 Rough 导致竞争委员会要求其做出某些承诺。2003 年，Centrica 向 DECC 提供了一系列承诺，Centrica StorageLtd(Centrica Plc 的全资子公司)成立。Centrica 存储有限公司仍按照承诺运营 Rough 储气库。Rough 储气库可以提供英国气体峰值需求的 10%，因此是英国天然气基础设施的重要组成部分。由于操作问题在 2016 年部分关闭，英国需要在冬季增加天然气进口。

(3) Taqa Bergermeer

Bergermeer 储气库位于荷兰阿尔克马尔地区北部的阿姆斯特丹。在建造时，它是欧洲最大的储气库之一。气体存储于枯竭油气藏。储气库的工作容积为 $41\times10^8m^3$。储气库包括 14 个井，深度为 3000m，35km 的管道和气体处理设施。气体处理和压缩设施被设计为零排放工厂。2009 年 8 月，俄罗斯天然气工业股份公司(Gazprom)的出口单位——俄罗斯天然气工业股份公司(Gazprom Export)签订合同，提供该项目的垫层气体，以换取天然气储存服务和参与该设施运营的利益。最终投资决定于 2009 年 10 月作出。储气库 2010 年中期开始建设，2011 年开始钻探 14 口井。但受当地市议会的抵制，商业运营在 2014 年开始。

4.2.5 天然气容量市场的运营与监管

欧洲天然气容量市场主要是天然气管道容量、储气库容量和部分 LNG 接收站容量的交易市场。由于天然气基础设施具有自然垄断性，因此容量市场的交易受到政府严格监管，主要以欧盟委员会提出的管网法令(Network Code，NC)为基础，并在 ACER 建立的容量配置机制、拥堵管理程序、平衡法则等规则下运行，确保天然气容量市场的稳定有效。

天然气容量市场可分为一级市场和二级市场。一级市场容量由系统运营商销售给天然气用户，主要遵循容量配置机制，如管道容量配置采用拍卖、捆绑、先来先得等方式，储气库容量配置采用用户优先权排序、拍卖等方式。按时间跨度，容量可分为年度、月度、每日、小时等类型，按稳定性可分为固定、可中断等，不同的类型的容量采用相应的配置方式。在二级市场上，用户可以转让持有固定容量的所有权或使用权。

欧洲天然气容量主要通过多家管道公司联合组建的电子平台进行交易。目前主要建有 PRISMA、TRAC-X、匈牙利-罗马尼亚容量交易平台等，ICE-ENDEX 也可以进行储气库容量的交易。2013 年成立的 PRISMA 是欧洲大陆最主要的天然气管道交易平台，涉及德国、法国、比利时、意大利等 16 国的 37 个管道公司。PRISMA 连接 16 个市场，1550 个管网点，2016 年 3 月 17 日采用了重新设计的电子平台。

欧洲天然气管道和 LNG 接收站采用监管定价，有政府按照服务成本法定期监管价格。储气库大多采用协商定价，主要存在于储气业务放开的国家或地区，但如果储气服务处于垄断状态，则只能采用政府规定的储气库费率。

4.2.6 天然气管输容量交易平台 PRISMA

PRISMA 由来自奥地利、比利时、丹麦、德国、法国、意大利和荷兰的主要欧洲 TSO(管网系统运营商)成立，旨在建立一个联合的欧洲容量平台。欧洲 PRISMA 平台于 2013 年 4 月启动，成为早期实施“容量分配机制管网规则”的第一个平台，该规范定义了截至 2015 年 11 月欧洲天然气管输容量分配的市场规则该平台旨在协调处理容量产品，并根据 CAM 管网规则提供拍卖机制。PRISMA 寻求通过提供最先进的在线技术，使其服务适应其用户和市场的需求。PRISMA 与其合作伙伴和市场用户合作，旨在成为欧洲天然气市场一体化进程的主要推动者。目前有 37 个来自奥地利，比利时，克罗地亚，捷克共和国，丹麦，法国，德国，爱尔兰，意大利，卢森堡，荷兰，葡萄牙，斯洛文尼亚，斯洛伐克，西班牙和英国的 TSO 与 PRISMA 平台相连。

通过 PRISMA，主要的欧洲管网系统运营商已经建立了一个完善的在线预订平台，已经符合关于容量分配机制的管网规则。托运人(贸易公司)可以向 PRISMA 注册，并选择他们想购买的管网系统运营商(TSO)。此外，PRISMA 的次要功能使托运人有机会通过 PRISMA 在二级市场上交易管输容量。在托运人公司及其员工(所谓托运人用户)已经由 TSO 批准和激活后，他们可以参加 PRISMA 的初级和次级容量交易。托运人和 TSO 之间的所有业务关系可以在 PRISMA 上随时查看和编辑。

4.3 天然气气体平衡区

4.3.1 气体平衡区分类

欧洲各国天然气市场按照天然气热值分为高热值市场和低热值市场，其中欧洲低热值天然气的生产主要来自荷兰和德国，荷兰低热值天然气可输送至比利时和法国，低热值天然气市场主要位于比利时、法国(图 4.3.1)，德国北部、西部和中部(图 4.3.2)。

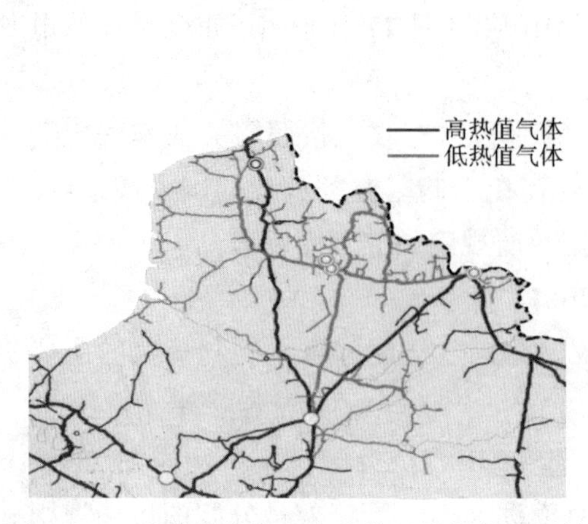

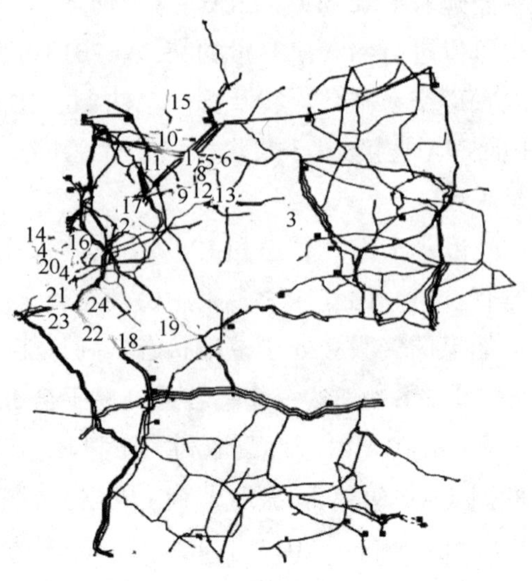

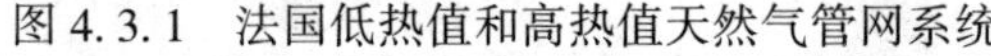
图 4.3.1　法国低热值和高热值天然气管网系统　　图 4.3.2　德国低热值天然气分布图

由于欧洲各国管网结构、运营商、天然气高低热值的差异，各国天然气市场又可分为多个市场区域，例如德国有 2 个天然气市场区域，如图 4.3.3 所示，分别是 Gaspool 和 NetConnect(缩写为 NCG)(2011 年 10 月 1 日)，各区域有多个管道运营商，Gaspool 市场区域有 GASCADE Gastransport GmbH、Gastransport Nord GmbH、Gasunie Deutschland Transport Services GmbH、Nowega GmbH 和 ONTRAS Gastransport GmbH 等管道运营商，配气管网运营商约 350 家；NCG 市场区域有 G bayernets GmbH、Fluxys TENP GmbH、GRTgaz Deutschland GmbH、Open Grid Europe GmbH、terranets bw GmbH 和 Thyssengas GmbH 等管道运营商，配气管网运营商约 550 家。

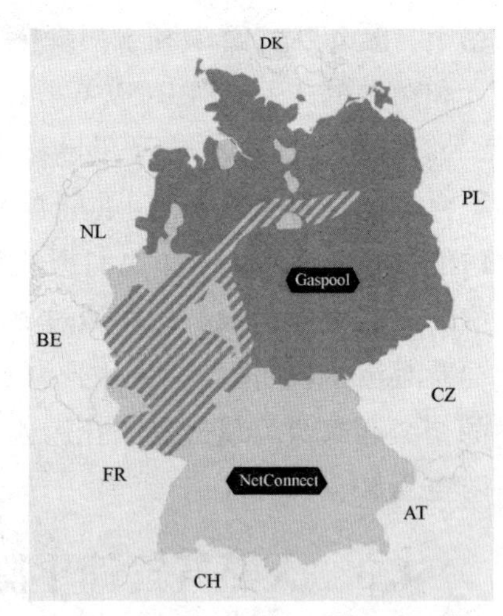

图 4.3.3　德国天然气市场区域

市场区域又可根据天然气热值和管网布局分为多个气体平衡区。德国 NCG 分为 5 个气体平衡区(balancing zones)，分别是 H-gas North、H-gas Central、H-gas South、L-gas East 和 L-gas West。Gaspool 分为 6 个平衡区，分别是 GUD H-CAL、GASCADE H-CAL、ONTRAS H-CAL、GTG L-CAL、GUD L-CAL 和 Nowega L-CAL。德国气体平衡区如图 4.3.4 所示。

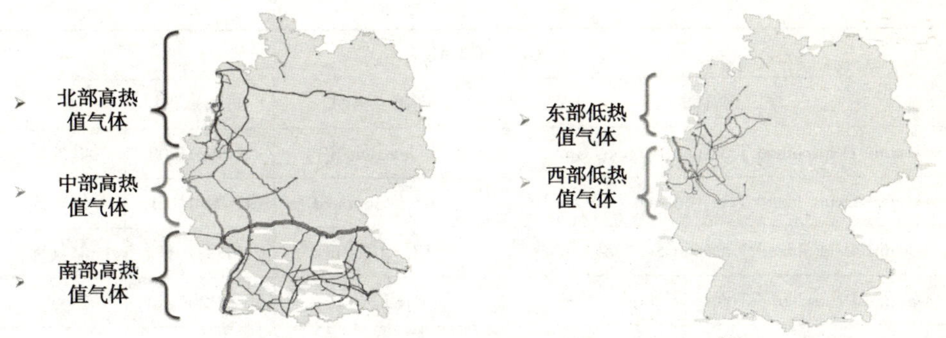

图 4.3.4　德国天然气市场区域 NCG 气体平衡区

平衡区由管网和进出点构成，进出点的类型分为边界点(CBP)、市场交接点(MAIP)、储气库(Storage)和生产(Production)。边界点是管道通过两国家边境处的连接点；市场交接点是指不同市场区域的管网连接点；储气库是储气库天然气进出管网的站点，根据储气库连接上下游管网的类型，储气库点又可细分为上游管网储气库和下游管网储气库，前者是指该储气库与长输管网系统相连，后者是指储气库直接与下游配气管网系统相连；生产是指生产天然气进入管网系统的管网点。由这些点和管网共同组成气体平衡区的基础设施，如 Gaspool 市场区域的 GUD H-CAL 气体平衡区的进出点名称、进出点 ID 和类型，以及各进出点的运营商，如表 4.3.1 所示。

表 4.3.1　气体平衡区进出点

GUD H-CAL			
管道运营商	进出点名称	进出点 ID	类型
Gasunie Deutschland Transport Services GmbH	Dornum	H151/H451	边界点
Gasunie Deutschland Transport Services GmbH	Ellund	H094/H106	边界点
Gasunie Deutschland Transport Services GmbH	Emden-EPT1	H071/H371	边界点
Gasunie Deutschland Transport Services GmbH	Oude StatenzijI H	H095/H104	边界点
Gasunie Deutschland Transport Services GmbH	Bunder-Tief	H093/H105	市场交接点
Gasunie Deutschland Transport Services GmbH	Emsbüren-Berge	H018/H318	市场交接点
Gasunie Deutschland Transport Services GmbH	Wardenburg	H074/H374	市场交接点
Gasunie Deutschland Transport Services GmbH	UGS Etzel	H152/H171	储气库
Gasunie Deutschland Transport Services GmbH	UGS Etzel ESE	H197/H196	储气库
Gasunie Deutschland Transport Services GmbH	UGS Harsefeld	H102/H103	储气库

续表

GUD H-CAL			
管道运营商	进出点名称	进出点 ID	类型
Gasunie Deutschland Transport Services GmbH	UGS Jemgum EWE	H199/H200	储气库
Gasunie Deutschland Transport Services GmbH	UGS Nüttermoor	H100/H101	储气库
Gasunie Deutschland Transport Services GmbH	UGS Uelsen	H098/H099	储气库
Gasunie Deutschland Transport Services GmbH	Greifswald	H207	边界点
Gasunie Deutschland Transport Services GmbH/SW kiel	UGS kielRönne		储气库
JordgasTransport GmbH	Dornum	H151S/H451S	边界点
JordgasTransport GmbH	Etzel OGE	H201S/H202S	市场交接点
JordgasTransport GmbH	Etzel Gas Lager SAL	H216S	储气库
JordgasTransport GmbH	Etzel EGL	H152S/H171S	储气库
JordgasTransport GmbH	Etzel EKB	H203S/H204S	储气库
JordgasTransport GmbH	Etzel ESE	H196S/H197S	储气库

4.3.2 气体平衡区构成

比利时整个天然气管网系统为 1 个气体平衡区。比利时没有任何气源，天然气 100%依赖进口，天然气通过管道或液化天然气船运送至比利时，荷兰、俄罗斯和挪威的天然气通过管道输送至比利时边境，英国天然气通过海底管道输送至比利时。比利时处于荷兰、德国、卢森堡、法国、英国和南欧天然气输送的十字路口。比利时天然气供应示意如图 4.3.5 所示。

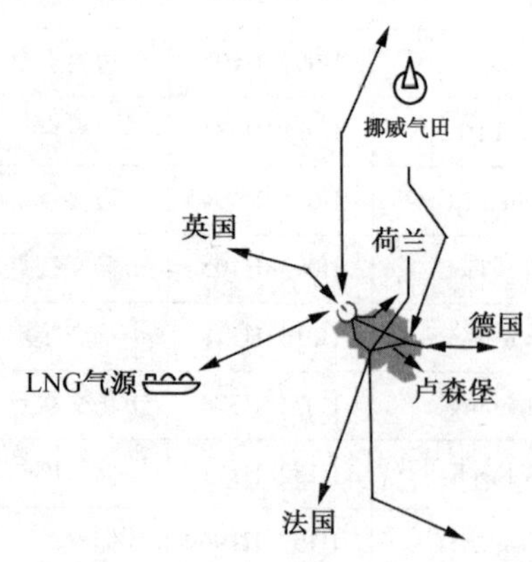

图 4.3.5 比利时天然气供应示意图

(1) 管网

比利时高压天然气管网总长 4100km，用于本国天然气和边境到边境的天然气输送，管网系统图如图 4.3.6 所示。Fluxys 公司每年为本国输送 $190\times10^8m^3$ 天然气。现有设施能够满足边境到边境的输送量为 $900\times10^8m^3$，在建设施输送能力 $100\times10^8m^3$。管网系统包括长输管网系统、压气站、配气站、混气站、储气库、边境点等。18 个边境点，高压管网系统连接 210 个大型工业用户，18 个混合热电单元，24 个发电厂。比利时天然管网系统与

17 个配气管网运营商(Distribution System Operators)相连，低压管线 60000km。

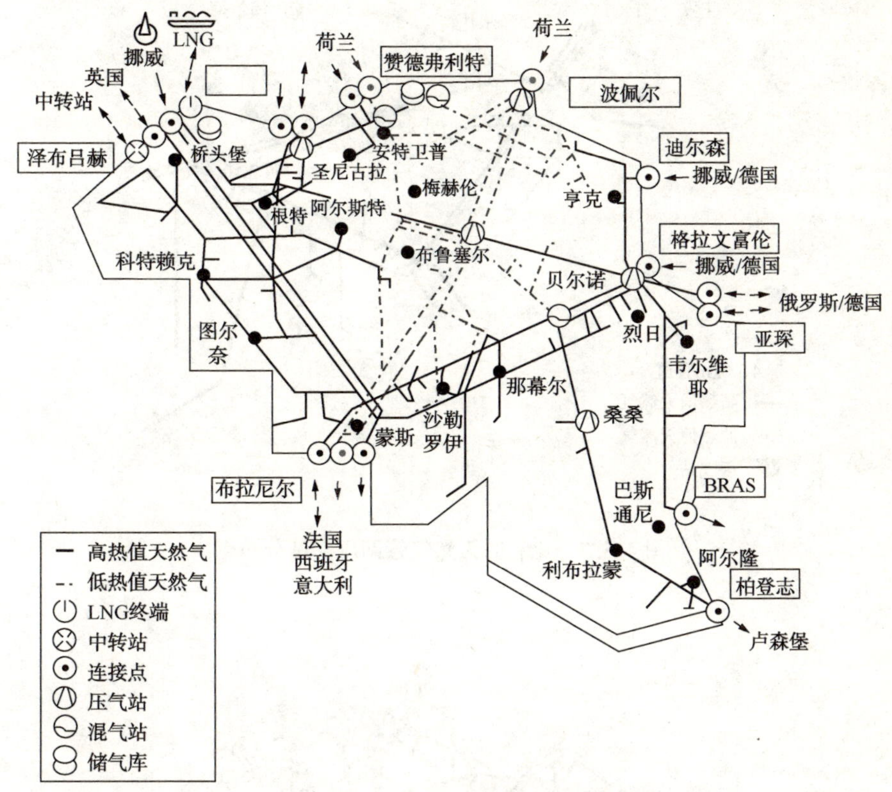

图 4.3.6　比利时气体平衡区系统图

(2) 压气站

比利时天然气管网含有 5 个压气站，Weelde 和 Winksele 压气站将天然气增压后，从荷兰边境 Poppel 输送至法国边境 Blaregnies；Berneau 压气站将气体从荷兰边境 Gravenvoeren 到法国边境 Blaregnies；Zelzate 在比利时国内天然气需求量增加时，提供压缩能量。压气站分布如图 4.3.7 所示。

(3) 减压站

比利时大约有 200 个减压站，位于高压管道和低压管道间，减压站分布如图 4.3.8 所示。

(4) 混气站

比利时管网系统输送两类天然气，高热值天然气和低热值天然气，因而管网系统分为低热值管网系统和高热值管网系统。在 Lillo 和 Loenhout 混气站，高热值天然气被转变为低热值天然气，并通过低热值管网输送至用户，用于用户冬季天然气调峰，在 Lillo 混气站可在低热值天然气中加热高热值天然气；在 Ville-

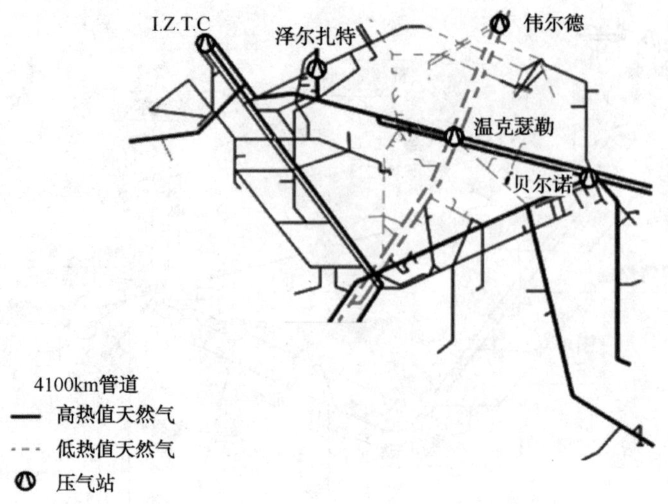

图 4.3.7　比利时天然气管网压气站分布

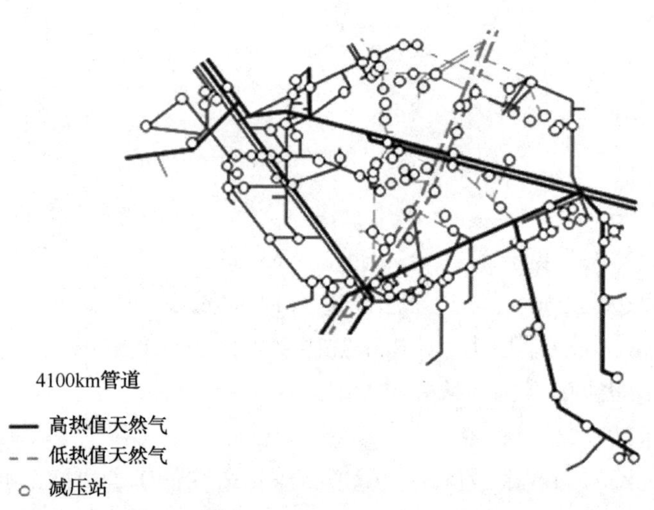

图 4.3.8　比利时天然气管网减压站分布

sur-Haine 和 Warnant-Dreye 混气站可在高热值天然气中加入低热值天然气。混气站分布如图 4.3.9 所示。

（5）储气库

Loenhout 储气库位于比利时北部，该储气库于 1985 年开始运行，储气量为

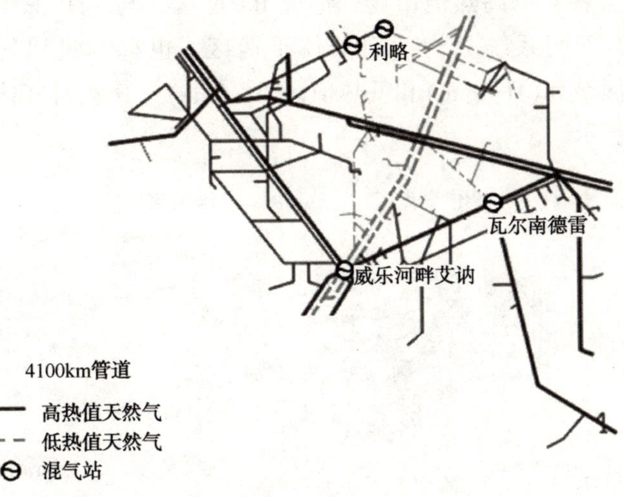

图 4.3.9　比利时天然气管网混气站分布

$7\times10^8m^3$。储存深度超过 1000m，属于蓄水层储气库。储气库分布如图 4.3.10 所示。

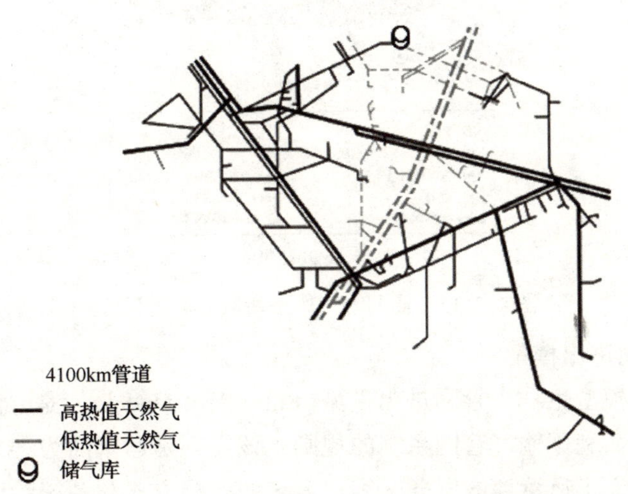

图 4.3.10　比利时天然气管网储气库分布

（6）气体平衡区发展

比利时气体平衡模型经历了三个阶段，2004 年平衡模型分为两部分，跨国管道模型和国内管道模型，至 2010 年，随着跨国管道的建设，跨国管道模型日趋复杂，同时，国内管道模型被分为 4 个气体平衡区。2012 年建立全新的气体平衡模型，并在同一年比利时依托 Fluxys 运营的天然气管道推出了虚拟交易中心 ZTP（Zeebrugge Trading Point），2015 年 10 月比利时 Fluxys 与卢森堡 Creos Luxembourg 运营商整合各自的高热值市场，形成 Belux 区，与 ZTP 形成一个完整的天然气进出系统。管网系统分为两个气体平衡区，也称为进出区域（Entry/Exit Zone），高热值区域和（H-zone）和低热值区（L-zone）。比利时气体平衡区发展过程如图 4.3.11 所示。

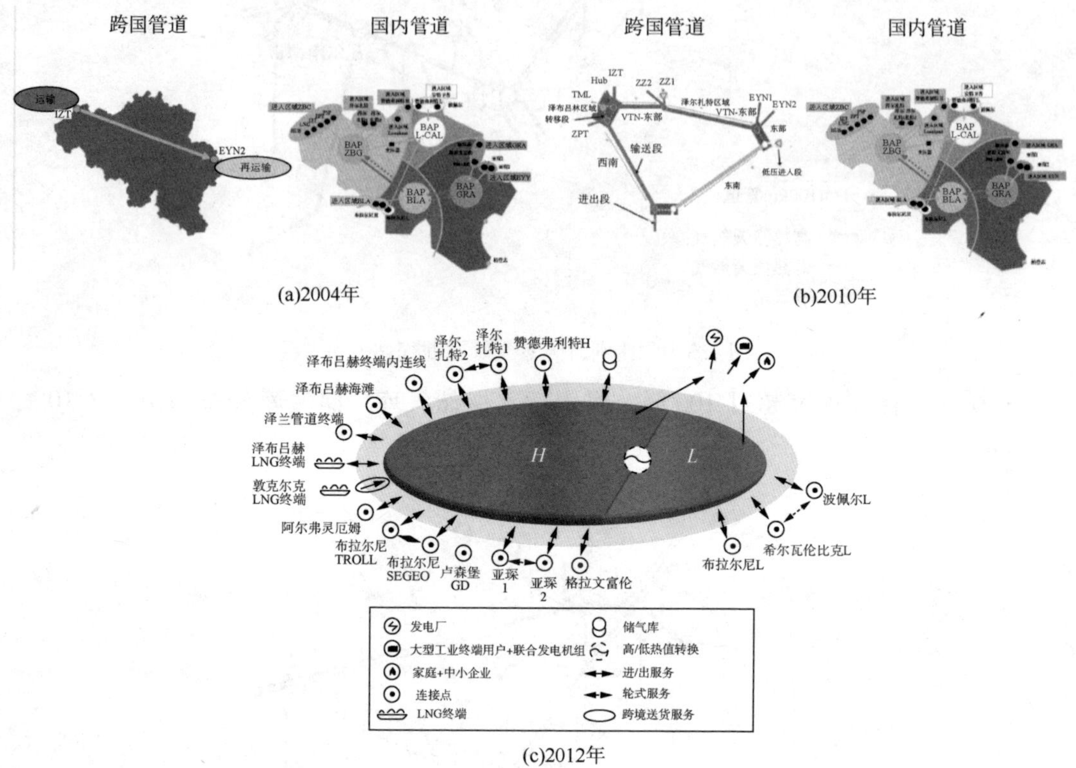

(a)2004年　　(b)2010年

(c)2012年

图 4.3.11　比利时气体平衡区发展过程

4.3.3　管网进出模型

气体平衡区模型也称为管网进出模型（Entry/Exit Model），是欧洲普遍采用的一种客户和运营商利用输气管网系统的规则，该规则是运营商为客户提供容量和服务的基础，定义了运营商的服务，客户需求的匹配方式和系统约束等内容。欧洲管网进出模型如图 4.3.12 所示，气体平衡区与临近的国内/国外平衡区相连，连接点输送天然气，并分为流入点和流出点。气体平衡区内天然气设施包括气田生产、高压天然气管道、配气管网、储气库、需求区（居民、电厂、工业用户等）等，不同设施隶属不同参与者，比如长输管网运营商、配气管网运营商、生产商、储气库运营商、居民、电厂公司、工业客户。各参与者间签订服务合同，利用天然气基础设施，保证进出天然气基础设施的流量达到平衡。

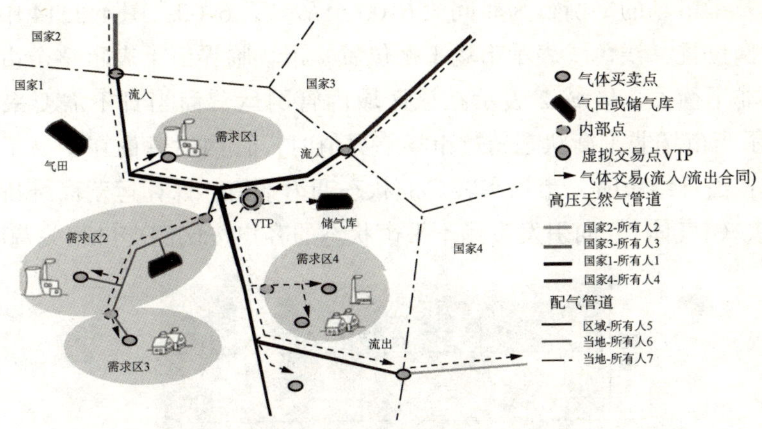

图 4.3.12　管网进出模型示意图

4.3.4　气体平衡方法

天然气市场区域基于 VTP 平台实现区域进出模型。VTP 作为市场中心交易点，不考虑管网设备的具体所有人。客户管输容量合同在管网输入点/输出点(其中储气库为输气点的组成部分)，实现与 VTP 自由交易，达到区域气体平衡。

客户拥有“气体账户”，即平衡位置(Balancing Positon)参与气体平衡和市场交易，气体账户显示某一时刻处于的不平衡状态，不平衡状态指客户流出系统的气体和减去流入系统的气体和的差值，包括超限、短缺和平衡三种状态(图 4.3.13)。

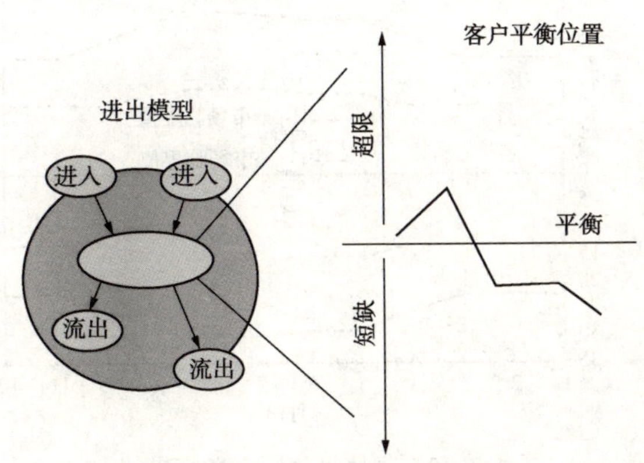

图 4.3.13　客户平衡位置

管网进出模型的气体平衡原则包括基于市场的平衡行为，非平衡状态下的平滑再分配处理和数据发布三个方面。

（1）基于市场的平衡行为

每日基于市场的平衡行为时间段 6:00 至第二天 6:00，图 4.3.14 中深色线代表客户平衡位置，浅色线表示市场平衡位置。市场临界值 1 表示整个市场允许的最大累积非平衡值；区域 2 表示在该区域内管网运营商当日不需要采取平衡操作；3 表示当市场非平衡状态超过市场临界值时，管网运营商在交易平台采取的后续操作；当日结束时，市场和客户的状态调为平衡，计算运营商维持系统平衡的费用(买/销气体)，向引发市场不平衡状态的客户按比例支付相关费用。

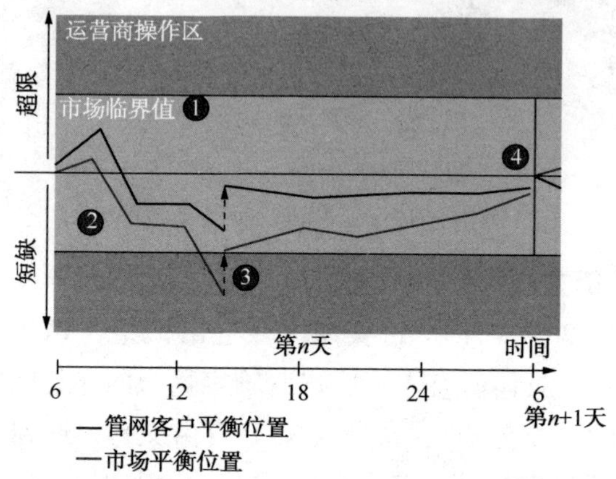

图 4.3.14　基于市场行为的管网平衡操作

市场临界值根据气体平衡区给定，满足国内市场天然气波动的需求，并随季节性变化。图 4.3.15 显示了比利时高低热值气体平衡区的市场临界值。

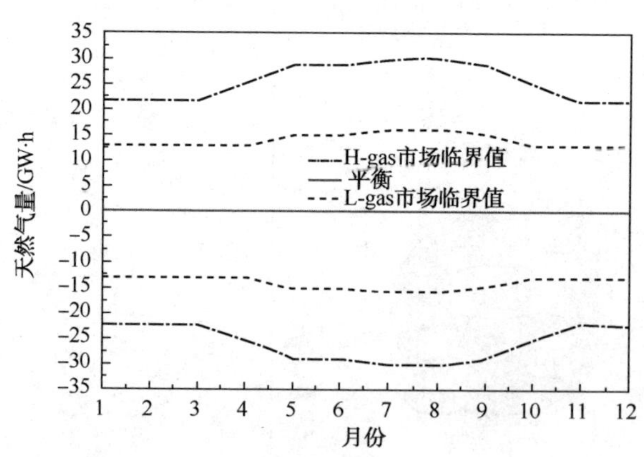

图 4.3.15　气体平衡区市场临界值

（2）非平衡平滑再分配

依据客户流入流出系统的小时流量(预测值)，确定非平衡状态，运营商预测整个管网出口用气值，并按比例分配给各客户，按小时依次平滑客户非平衡状态，得到平衡位置，运营商通知客户平滑再分配的气量结果，客户可根据该结果合理定制后续的指派容量。客户不平衡状态的确定和非平滑状态平滑如图 4. 3. 16 和图 4. 3. 17 所示。

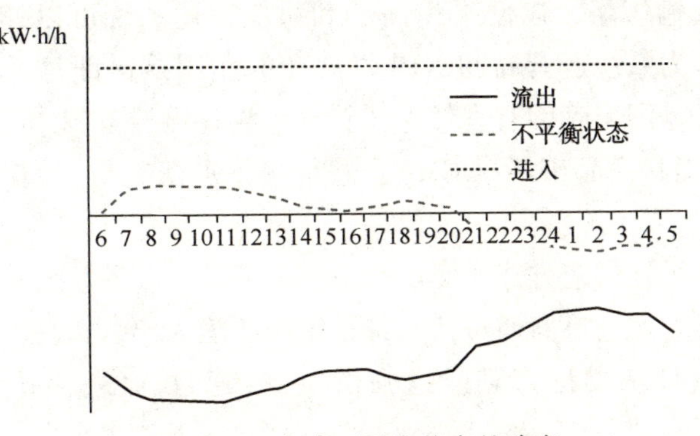

图 4. 3. 16　客户不平衡状态的确定

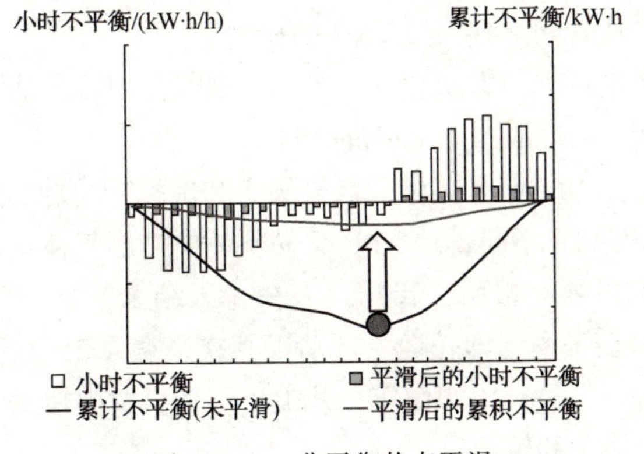

图 4. 3. 17　非平衡状态平滑

（3）数据发布

管网运营商向客户发布平衡信息，包括：

① 各输气点分配的小时流量。

② 客户和市场小时平衡位置。

③ 客户和市场的小时平衡位置预测值(剩余时间)。

4. 3. 5　英国气体平衡区

英国的所有天然气都通过国家管网系统输送到消费者。作为英国天然气输送基础设施的唯一所有者和运营商，同时与其他公司合作，确保天然气在需要的地方和时间可用。英国国家管网不售卖天然气，只有由 Ofgem 许可的供应商才能进行天然气销售。

在英国，气体离开管网系统并在高压下进入配气管网，然后通过多次减压，直到其最终输送给消费者。英国有 8 个区域分销网络，其中 4 个由国家管网拥有。

National Grid Gas plc 是英国气体国家管网系统(NTS)的系统运营商，它负责维持系统的剩余输气量，以便平衡需求和供应，让系统可以处于安全的操作状态。国家管网作为系统运营商和 NTS 发运商的作用是保证每天平衡 NTS 的流入气量和输出气量。国家管网有责任保持管网系统在可控范围内。这包括作为剩余气量平衡器[在当日商品市场(OCM)上进行气体平衡交易]以影响供给和需求的匹配。

(1) 英国天然气供应方式

天然气生产商和进口商通过持有许可证的托运人出售天然气。管输内容包括从生产商购买气体，安排将其输送到供应点(通过 NTS)，并将其卖给气体供应商。

托运人支付管输费用，通过国家管网运输天然气，LNG 进口商通过向国家管网支付费用来获得从管网终端引进 LNG 的权利。

天然气消费者：英国的家庭和企业有许多供气公司可供选择。

(2) 国家平衡点(National Balancing Point)

国家平衡点简称 NBP，是英国天然气买卖和虚拟交易地点。与大陆欧洲贸易中心如 Zeebrugge 和 TTF 不同，在 NBP 交易不需要考虑气体平衡，并且没有对失去用气平衡的定额罚款。相反，若托运人在一天结束时失去气体平衡，则通过“现金支出”程序自动平衡，即托运人自动以其在平衡系统中的买入或卖出价格，做出购买或出售所需数量气体的操作。其中，不平衡费用指基于那些真正从系统中进入和流出的：输入和输出。

① 输入：交易购买，配气输入(例如从终端、储气库的提取)。

② 输出：交易出售，配气输出(例如储气库注气、DM/NDM 供应点)。

根据输入输出的差异计算费用。

① 输入=输出：未失衡。

② 输入>输出：正失衡(过度交货)。

③ 输入<输出：负失衡(交货不足)。

低于或超过交付量的气体被视为已由国家管网在系统中购买或出售。使用系统边际价格计算的费用：

① 正失衡：系统边际售价。

② 负失衡：系统边际买入价。

其中，系统边际售价是以下两者中的较低者：管网系统运营商参与天然气日交易的所有产品销售的最低价格或者关于天然气的加权平均气价。系统边际买入价是指管网系统运营商参与关于天然气交易日任何购买产品的最高价格或者天然气的加权平均气价。

4.3.6 荷兰气体平衡区

(1) 平衡制度

荷兰平衡制度是以市场为基础的平衡制度。Gasunie Transport Services BV (GTS)是荷兰国家管网的所有者和运营商。GTS 负责荷兰天然气运输系统的管理，运营和开发。

气体输送管网必须是平衡的，使得气体能够被安全和有效地输送。“平衡”是指运输管网保持在合理的压力范围内，并且流出管网气体的总体积与进入其中的体积匹配。

每个市场方对流入或流出的气体量负责，意味着市场各方分担维持输送管网平衡的责任。各方知道任何时间下自身的输气状况(POS)，并以这种方式保持管网平衡。此外，整个国家管网的平衡情况或所有各方的情况可随时公开访问。

当管网总的波动范围保持在允许的限制内时，管网处于平衡状态，任何方都不需要采取行动。如果管网失去平衡，市场各方可以通过将气体输入管网或提取气体来进行干预。如果这种行动不足以平衡管网不平衡性状态太大，就会启动以市场为中心的纠正机制，国家管网运营商将购买额外的天然气或卖出气体。解决此类不平衡时所需的气体成本由导致不平衡的各方支付。

在开始输气前，货主为 GTS 提供第二天的每小时预测输入量，出口项和 TTF 处理项。供应小规模用户的托运人通过阻尼公式，使它们能够以输出程序中阻尼模式相当的模式进给气体。

在天然气交易日，GTS 将此程序与基于相近-实时数据的实际分配进行比较，以确定投资组合中的不平衡。对每个投资组合计算的不平衡，通过投资组合中的不平衡信号(投资组合不平衡信号，POS)，与各方单独相加。所有单个 POS 的总和称为系统平衡信号(SBS)，并且在与 POS 相同的时间尺度上公布。

GTS 监控 SBS，并在必要时采取纠正措施。如果 SBS 不为零，则表示指示系统中的不平衡。如图 4.3.19 所示，如果 SBS 在①区域中，则不需要平衡动作。但是如果 SBS 处于②、③或④区域，则触发校正机制，并且在 ICE Endex 的日内市场上购买或出售天然气。我们称之为日内平衡行动(WDBA)。

这种平衡制度没有特定的平衡期。在投资组合中持有短仓或长仓可能在一段时间内没有任何后果，前提是 SBS 保持在①区域。

在 ICE Endex 日内市场上执行平衡动作，称为日内平衡动作(WDBA)。这意味着，GTS 将在 ICE Endex 气体交换平台进行买入/卖出气体来维持平衡。气体从TTF输送到GTS，GTS然后将其重新分配给不平衡处。平衡动作的成本将由不平衡的因素承担。

有两种类型的产品GTS可以买或卖。产品GTS购买或出售，取决于SBS的预测：

如果在②区域中执行平衡动作，则GTS将购买或销售每日剩余产品。这意味着气体以相等的份数被提取/输送，直到发布指令的4h后结束。例如：在13:22进行平衡操作将影响天然气从17:00点到次日6:00点的输送状况。

如果在③或④区域中执行平衡动作，GTS将购买这1h内的不平衡气体。然后从下一个小时起1h内提取/输送气体。例如：在13:22进行平衡动作将导致气体从14:00到15:00被输送。

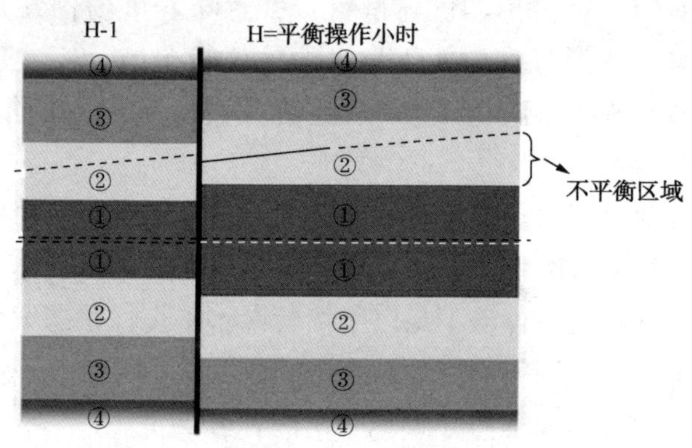

图4.3.18　不平衡区域

图4.3.18中的4个区域：

①区域：只要系统平衡信号(SBS)保持在①区域内，就不会执行平衡动作。

②区域：如果预测的系统平衡信号(SBS)进入或保持在②区域，将在某些情况下执行平衡动作。

③区域：如果预测的系统平衡信号(SBS)进入或保持在③区域，将执行平衡动作。

④区域：如果预测的系统平衡信号(SBS)进入或保持在④区域，将执行平衡动作。如果GTS不足以维持系统的完整性，将宣布紧急情况。GTS保留指示托运人更改在进入点(包括连接储气库的入口点)注入量的权利，以及作为最后手段在出口点提出气体。

(2) 减震措施

阻尼：由于管网中线路的Linepack(缓冲区效应)，在管网的出口端，气体流量可能会由于入口端的气体流量变化而产生延迟的变化，这被称为阻尼。

气体进入量和流出量不相等(进入减退出不为零)时需要施加阻尼。必须施加的阻尼量从天到天和从小时到小时变化，并且由阻尼公式确定。一天内所有小时条目的总和和所有出口的总和必须相等(入口-出口=0)。

$$E_d(h) = \alpha \cdot Exit(h) + (1 - \alpha) \cdot E_d(h - 1) \tag{4-1}$$

式中　$E_d(h)$——当前小时内出口阻尼；

$Exit(h)$——当前小时出口量；

$E_d(h-1)$——上一小时出口阻尼。

适用于天然气交易日第一小时：$E_d(h-1) = Exit(h)$

$$E_{d_{dvn}}(h) = E_d(h) + \frac{\sum_{i=1}^{24}[Exit(h_i) - E_d(h_i)]}{24} \tag{4-2}$$

通过改变 α 参数来改变阻尼的量和时间延迟，使得管网在一天中以变化的方式填充，这符合气体输送系统的性能和可能性。这也意味着市场尽可能最大化①和②区域、市场可用的缓冲区数量。

(3) VPPV

系统中气体流经的虚拟点，其职责是负责程序转移。VPPV 是 TTF 上的交易以及托运人自己的气体流入及流出的组合。VPPV 示意图如图 4.3.19 所示。

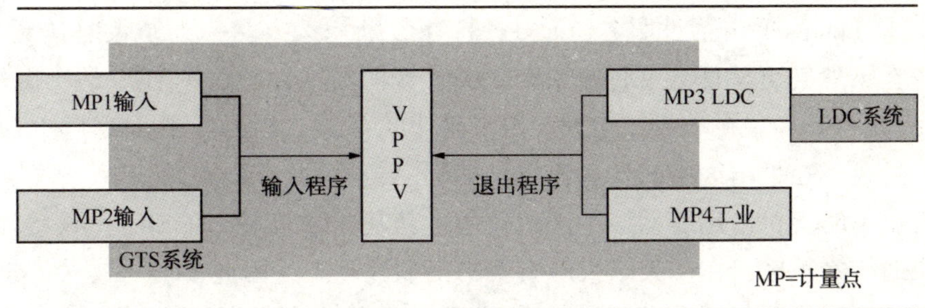

图 4.3.19　VPPV 示意图

① 输入程序：在程序中，托运人指定每小时的特定投资组合的计划输入总量(图 4.3.19 中的 MP1 和 MP2 的总和)。此外，托运人规定了每小时的气体运输量，以及需要由 VPPV 程序负责的每一个组合的气体量。

② 输出程序：在程序中，托运人指定分布在两个输出流程(在图 4.3.19 中 MP3 和 MP4)上的每个小时的特定投资组合的计划输出总量：家庭客户的输出流和其他客户的输出流。此外，托运人指定每小时的气体运输量，以及需要由 VPPV 程序负责的每一个组合的气体量。具有小规模用户投资组合的托运人必须应用阻尼公式。没有小规模用户的托运人在其投资组合中可以在其输出程序

中应用阻尼公式(需要提前指示)。发货人可以将他们的交易添加到进出口计划；没有必要提供单独的程序。当托运人施加阻尼时，建议将交易添加到程序。

③ 贸易计划：纯交易者(即仅在 TTF 上交易的交易方)必须提交交易计划，而不需要实际进入或退出。该程序指定每小时和每个交易对手的交易量。当双方商定交易时，双方还应讨论何时将交易纳入计划。在 21：00 之前结算的交易将包括在计划中，这使双方有足够的时间(在 22：00 的关闭时间之前)交易。当然，在 22：00 之后提交，交易仍然可以继续在 TTF 进行，这也适用于入口点和出口点的重新组合。

④ 输出程序中的阻尼：阻尼公式仅适用于输出程序。阻尼公式确保对于每小时，进入和离开管网的气体满足匹配条件。每天在 09：00 之前公布第二天的阻尼公式的参数。阻尼公式在 GTS 的网站上详细描述。

⑤ 程序检查：为了确保国家天然气管输管网在下一天的气体平衡，GTS 需要检查 VPPV 上的交易是否考虑了交易双方，交易量、时间段和方向是否兼容。对于没有阻尼的进入，贸易和退出计划，将检查每小时的进入和输出金额是否相等。对于带阻尼的输出程序将检查公式是否正确应用。如果程序不正确，将报告并应用某些纠正措施。缔约方仍然可以发送修改的程序，直到 22：00 的关闭时间。

⑥ E. Linepack 灵活性服务(LFS)：旨在鼓励托运人在一天结束时达到平衡。该服务在天然气交易日结束时使用管线缓冲区的灵活性，这由 GTS 的①区域(图 4. 3. 18)表示。如果在一天结束时，SBS 处于①区域，则 GTS 具有足够的缓冲区可用，并且不在平衡区中的托运人将自动利用新的 LFS 服务。托运人将在天然气交易日结束时支付使用管网缓冲区的费用。其基本原理是，在 SBS 中天然气交易日结束时需在①区，在一天结束时有不平衡的托运人，因此 POS 不是 0，将使用管网缓冲区。这些托运人将会有短缺或剩余的气体，这将被管网的缓冲功能吸收。缓冲区函数的使用称为 LFS，并受到资费的约束。不需要预订或申请。GTS 在 06：00 应用 POS(LET)，并调用 LFS 的使用。在 2016 年，LFS 关税是天然气价格的 0. 4%。该百分比可以在评价的基础上进行调整。该托运人的 POS 仍然存在，换句话说，货主和 GTS 之间没有气体交换，如图 4. 3. 20 所示。

4. 3. 7 德国气体平衡组

(1) 市场平衡角色

德国各个市场角色与管理和管理平衡组所需的合同和安排之间的相互作用(包括主要的相关过程)如图 4. 3. 21 所示。关于所涉及的市场角色，整个过程可以分为几个层次：

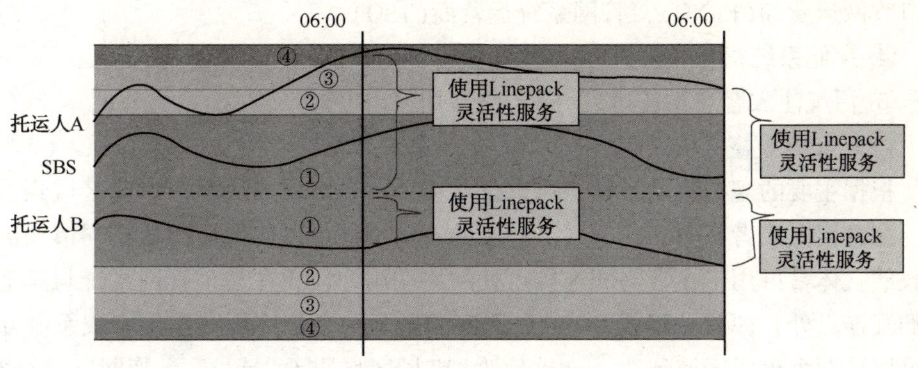

图 4.3.20 缓冲区域

① 入口层次(EnNO)。

② 市场交易层次(MAM)。

③ 分输层次(ExNO)。

④ 不是合作协议当事方的其他基础设施运营商，如 SSO。

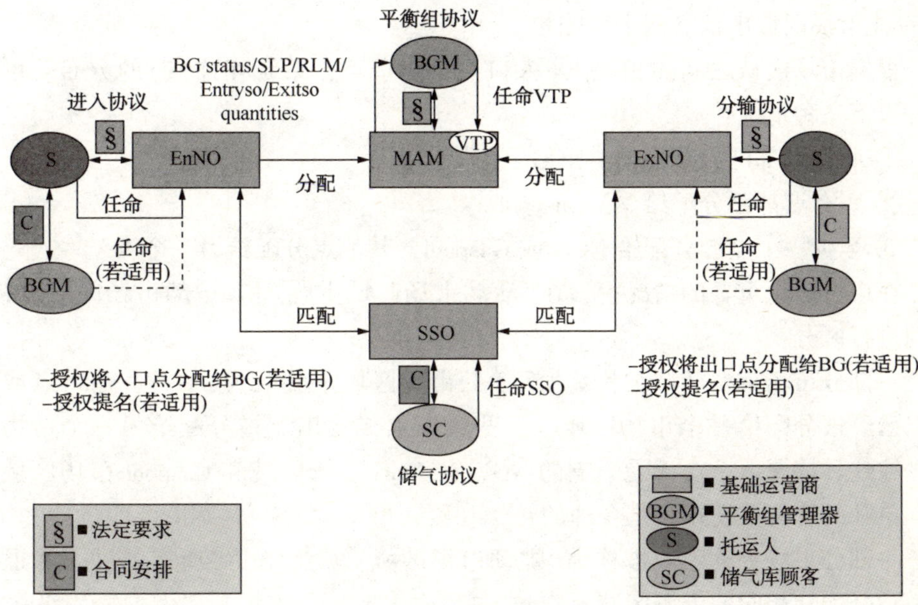

图 4.3.21 市场各角色的相互转换作用

涉及的市场角色概述，平衡组管理过程涉及以下市场角色：

① 平衡组管理器(BGM)。

② 市场区域经理(MAM)。

③ 管网运营商(NO)，他们可能以以下身份行事：出口管网运营商(ExNO)

入口管网运营商(EnNO)，管网系统运营商(TSO)。

④ 存储系统操作员(SSO)。

⑤ 沼气注入客户，托运人(S)，终端用户(EU)。

(2) 市场重叠区域

根据主要的规定流动条件，可以仅从单个市场区域或从两个市场区域到达管网。在管网上或者至少在其子网上存在的流动条件可以使得最初从不同市场区域接收的气体量可用于在管网的连接点处的终端用户，或在某个管网系统与其他管网的互连点处，即其中相关 NO 的管网上的至少一个最终用户连接点或系统互连点可以从两个市场区域到达，这被称为“市场区域重叠”或“重叠管网”。这也适用于下游管网从重叠管网或重叠子管网接收气体的情况。在这些情况下，受影响的 NO 必须对具有市场区域重叠的 NO 应用专用过程，并且遵守关于其整个管网的相关规则。

如果存在市场区域重叠，那么每个与终端用户的连接点和入口点必须清楚地分配到两个市场区域中的其中一个。NO 受影响的用户必须在 NCG 市场区域和 Gaspool 市场区域申请管网平衡账户。

根据市场区域之间的相关点(入口点，出口点，系统互连点)的分布，可以区分以下三种情况：

① 所有点都已分配给 MA NCG。

② 所有点都已分配给 MA Gaspool。

③ 至少一个点已分配给 NCG 或 Gaspool，其他点分配给另一个 MA。

在市场区域重叠的情况下，在“活动市场区域重叠”和“被动市场区域重叠”之间进行区分：

一部分市场重叠区域被称为“活动的市场区域重叠”，其中一些输入点或输出点已经被分配给一个市场区域，一些输入点或输出点被分配给另一个市场区域。在这种情况下，对于受影响的 NO，在 NCG 市场区域和 Gaspool 市场区域中建立单独的管网平衡账户是合理的。

一部分市场重叠区域被称为“被动市场区域重叠”，其中所有的进入和退出点都被分配到相同的市场区域。

关于现有市场区域重叠的信息最初由 MAM 从 NO 请求，MAM 不需要检查该信息的准确性。但随后任何的更改必须由 NO 通知 MAM，而不会有不适当的延迟。这也适用于现有市场区域的重叠状态从主动变为被动的情况。

以下提供了重叠管网的部分示例：

情况 1：NO 操作管网，在该管网上计划流动条件使得 NO 可以接收来自不同市场区域的气体量，并且使这些气体量在其到终端用户或其系统互连的连接点处用于放出，由此可以从两个市场区域物理地提供至少一个连接点，如图 4.3.22 所示。

图 4.3.22 具有市场区域重叠的 NO 的示例——管网连接到两个 MA

情况 2：NO 操作单独的子管网。这些子管网不是液压连接（Hydraulically Connected）的，但是其中至少一个子网的主要物理流动条件使得 NO 能够接收来自不同市场区域的气体量，并且使这些气体量可用于其连接点到终端用户或其系统互连点，如图 4.3.23 所示。

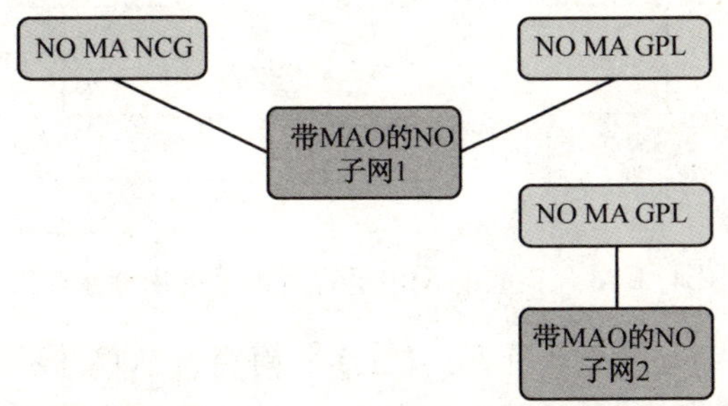

图 4.3.23 具有市场区域重叠的 NO 的示例——至少一个子管网连接到两个 MA

情况 3：当前的物理流动条件使得 NO 可以接收来自不同市场区域的气体量时，NO 通过操作连接市场重叠区域的上游管网和下游管网，并且使这些气体量的出口处在其到终端用户的连接点处或其系统互连点处，如图 4.3.24 所示。

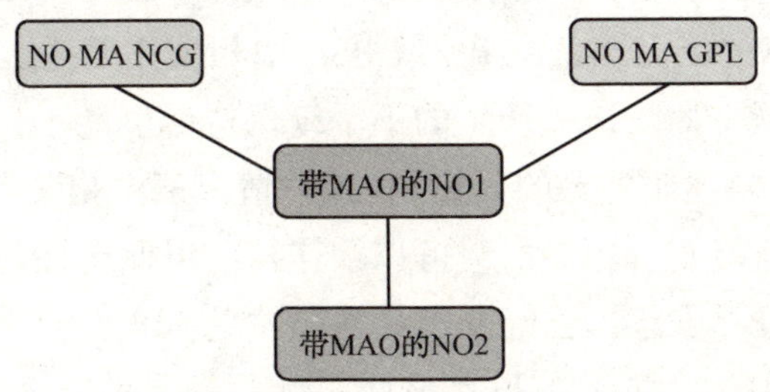

图 4.3.24 上游管网连接到两个 MA 下面的示例

情况 4：NO 将下游管网连接到上游市场区域导致的市场重叠区域。在这种情况下，当时的物理流动条件无法使 NO 从不同的市场领域得到足够的天然气量并向其终端用户或连接点输送，因为 NO 连接到上游管网的气体管线或系统互连点仅被一个市场区域服务，如图 4.3.25 所示。

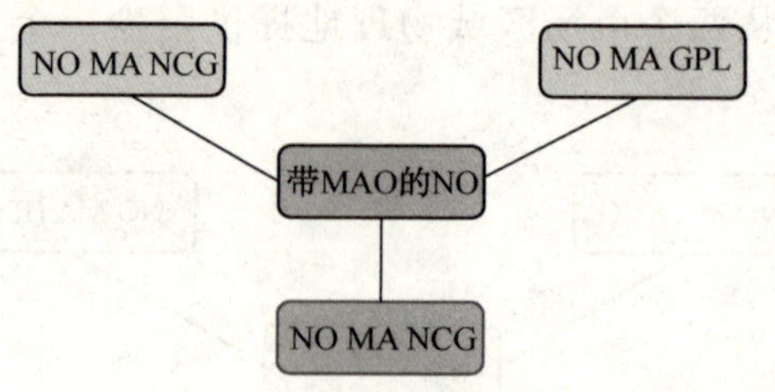

图 4.3.25 非重叠 NO-流动的示例仅可能来自一个 MA

情况 5：NO 操作 2 个或更多个不是液压连接的单独的子管网，并且不存在主要的物理流动条件，使得 NO 可以接收来自不同市场区域的气体量，并用在其到最终用户的连接点处或在其系统互连点处，如图 4.3.26 所示。

图 4.3.26 非重叠 NO-子管网的示例未液压连接

分配平衡组的入口点和出口点：(主)平衡组，从属平衡组和平衡子组由相关 MAM 创建和管理。MAM 根据用于传输相关气量的容量类型提供不同的 BG：受运输路线限制的 BG 将接收到“Beschränkt Zuordenbare Kapazitäten”(“BZK”，英语通常缩写为“CAR”)的状态，用于自由组合能力的 BG(即不受任何运输路线限制或其他一般限制的容量产品)将接收到“Frez Zuordenbare Kapazitäten”(“FZK”：自由分配容量或“FAC”)的状态。最终用户出口点(SLP 和 RLM)被分配给 BC 或 BSG。其他进出口点的能力预订由 BG 或 BSG 中相关注册托运人制定。

为了确保在管网平衡账户中产生的不平衡保持尽可能小，用于自用气体的出口点(例如控制设备、建筑物等的预热)在每种情况下由相关 NO 分配给平衡组。

平衡组之间的连接布置：平衡组可以被连接，以便允许每个连接的平衡组的余额一起被结算和开具发票。已经在市场区域内注册的用于高 CV(热值)气体和低 CV 气体的平衡组的 BGM 具有连接这些平衡组的义务。图 4.3.27 显示出了在多市场区域中的平衡组之间的不同连接布置的示例。为不同热值的气体在平衡组内注册的 BGM 必须选择连接布置，以确保在同一个 MBG 内有相应的数量。如果 BGM 的不同热值的气体平衡组被分配了状态“FAC”，则 BGM 可以仅注册 MBG。如果 BGM 已经记录了用于相同热值气体的几个气体平衡组，则这些不需要被连接。

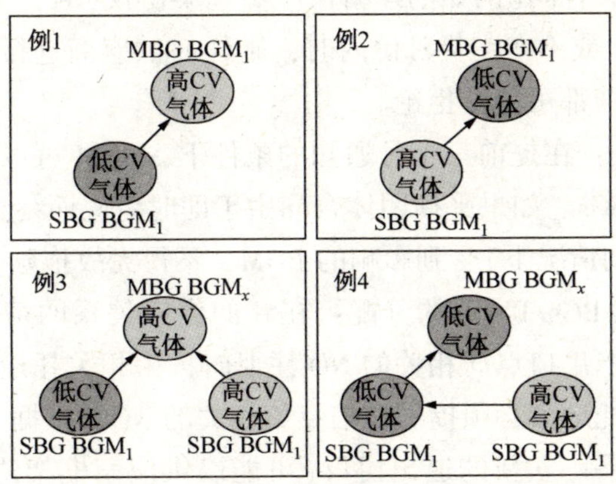

图 4.3.27　多质量市场区域中的平衡组之间的可能的连接布置

根据单个 SBG 中记录的总量，根据当日债务规则授予的公差将在相关的 MBG 中合计使用。对于每个 SBG 应支付的平衡中立费和转换中性费用也将通过 MBG 开具发票。

所有 SBG 都连接到 MBG（仅可以自由地组合用于高 CV 和低 CV 气体的平衡组）；BSG 被自动分配为其创建的平衡组的气体质量。MBG 的气体质量由相关 BGM 确定。

SBG 可以与几个 MBG 连接。在这种情况下，相关数量只能按比例在 MBG 之间分配，各个比例的总和必须等于 100%，相关数字将舍入为整数（从零开始一半）。图 4.3.28 显示了一个 SBG 和两个直接连接的 MBG 之间的简单关系。

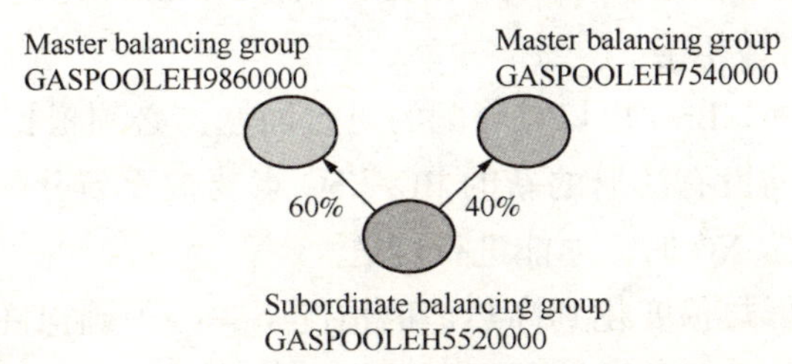

图 4.3.28　SBG 数量在几个 MBG 之间的按比例分布图

（3）平衡活动的基本过程

每日 BG 列表：每个 MAM 保持当前在其市场区域中注册的所有 BG/BSG 的列表，包括每个 BG/BSG 的平衡组代码，有效期（开始和结束日期）和相关 BGM 的详细信息（名称，联系细节，联系人）会每天更新并且可以在门户上下载（xls，csv），该门户可以由 NO 通过互联网访问。此外，每个 MAM 经进一步处理后，以电子格式通过接口将该信息提供给其市场区域中的 TSO。

如果在审查相关合同(例如创建新供应商框架协议)时，NO 发现 BG/BSG 不在相关 MAM 清单上或不在交货月份内时，则任何供应商进行交易或平衡组转移时对 BG/BSG 的反馈都可能被拒绝。

终止 BGs/BSGs：在提前三个月通知的条件下，BGM 可以在任一给定月的月末终止其 BGs 和 BSGs。如果平衡团体合同由于即时效应而终止，相关 MAM 将通知 NOs 和(在适用的情况下)受到影响的 BGM，不得无故拖延。

输入/输出点到 BGs/BSGs 的分配：在新的供应关系的情况下，或者在创建新的 BG/BSG 时，当出口点向相关的 NO 注册时，由相关托运人给出口点分配一个 BG/BSG 号码，托运人必须提供该信息给相关的 NO。根据 GeLi 燃气规定的新供应登记通知，如果订立新的退出协议(可能以供应商框架协议的形式)，相关托运人必须按照有关合同的规定向 NO 通知，且不得迟于提交相应合同前的 10 个工作日。在通知任何后续变更时，也必须遵守 10 个工作日的通知期限。

上述通知是用于提供相关分配输出点的 BG/BSG 信息，是确保 NO 可以在接收任何相关的 UTILMD 消息之前在其通信系统上配置相应的 BG/BSG 的先决条件。

每个托运人根据其进出口协议或供应商框架协议，保证相关 BGM 已授权分配出入口所需的 BG/BSG。

当出口点要重新分配到尚未由相关 NO 登记的新 BG/BSG 时，或者在因 BG/BSG 终止而将被重新分配的情况下，托运人必须在 10 个工作日内，以相同的方式向 NO 通知，然后在根据 GeLiGas 规则提交相应的主数据变化。如果在 GeLi 燃气提交的任何通知声明了 BG/BSG 对相关 NO 或 BG/BSG 还是未知的(NO 尚未被通知)，则该通知将被拒绝。

对于 NO 现有 BG/BSG 出口点分配的更改问题，必须根据 GeLiGas 裁决中的规定。如果一个先前没有注册的新的 BG/BSG 点要被重新分配给 NO，则只有将新的 BG/BSG 通知给 NO 时，才能进行传送。

在气体热值从低热值变化到高热值的情况下，必须确保在新的气体质量下，受影响的点上交付的数量能够被正确记录，以达到能源平衡目的。为此，每位受影响的托运人必须在为了实现能量平衡目的而切换的日期(所谓的“切换平衡生效日期”)前 2 个月内通知相关的具有高热值 BGs/BSGs 的 NO。允许 NO 检查此信息的完整性，并确保任何必要的更正仍可在适用的 GeLi Gas 截止日期内进行。对于新的 BGs/BSGs 或与此类 BGs/BSGs 有关的更改，还必须提前告知其 BG/BSG 号码，并在提交 UTILMD 消息前 10 个工作日发布通知。

每种情况下的切换平衡生效日期对应于，已切换的出口点气体被分配给仅用于高热值气体的 BG/BSG 后一个月的第一天。

进入平衡组的入口点的分配由相关入场协议管理。通过在平衡组账户之间转移气体量来进行交易，并且进行气体输送。匹配过程被监控，并且应用“较小规则”来确保交换气体具有相同的热值。

在 NCG 市场区域交叉质量交易的处理：如果平衡组合中的每日高(低)热值气体平衡为正(过量供应)且相应的低(高)热值气体平衡为负(供应不足)，则两个(绝对)量中的较低者由市场区域经理(MAM)和 BGM 为该数量支付转换费，如图 4.3.29 所示。

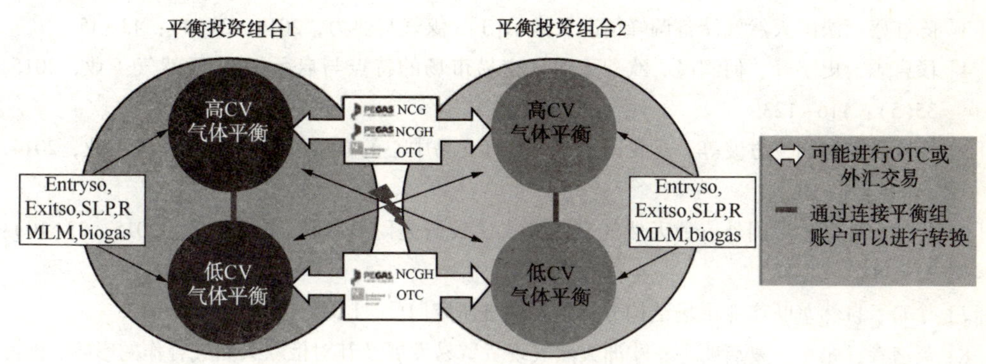

图 4.3.29　六个在 NCG 的保护下合作的 TSO

费用包括：

① VTP 费用：在 VTP 的两个平衡组之间的每次指定转移气体量，收取 VTP 费用(欧元/MW·h)。向负责处置平衡组的 BGM 和负责获取平衡组的 BGM 收费。

② 不平衡费用：在日常能源不平衡(气体供应过剩/供应不足的相关平衡组)情况下应用不平衡费用(欧元/MW·h)。

③ 结构费用：根据小时激励机制，MAM 计算每个小时的每个平衡组记录的所有相关小时投入和售出之间的平衡。对于净额结算后剩余的任何正或负不平衡，BGM 必须向 MAM 支付欧元/MW·h的结构费用。

④ RLM 平衡中性电荷：RLM 平衡中性电荷必须由在 RLM 出口点供应气体的所有平衡组管理器承担。

⑤ SLP 平衡中性电荷：SLP 平衡中性电荷必须由在 SLP 出口点供应气体的所有平衡组管理器承担。

⑥ RLM 数量差异的充电：收费用于 RLM 数量差异的财务结算。RLM 量差是用于计算分配的初始和最终热值之间的变化的结果

⑦ 转换费：使用跨质量能量平衡机制，即用于将气体数量从高 CV 质量转换为低 CV 质量(反之亦然)的转换费(欧元/MW·h)。

⑧ 转换中性费用：转换中性费用根据德国联邦监管机构 Bundesnetzagentur 所

作出的规定进行征收，该规定表示，如果转换费收入不足，从 2012 年 10 月 1 日起，除转换费外，还可以收取转换中性费用以收回转换活动所产生的费用。

参 考 文 献

[1] 孙绿菱，俞善东．希腊国家天然气输气系统介绍及其启示[J]．重庆建筑，2012(3)：30~32.

[2] 刘一琪．基于 ArcGIS 中欧天然气管网系统的模拟研究[J]．黑龙江：东北石油大学，2015.

[3] 陈红盛．法国天然气储备调峰情况及启示[J]．煤气与热力，2014，34(4)：43~45.

[4] 段言志，史宇峰，何润民．欧洲天然气交易市场的特点与启示[J]．天然气工业，2015，35(5)：116~123.

[5] 童晓光，郑炯，方波等．对我国构建天然气交易中心的战略思考[J]．天然气工业，2014，34(9)：1~10.

[6] 徐婧，孙泽生．国外三种天然气交割模式比较研究[J]．国际石油经济，2015，23(10)：32~38.

[7] 徐婧．自然垄断产业市场结构分拆重构演进研究[D]．上海：复旦大学，2013.

[8] 黄绪春，张军，夏启明等．欧洲天然气现货贸易发展及其对俄欧天然气合作的影响．国际石油经济[J]，2012，20(12)：36~43.

5 欧洲储气库运营与管理

5.1 欧洲储气库运营管理概况

欧盟针对中下游能源领域推行的市场化改革始于1998年。欧盟发布的第一个天然气指令98/30/EC提出：为了确保欧洲内部天然气市场的建立和有效运营，欧盟各国在输送、储存、配送领域必须承担维护市场公平竞争的义务，要求具有自然垄断性质的基础设施、运输网络、储气库以及液化天然气接收站实行第三方准入。

2003年，欧盟发布2003/55/EC指令，要求各成员国的一体化企业完成管输（含储气业务）与营销业务的法律拆分，于2007年7月之前向所有用户全面开放天然气市场。

2005年，欧盟电力和天然气监管组织发布了《储气库系统运营实行公开准入的指导原则》。

2011年，欧盟能源监管委员会又对此指导原则进行了修订。该原则旨在为未来欧洲储气市场的建立制定基本原则和监管政策，是欧洲储气业务发展的里程碑。

2007年9月，欧盟委员会提出立法建议，强制拆分大型能源企业的天然气供应与管输业务，将大型能源公司拆分成若干独立的、从事能源生产或者管道输送业务的单一公司。同时，给予第三方公平的管网准入条件，确保有效的服务，为消费者提供更多的选择。

2009年，欧盟议会和委员会发布的715/2009监管条例和2009/73/EC指令，制定了一系列天然气管理规则，以创造一个竞争的、安全的、注重环保和可持续发展的天然气市场。根据上述指令和条例，在2012年3月，欧盟各成员国的储气库运营要与管输业务和城市配气业务分离，而且要求在法律上进行分离，同时要求各成员国的监管机构对储气库开放制定相应的准入条件，保证储气设施第三方准入的有效、透明和无歧视。在欧盟储气库监管政策的逐步推进过程中，欧洲储气业务基本上已经与管输和配气业务分离，进行独立的商业运营。在实行公开准入的情况下，各国的监管部门要求储气库经营者做到以下四点：一是储气能力必须无歧视地向第三方开放；二是至少有一定比例的剩余储气能力进入一级交易市场进行交易；三是储气业务必须与输气、配气等业务在法律上、财务上和功能上进行分离；四是储气信息必须同时向所有的市场参与者公开。欧盟储气库的主要监管政策演变如表 5. 1. 1 所示。

表 5. 1. 1　欧盟储气库监管政策演变

政策及指令	政 策 要 求
98/30/EC	(1)要求管网、储气库及 LNG 接收站实行“第三方准入”
	(2)自然垄断业务在一体化企业内要与其他业务进行财务分离
2003/55/EC	(1)一体化企业完成管输(含储气)与销售的拆分
	(2)2007 年 7 月之前向用户开放市场
2005 年储气公开准入指导原则	(1)无法律约束力
	(2)未来欧洲储气市场的基本原则和政策导向
2007 年 9 月立法建议	强制拆分大型能源企业的管输与销售业务，实行“第三方准入”
715/2009 监管条例及 2009/73/EC 指令	(1)2012 年 3 月，储气与管输和配气在法律上分离
	(2)各国监管机构对储气开放制定准入条件

5. 2　储气库容量

储气库容量可分为绑定容量和非绑定容量(额外)容量，也可分为固定容量和可中断容量。储存容量细分为工作气量，以能量为单位，单位 GW · h，注气速率，单位 MW · h/h，采气速率，单位 MW · h/h。

绑定容量是将工作气量、注气速率和采气速率绑定销售，而非绑定容量将三者分开销售。客户根据季节性需求订购不同的储气容量组合，达到灵活利用储气量的目的，如图 5. 2. 1 所示。

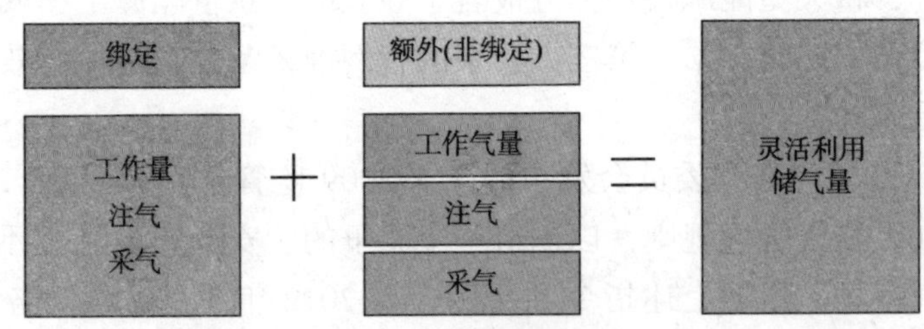

图 5. 2. 1　储气容量划分

绑定容量/非绑定容量与固定容量/可中断容量组合形成四类交易储气容量：

(1) 固定绑定储存容量。

(2) 固定非绑定储存容量。

(3) 可中断绑定容量。

(4) 可中断非绑定容量。

固定非绑定容量作为绑定储存容量的补充，可中断储存容量作为固定储存容量的补充。

欧洲储气库运营商根据各储气库的技术特征，制定了不同的绑定容量服务，以德国 Uniper 储气库公司为例，该公司运营储气库 12 座(图 5.2.2)，其中废旧油气田储气库 4 座(7Fields、Bierwang、Breitbrunn 和 Eschenfelden)，盐岩储气库 8 座(Epe H-Gas、Epe L-Gas、Etzel EGL、Etzel ESE、Kraak、Krummhorn、Nüttermoor 和 Ronne)。

图 5.2.2 储气库分布

依据储气库技术特征和市场需求，储气库运营商提供了 A、B、C、D 和 E 五种绑定容量类型，用于快速波动储存(A)至季节性储存(E)大范围储气服务。A

型绑定容量：相对于工作气量，采气速率和注气速率高。E 型绑定容量：相对于采气速率和注气速率，工作气量大，适合于季节性储气。各类型绑定容量服务如表 5.2.1 所示。A 型绑定容量，工作气量 5GW · h，采气速率 10MW · h/h，注气速率 2.5MW · h/h；E 型绑定容量，工作气量 20GW · h，采气速率 10MW · h/h，注气速率 5.56MW · h/h。工作气量与采气比表示以采气速率采出该类型工作气量的所需时间(天)，工作气量与注气比表示以注气速率注入该类型工作气量的所需时间(天)，波动率表示年天数(360)与工作气量与采气比和工作气量与注气比之和的比值，A 型至 E 型波动率依次降低。

表 5.2.1　绑定容量类型

绑定容量	A	B	C	D	E
采出/(MW·h/h)	10	10	10	10	10
工作气量/GW·h	5	7.5	10	15	20
注入/(MW·h/h)	2.5	3	3.33	4.55	5.56
工作气量与采出比(天)	29	44	59	89	118
工作气量与注入比(天)	95	119	143	157	171
波动率	2.94	2.24	1.81	1.48	1.26

5.3　注采曲线

注采特性曲线定义了最大注采速率与目前工作气量的关系。固定和可中断容量服务是根据储气库的注采速率制定的，而注采速率由储气量(压力)和特性曲线决定。注采曲线包括固定采出曲线、固定注入曲线和可中断注采速率。

(1) 固定采出曲线：最大固定采出速率=固定绑定采出速率+固定非绑定采出速率。

(2) 固定注入曲线：最大固定注入速率=固定绑定注入速率+固定非绑定注入速率。

(3) 可中断注采速率：最大注采速率=固定注采速率+可中断注采速率。

5.3.1　固定采出曲线

固定采出曲线是指固定采气速率曲线，表达了固定采出速率和采出气量间的关系，表示为固定绑定采气速率与固定非绑定采气速率之和。采出曲线(图 5.3.1)中以最大采气速率，采出工作气量的 50%，当采气气量 50%以上后，采出速率以最大采出速率的 100%~25%间线性下降。按工作气量是总工作气量(绑定+非绑定)还是绑定工作气量，分为 A 类和 B 类。当储气用户使用 B 类采出曲线时，A 类和 B 类曲线间的采出速率可作为可中断采出速率。

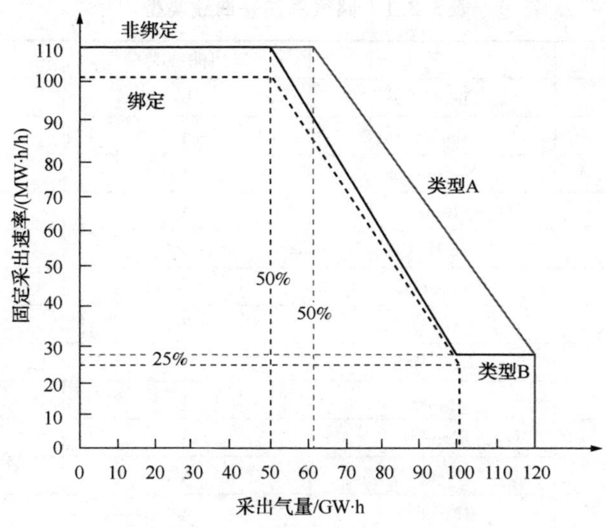

图 5.3.1　采出曲线示意图

5.3.2　固定注入曲线

固定注入曲线是指固定注气速率曲线，表达了固定注入速率和注入气量间的关系，表示为固定绑定注气速率与固定非绑定注气速率之和。注气曲线(图5.3.2)中以最大注气速率，注入工作气量的50%，当采气气量50%以上后，注气速率以最大注气速率的100%~25%间线性下降。按工作气量是总工作气量(绑定+非绑定)还是绑定工作气量，分为A类和B类。当储气用户使用B类注入曲线时，A类和B类曲线间的注气速率可作为可中断注气速率。储气库采用的注采曲线类型如表5.3.1所示。

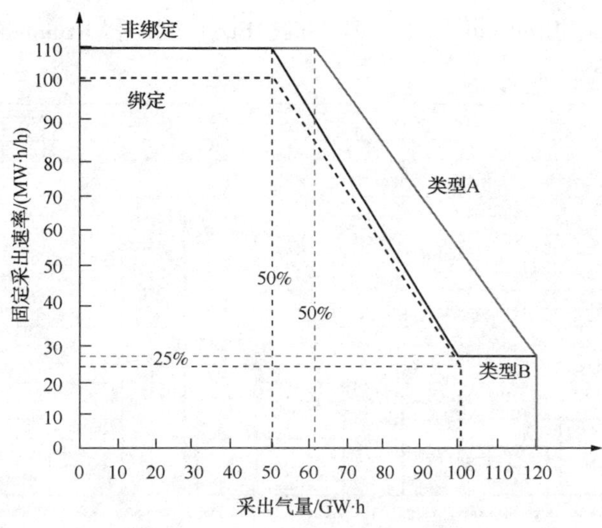

图 5.3.2　注入曲线示意图

表 5.3.1 储气库注采曲线类型

绑定容量类型	储气库	采出曲线类型	注入曲线类型
A	Epe L-Gas	B	B
A	Krummhorn	A	A
A	Nüttermoor	A	A
A	Ronne	A	A
B	Epe H-Gas	B	A
B	Eschenfelden	A	A
C	Etzel EGL	B	A
C	Etzel ESE	A	A
C	Kraak	A	A
D	Bierwang	A	A
D	7Fields D	A	A
E	7Fields E	A	A
E	Breitbrunn	A	A

5.3.3 可中断注采速率

固定注采曲线和可中断注采速率最终构成注采曲线。欧洲各国依据储气库类型和客户订购储存容量的情况，制定各年度可中断注采速率，德国部分储气库2016年注采速率，固定注采速率和可中断注采速率占总注气速率比例如图5.3.3和图5.3.4所示(7Fields、Bierwang、Breitbrunn、Eschenfelden、Epe H-Gas、Epe L-Gas、Etzel EGL、Etzel ESE、Kraak、Krummhorn、Nüttermoor和Ronne)。从图5.3.3中可知，Eschenfelden、Epe L-Gas、Etzel ESE、Kraak、Nüttermoor和Ronne的可中断注气速率大于0，占总注气速率百分比的变化范围2.32%~50%；7Fields、Bierwang、Breitbrunn、Epe H-Gas、Etzel EGL和Krummhorn储气库的可中断注气速率为0。

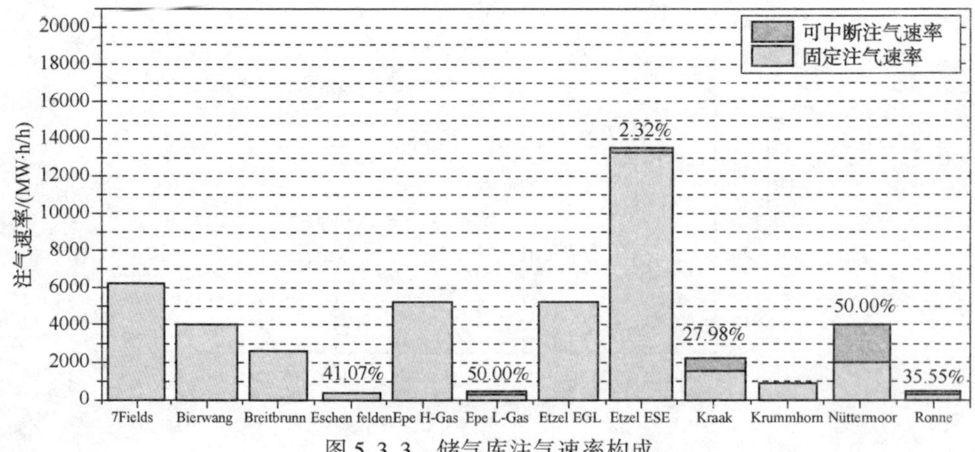

图 5.3.3 储气库注气速率构成

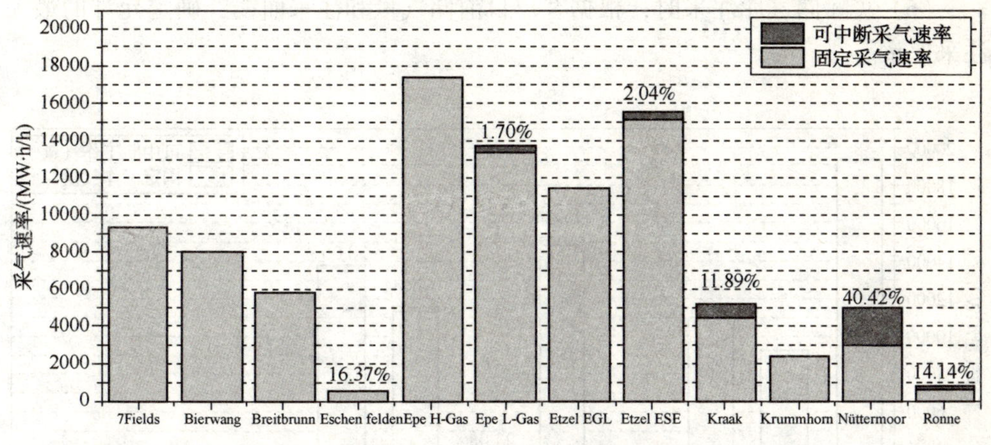

图 5.3.4　储气库采气速率构成

7Fields、Bierwang、Breitbrunn、Epe H-Gas、Etzel EGL 和 Krummhorn 储气库可中断采气速率为 0；Eschenfelden、Epe L-Gas、Etzel ESE、Kraak、Nüttermoor 和 Ronne 储气库可中断采气速率大于 0，占总采气速率百分比变化范围 1.7%～40.42%。

5.3.4　储气库用户注采曲线

储气库用户注采曲线的制定流程，如图 5.3.5 所示。

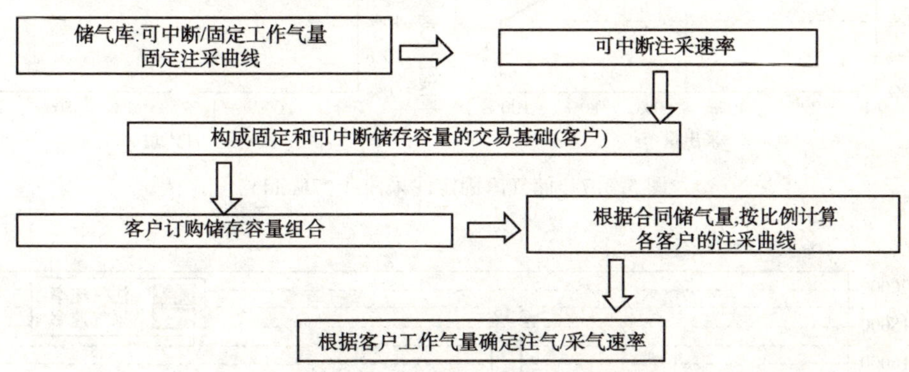

图 5.3.5　制定储气库客户注采曲线流程

（1）储气库运营商给定某储气库的可中断/固定工作气量(图 5.3.6)和固定注采曲线(图 5.3.7)。

（2）储气库运营商根据储气的最大注采速率(图 5.3.8)，得到可中断注采速率。

（3）基于以上两部分内容，制定储气库的固定和可中断储存容量产品。

（4）客户订购储存容量组合。

（5）根据合同储存容量，按比例计算各客户的注采曲线。

(6) 实际储气库注采时，根据客户目前储气量和注采曲线，确定允许的最大注采速率。

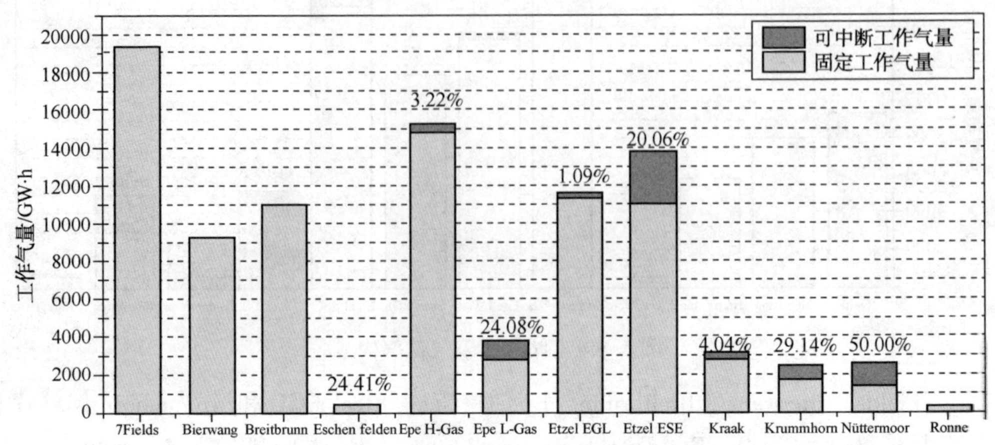

图 5.3.6 储气库可中断/固定工作气量

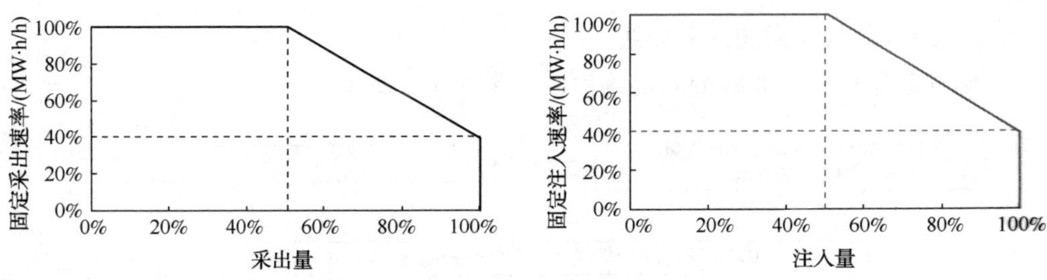

图 5.3.7 储气库固定注采曲线(7Field)

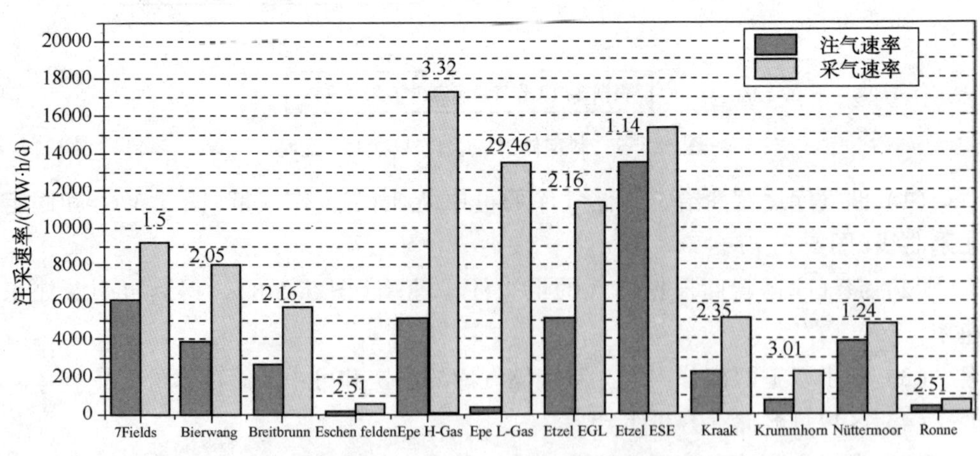

图 5.3.8 储气库的最大注采速率、采气速率与注气速率比值

5.4 调峰产品和价格

5.4.1 储气库容量产品

欧洲储气库产品略有差异，调峰产品主要可分为固定价格产品、浮动价格产品、月产品和附加产品，固定价格产品和浮动价格产品又称为年产品。附加产品又分为可中断平行产品、短期交易产品和转运服务。

(1) 固定价格产品

运营商给定固定价格的产品，可订购未来 15 年的产品。

(2) 浮动价格产品

市场价格决定。

(3) 月产品

每年未销售出去的绑定容量将以月产品的形式销售：一般不受储气量约束，只定义最大注采速率(无注采曲线)，年产品和月产品的实例如表 5.4.1 所示。

表 5.4.1 年产品和月产品

产品类型	年 产 品	月 产 品
注采曲线	Epe H-Gas B 类注采曲线	无
储存类型	B	
绑定储存容量		
采气速率/(MW·h/h)	10	5
工作气量/(GW·h)	7.5	5
注气速率/(MW·h/h)	3	2.5

(4) 短期交易产品

短期交易产品是指日注采速率的交易，客户从储气库运营商的短期公告栏中购买短期容量，并允许客户间交易。

(5) 可中断平行产品

购买可中断平行产品后，可不受注采特性曲线的限制使用订购的储存容量，所以可中断平行产品也称为自由曲线产品，图 5.4.1 的灰色区域表示购买的可中断平行产品，该产品一般用于盐岩储气库，

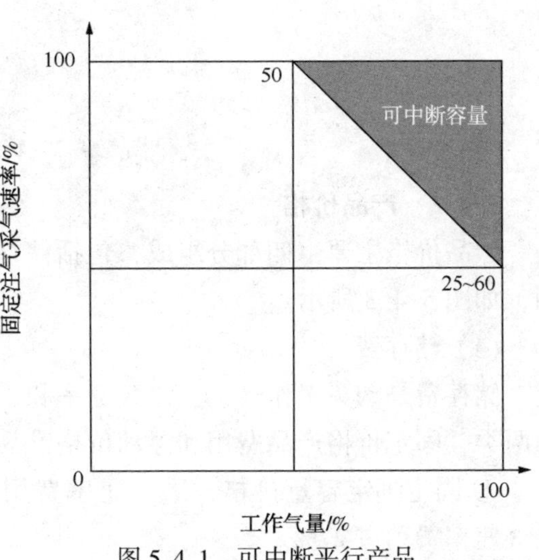

图 5.4.1 可中断平行产品

比如，Etzel ESE 和 Rönne 储气库可扩充注气速率和采气速率；Epe H-Gas，Epe L-Gas 和 Etzel EGL 储气库可扩充注气速率，客户注册不受注采曲线限制，只受限于订购的工作气量。

(6) 转运服务

转运服务是储气库间容量的转移，可用于固定/可中断的绑定/非绑定容量转运，适合长期订购合同，且未选定储气库的情况，签订储气合同时或合同生效起3年内签订该服务，可进一步优化储气组合。如图 5.4.2 所示，2016 年订购了 15 年的 Bierwang-季节性储气库(类型 D，NCG 市场)容量；2017 年，希望增加"快速储气库"入储存组合，比如 Etzel ESE(类型 C，NCG，Gaspool，TTF 市场)，可以将 Bierwang 容量全部或部分转入 Etzel ESE，5 年期。后来也可以将容量全部或部分转入 Rönne(类型 A，Gaspool 市场)，5 年期。

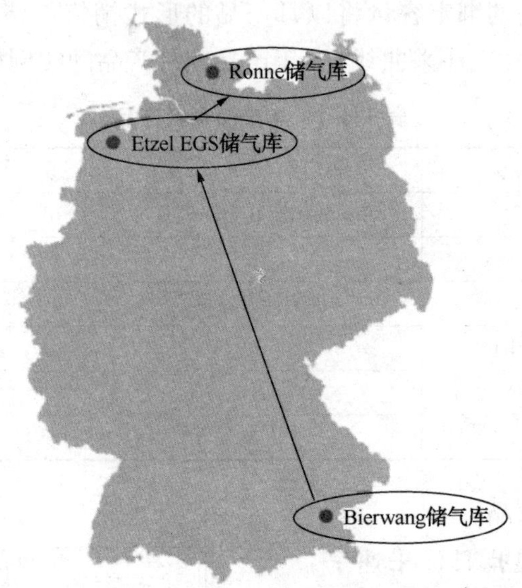

图 5.4.2　转运服务

5.4.2　产品价格

产品价格主要由四部分组成，包括储存费、系统服务费、可变费用和运输费用，如图 5.4.3 所示。

(1) 储存费

储存费是购买工作气量、注气速率和采气速率费用。储存费根据价格机制分为两类，固定价格产品费用和浮动价格产品费用。固定价格产品费用：

① 固定绑定容量价格，采气速率费用占比为 40%，工作气量费用占 33%，注气速率费用占 27%。

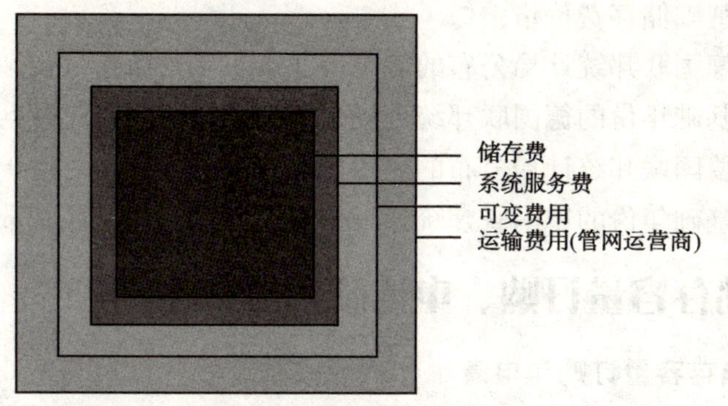

图 5.4.3　产品价格组成

② 固定非绑定容量价格的采气速率费用、工作气量费用和注气速率与固定绑定容量价格相同。

③ 可中断容量的价格为固定容量价格的60%。

浮动价格产品费用，按以下公式计算，一般设定最高价和最低价，超过最高价格按最高价格收费，低于最低价格按最低价格收费。

$$P(\text{欧元}/\text{MW}\cdot\text{h}) = A\times SW_{\text{spread}} +/- B \tag{5-1}$$

$$\text{储存费} = WG(\text{MW}\cdot\text{h})\times P(\text{欧元}/\text{MW}\cdot\text{h}) \tag{5-2}$$

式中　A、B——产品类型系数。

SW_{spread}——冬夏天然气价格差。

(2) 系统服务费

储气库运营商为客户提供的 IT 系统，接收和核对容量指派，维护工作气量账户，每月记账和处理合同等服务，根据客户订立合同的储气库数量和年数，收取系统服务费(年固定费用)。

(3) 可变费用

可变费用是储气库注气运行的费用。

(4) 管输费用

管输费用是储气库气体的管输费用，支付给管网运营商。

每年的产品价格是基准年产品价格为基础每年定期修改，比如德国 Uniper 公司，年产品价格以 2007 年的产品价格为基础，按以下公式计算得到，并在每年 4 月 1 日 6：00 执行新价格。

储存费：　$E_t = (0.75+0.25\times L_t/L_0)\times E_0$

系统服务费：　$S_t = (L_t/L_0)\times S_0$

可变费用：　$V_t = (0.8\times G_t/G_0+0.2\times L_t/L_0)\times V_0$

式中　E_t——年储存费价格；

E_0——基础储存费价格；

L_t——德国联邦统计局公布的能源产业员工年月薪指数；

L_0——基础年份的德国联邦统计局公布的能源产业员工月薪指数；

V_t——德国联邦统计局公布的能源产业产品指数；

V_0——基础年份的德国联邦统计局公布的能源产业产品指数。

5.5 储存容量订购、申请和容量指派

5.5.1 储存容量订购和申请

调峰产品的订购/申请：客户根据运营商发布的可预订容量，如表 5.5.1 所示，签订储气合同，建立平台账户，获得操作权限，在线指派储存容量，实现调峰气量的注采。储气库容量订购流程如图 5.5.1 所示。

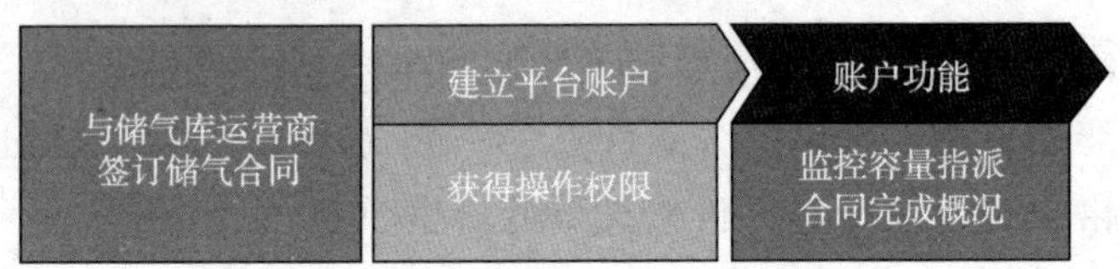

图 5.5.1 储气库容量订购流程

表 5.5.1 可预订的储存容量(Epe H-Gas 储气库)

时间	固定储存容量				可中断储存容量			
	绑定数量	采气速率	工作气量	注气速率	绑定数量	采气速率	工作气量	注气速率
2016/2017	0	0	0	0	0	0	0	0
2017/2018	244	0	161	2907	11	10	1	1456
2018/2019	244	0	161	2907	11	10	1	1456
2019/2020	244	0	161	2907	11	10	1	1456
2020/2021	244	0	713	2907	11	10	1	1456
2021/2022	244	0	713	2907	11	10	1	1456
2022/2023	1715	0	2495	2855	65	1650	7	3830
2023/2024	1715	0	2495	2855	65	1650	7	3830

签订储气合同，建立平台账户，获得操作权限的流程如图 5.5.2 所示。储气运营商首先发布可预订的储存容量，在储气容量交易平台注册，并得到客户公司确认，获得储气库运营商的许可，许可分为阅读许可和使用许可，阅读许可无容量指派权限，然后储气库客户与储气库运营商签订储气合同，正式获得操作权限。客户通过储气容量交易平台订购或申请容量。

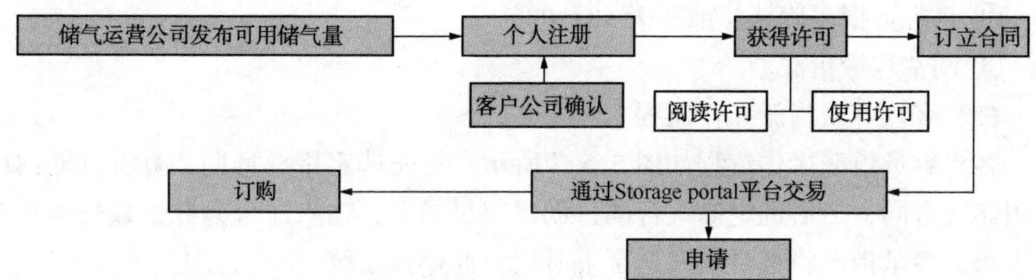

图 5.5.2 申请和订购储存容量流程

订购是指产品组合的选择，主要针对绑定容量：

(1) 连续年储存合同，签订的每年储存容量相同。

(2) 储存容量指工作气量、注气速率或采气速率。

(3) 连续年最长 15 年。

(4) 客户提交预订。

(5) 公司返回产品组合预订的确认邮件。

申请是针对非绑定和可中断储存容量，且不预留容量，其他用户可再次订购：

(1) 相同储气库收到多个请求，采取“First Come，First Served”原则。

(2) 根据请求的储气时间长短排序(时间长优先)。

(3) 储气时间长短相同，储气开始早者优先。

(4) 公司在 5 个工作日内完成储存容量分配。

(5) 客户在 10 个工作日内回执确认容量(分配部分请求容量)。

(6) 合同至少在 10 个工作日以后开始执行。

5.5.2 容量指派

容量指派是储气客户依据储气合同，通过网络平台确定某日注采速率行为，按步骤分为客户容量指派和储气库运营商确认两步：

(1) 客户容量指派

① 内容：合同 ID，接收或返回点(管输点)，日期和流向(注入或采出)。

② 周容量指派：每周四 16：00 指派下一周每日容量。

③ 日容量指派：周一至周四 10：00 指派下一天的容量，周五 10：00 指派未来三天的容量，若运营商未收到日指派，按周容量指派执行，若营运商未收到周指派，日容量指派为 0。

④ 修改容量指派：执行前 2h。

(2) 运营商确认

① 周容量指派确认：周五 18：00。

② 日容量指派确认：前一天 18：00。

③ 调整容量指派。

(3) 客户容量指派操作流程

客户容量指派操作流程如图 5.5.3 所示，首先选定指派日期，查看日期内的可用储气合同，然后选定储气合同，创建容量指派，输入注采参数，最后确定容量指派，容量指派将被自动发送至下游运营商操作系统。

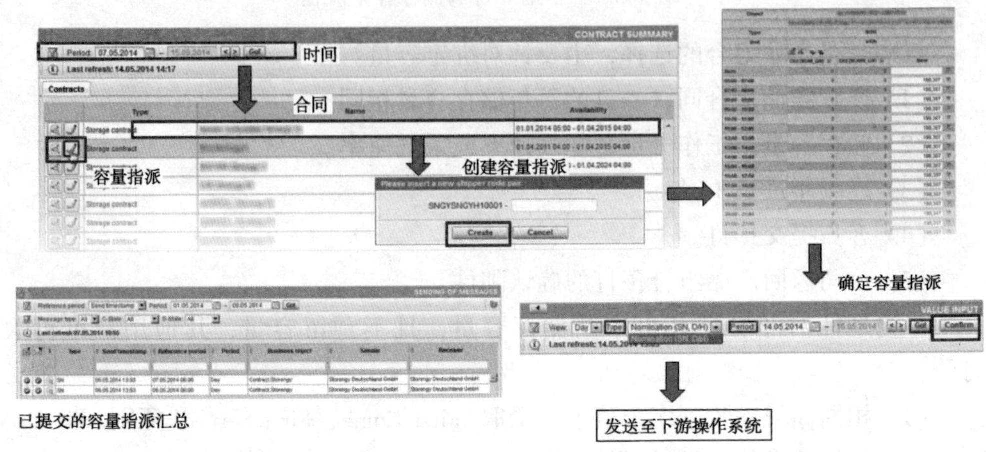

图 5.5.3　客户容量指派操作流程

5.5.3　短期储气容量的交易

除上述年、月储气合同容量指派外，客户未使用的储存容量可在短期储存容量平台上进行交易，节约客户费用，达到充分利用储气库储气容量的目的。短期储存容量交易(Day-Ahead)：交易商品为固定、可中断，非绑定的注气和采气容量，不可交易非绑定的工作气量和绑定储存容量(工作气量、注气和采气容量)；在短期交易平台上与公司签订短期储气合同，客户间交易，发布需求；公司制定交易时间窗口；客户间交易时按商品原有属性交易(如固定容量按固定容量交易)；公司收取客户间交易额的 5%，或者 100 欧元。

5.6　储气库调峰类型

储气库调峰类型按变动率分为快速、中级和季节性三类，按储气库天然气连接市场的数量分为单市场和多市场两类。

5.6.1　快速多市场储气库

以 Etzel ESE 为例，该储气库产品信息如图 5.6.1 所示，该储气库与 NCG、Gaspool 和 TTF 市场相连，气质为高热值天然气，变动率 4.1，无特定注采曲线如图 5.6.2 所示。

储气库产品信息	
市场	NCG/Gaspool/(TTF)
气质	H-Gas
运营商	Uniper Energy Storage GmbH
管网运营商	Open Grid Europe GmbH Jordgas Transport GmbH Gasunie Deutschland (Gas Transport Services)
合同周期	1~2年
绑定	
工作气量(GW·h)	10
注气(MW·h/h)	7
采气(MW·h/h)	14
变动率	4.1(60天 注入/30天 采出)
储气曲线	固定储气容量,无曲线
再 指派	当日,2h前

图 5.6.1 储气库信息

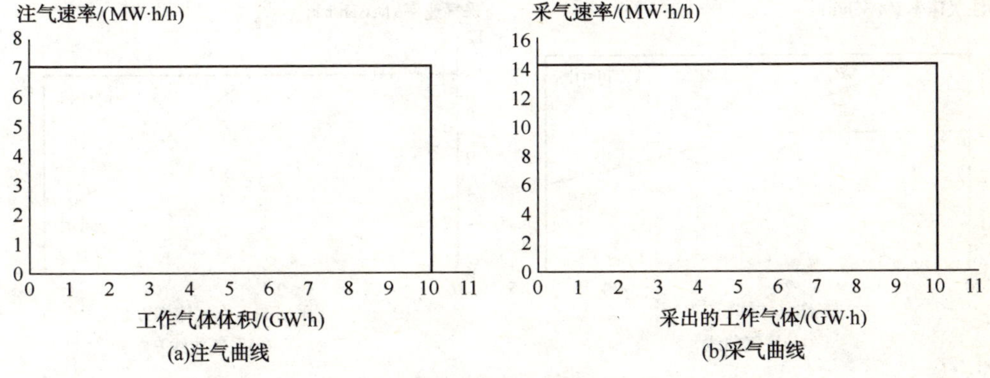

图 5.6.2 注采曲线

5.6.2 快速单市场储气库

以 Rönne 为例，该储气库产品信息如图 5.6.3 所示，该储气库与 Gaspool 市场相连，气质为高热值天然气，变动率 3.65，特定注采曲线如图 5.6.4 所示。储气库连接到配气管网 SW Kiel，储气库运营商同配气运营商签订了管输容量订购合同，客户无需与管网运营商再次签订管输容量合同。

Epe-L 储气库也是快速单市场储气库，该储气库产品信息如图 5.6.5 所示，该储气库与 NCG 市场相连，气质为高热值天然气，变动率 4.2，特定注采曲线如图 5.6.6 所示。

5.6.3 季节多市场储气库

以 7Field 为例，该储气库产品信息如图 5.6.7 所示，该储气库与 NCG 和 CEGH 市场相连，气质为高热值天然气，变动率 1.24，特定注采曲线如图 5.6.8 所示。

储气库产品信息		
市场	Gaspool	
气质	H-Gas	
运营商	SW Kiel AG	
管网运营商	SW Kiel Netz GmbH(DSO)	
合同周期	1年	
	绑定	总量 (60)
工作气量(GW·h)	4.66	279.60
注气(MW·h/h)	3.01固定 1.66可中断	180.60固定 99.60可中断
采气(MW·h/h)	10.08	604.80
变动率	3.65(73天 注入/27天 采出)	
储气曲线	特定的曲线	
再指派	当天,2h前	

图 5.6.3　Rönne 储气库信息

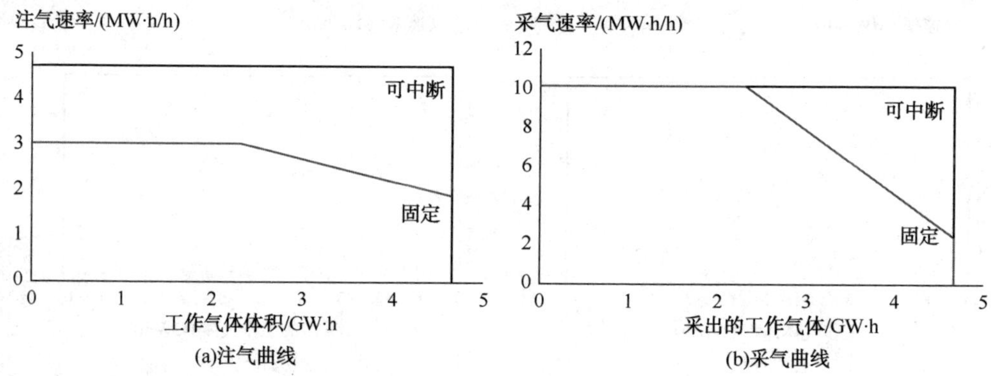

(a)注气曲线　(b)采气曲线

图 5.6.4　Rönne 储气库注采曲线

储气库产品信息		
市场	NCG	
气质	H-Gas	
运营商	SW Kiel AG	
管网运营商	Speicher Epe L	
合同周期		
	绑定固定	绑定可中断
工作气量(GW·h)	2.97	0.33
注气(MW·h/h)	1.68	0.56
采气(MW·h/h)	10.00	1.48
变动率	4.20(70天 注入/17天 采出)	
储气曲线	曲线	
再指派	当天,2h前	

图 5.6.5　Epe-L 储气库信息

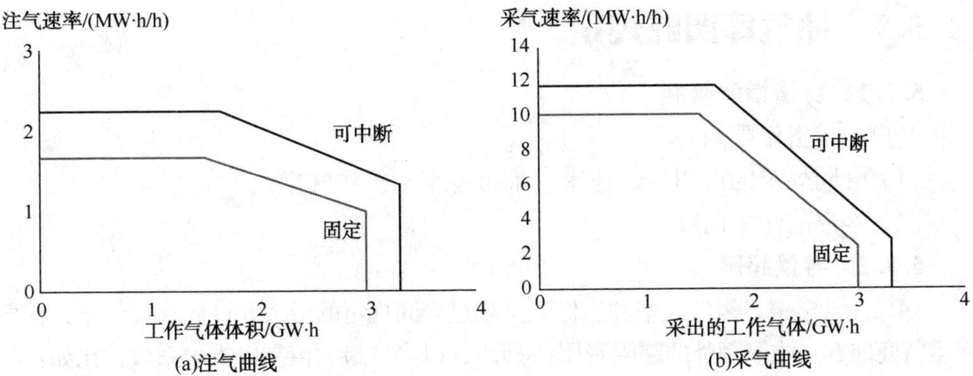

图 5.6.6　Epe-L 储气库注采曲线

储气库产品信息	
市场	NCG/CEGH
气质	H-Gas
运营商	Uniper Energy Storage GmbH
管网运营商	Zagling Uberackem GmbH Haiming2 7F Haiming 2 7F/bn
合同周期	2年
	绑定
工作气量(GW·h)	20
注气(MW·h/h)	5.56
采气(MW·h/h)	10
变动率	1.24(189天 注入/105天 采出)
储气曲线	曲线
再 指派	当日,2h前

图 5.6.7　7Field 储气库信息

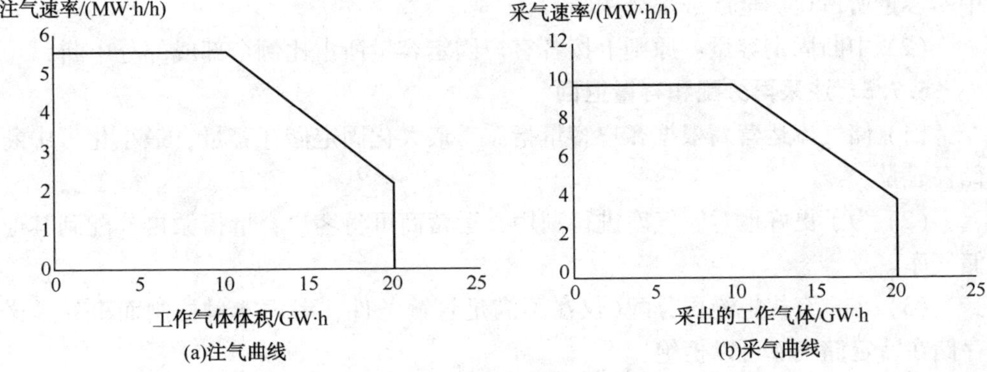

图 5.6.8　7Field 储气库注采曲线

5.7 储气库调峰规定

5.7.1 容量指派限制

客户容量指派限制：

(1) 合同规定的可用注入速率、采出速率和工作气量。

(2) 客户的注采曲线。

5.7.2 容量超限

如果注气速率、采气速率和工作气量超过合同规定的最大允许储存容量时，储气库运营商向客户收取额外的超限费用(每天)，以当日最大值乘以支付系数，比如：

(1) 客户工作气量不足时，以参考价格的1.1倍购买。

(2) 未用工作气量，营运商以参考价格的0.9倍购买。

5.7.3 储存容量的使用

(1) 客户连续9个月不使用或最低量使用签订的储气容量，运营商将要求客户出售储气容量给第三方，防止不合理的容量囤积。

(2) 客户在一个月内完成容量出售，否则会强制退订该部分储气容量。

5.7.4 中断和限制客户储存容量

在冬季采气期和夏季储气期经常出现需求量大于供给量的情况，储气库运营商将中断或限制客户储气容量，管输商中断或限制客户容量时遵循以下原则：

(1) 注采速率：满足容量指派(Nomination)中的最大值。

(2) 工作气量：实际可用工作气量低于合同工作气量。

(3) 中断和限制客户储气容量累计超过336h(14d)/a，减免储存费用。

中断和限制步骤为两步，首先中断可中断容量，然后再中断固定容量。

(1) 中断可中断容量：按合同时间顺序(客户收据)，首先中断排序最后的客户容量，直至满足当前可用储气容量要求，当多个合同时间相同时，按各客户可中断容量所占比例全部或部分中断。

(2) 中断固定容量：原则上按各客户固定容量所占比例全部或部分中断。

5.7.5 注采再分配和容量退回

(1) 储气库运营商根据客户容量指派，最大化固定储存容量，最小化可中断储存容量。

(2) 为了更好地对储气库进行利用，运营商可将客户容量指派再分配到其他储气库。

(3) 客户有权拒绝再分配(仅在不满足管输条件，考虑能量控制而事先承诺存储在特定储气库可以拒绝)。

(4) 客户可随时退订储存容量。

(5) 运营商再次向第三方销售退订的储存容量。

（6）优先销售市场已有的可用储气容量，然后在销售退订的储存容量。

（7）客户可在二级市场交易储存容量。

5.7.6 采出工作气量限制

（1）需求系数

对于盐岩储气库，当客户工作气量在某值之上时，储气库运营商限制每周或每月的最大采出气量。周最大工作气量乘以“需求系数”得到本周实际可采工作气量，需求系数是每周允许采出的气量与签订的固定采出容量得到的每周最大采出气量的比值。比如客户签订的最大固定采出速率为500MW·h/h，一周可能的采出气量为84GW·h，当需求系数取0.7，每周允许采出气量为58.8GW·h。部分储气库的需求系数如表5.7.1所示。

表5.7.1 储气库需求系数

绑定容量类型	储 气 库	需 求 系 数
A	Epe L-Gas	0.3
B	Epe H-Gas	0.7
C	Kraak	0.3

（2）盐岩储气库溶腔蠕变

盐岩储气库的最大工作气量会随时间变化，一般采用数学模型模拟和盐穴实际调研数据确定每年盐岩储气期的工作气量。比如，每年4月1日6：00修改最大工作气量值，减少的工作气量依次从可中断非绑定工作气量（按比例）、可中断绑定工作气量、固定非绑定工作气量和固定绑定工作气量中扣除。图5.7.1显示了Epe L-Gas储气库的工作气量曲线和下降比例。

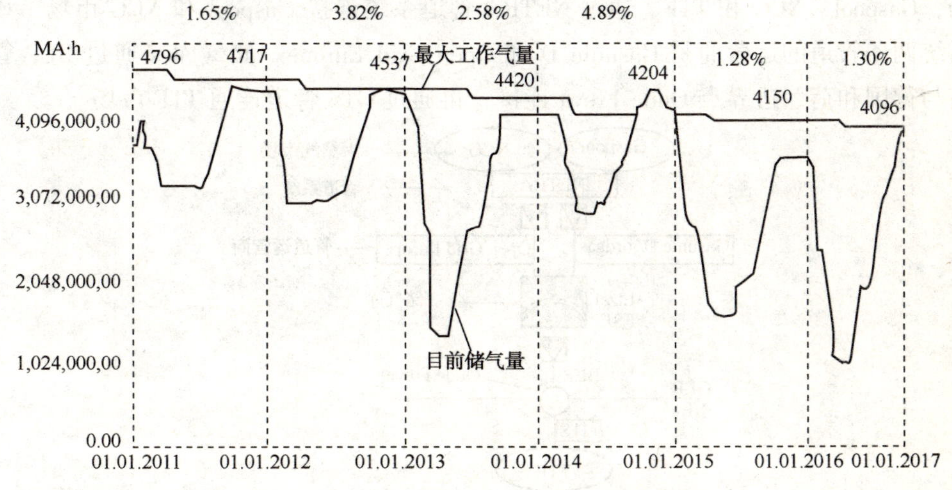

图5.7.1 盐岩储气库工作气量变化曲线

5.8 储气库-管道天然气输送

5.8.1 储气库-管道天然气输送结构

储气库-管道天然气输送结构，包括储气库市场准入、储气库与输气管道连接点、管网运营商、天然气市场区域、管网运营商天然气气质的要求和合作协议等内容。

储气库市场准入要求每个储气库至少准入一个虚拟交易点 VTP，比如 NCG 和 Gaspool(德国)，TTF(荷兰)，CEGH(奥地利)等，表 5.8.1 列举部分储气库和准入的市场。

表 5.8.1 储气库和市场准入

储气库类型 A	市场	储气库类型 B	市场	储气库类型 C	市场	储气库类型 D	市场	储气库类型 E	市场
Epe L-Gas	NCG	Epe H-Gas	NCG	Erzel EGL	NCG	Bierwang	NCG	7Fields E	NCG/CEGH
Krummhorn	NCG	Eschenfelden	NCG	Erzel ESE	NCG/Gaspool/TTF	7Fields D	NCG/CEGH	7Fields XLT	NCG/CEGH
Nuttermoor	TTF	Hahnlein	NCG	Kraak	Gaspool			Breitbrunn	NCG
Ronne	Gaspool			Stockstadt	NCG				

储气库-管道天然气输送结构中还包括储气库与输气管道连接点、管网运营商、天然气市场区域和满足输送点处管网运营商天然气气质的要求等。Etzel ESE 储气库与管道的天然气输送结构如图 5.8.1 所示。Etzel ESE 储气库准入三个市场，Gaspool、NCG 和 TTF。通过 NETRA 管道系统连接 Gaspool 和 NCG 市场，该系统两条管道的运营商是 Gasunie D 和 Open Grid Europe。储气库又通过 BEP 管道与德国和荷兰边界点 Oude Freya 连接，再通过 GTS 管道连通 TTF 市场。

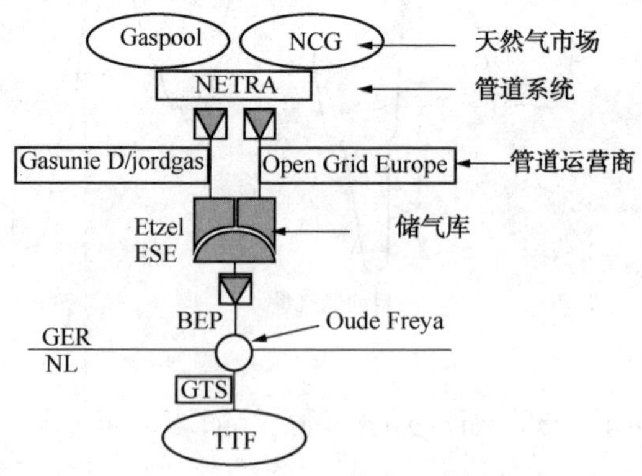

图 5.8.1 储气库-管道天然气输送结构

德国联邦管网机构(Federal Network Agency)的BK9-14/608(BEATE)文件要求，储气库运营商需与国内或邻国的管网运营商签订合作协议。

(1) 储气库运营商与客户订立合同，客户与相关管网运营商订购输送容量，储气库运营商不自动提供气体管输服务(注入点和采出点)。

(2) 若客户需求，运营商可免费提供订购相应管输容量的服务(订购平台Transport Trading Platform“PRISMA European Capacity Portal”)。

(3) 储气库运营商为客户持有工作气量子账户(折扣和非折扣)。

(4) 部分管网运营商在输气点为储气库提供折扣或非折扣管输容量，比如，7Fields(德国NCG、奥地利东部市场)，Etzel ESE(NCG、Gaspool和TTE)。

(5) 储气库运营商向客户收取费用，并支付给管网运营商。

(6) 储气库运营商接受客户退订储存容量，相应的管输容量以较低价格在二级市场销售。

5.8.2 管输容量指派

(1) 指派流程

管输容量指与储气容量指派类似，根据GasNZV 2010-11(1)的规定，管网运营商提供固定和可中断管输容量服务，客户签订订购合同，实现天然气管网的使用。日管输容量指派流程如图5.8.2所示，与储存容量指派操作类似。

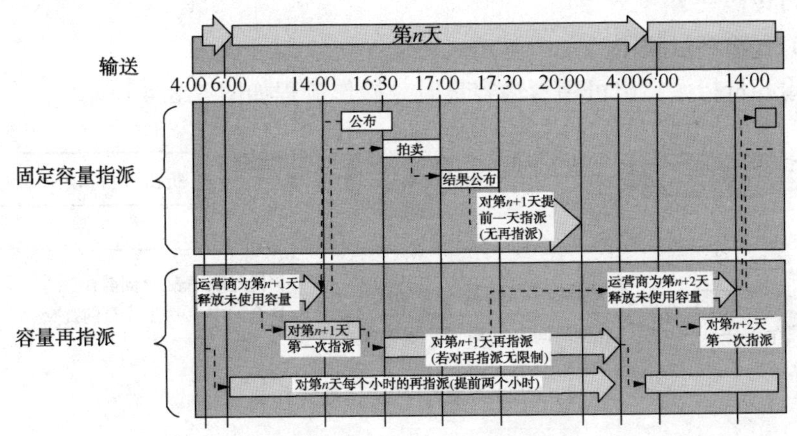

图5.8.2 管输容量指派流程图

(2) 管输容量账户和原则

储气库运营为客户分别建立国内市场针对不同管网运营商的折扣账户和非折扣账户，以及国外市场的账户。市场参与者、储气库、国内外市场和账户的关系如图5.8.3所示。

管输容量账户使用原则：

① 非折扣账户操作非折扣管输容量。

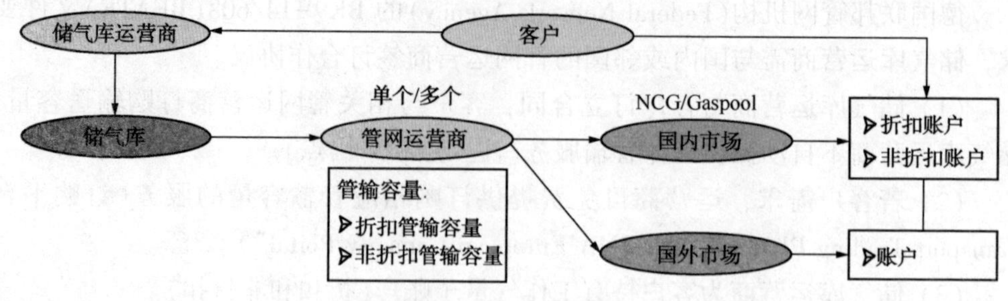

图 5.8.3　管输容量账户

② 折扣账户可操作折扣和非折扣管输容量。

③ 允许同类账户间容量交易(多市场，连接单市场的多个管网营运商)。

④ 账户使用受到客户可用工作气量限制，各账户累计量不超过储气库可用工作气量。

⑤ 储气库输气点(输入/输出)小时气量和不大于注采曲线决定的小时注入和采出气量。

5.8.3　管输容量平衡

管输容量平衡是客户可用的管输容量不满足操作需求时的操作方式，包括管输容量超限、国内市场管输容量平衡(也称为账户间转移容量)和国外市场天然气账户间转移。

(1) 管输容量超限

管输容量指派超出可用管输容量时，操作流程如图 5.8.4 所示。

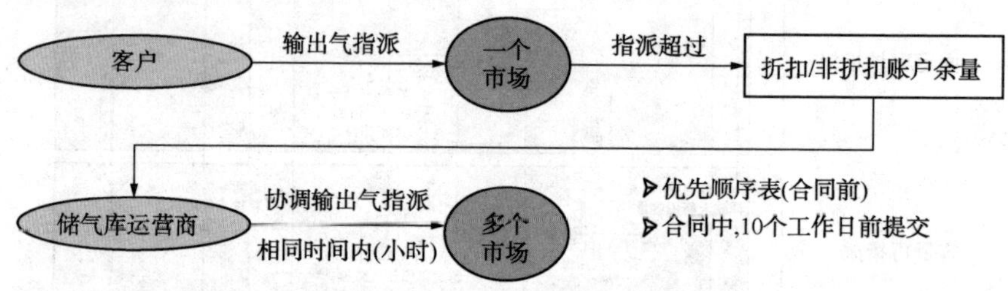

图 5.8.4　管输容量超限操作流程

① 容量指派超过一个市场中的账户余额。

② 合同签订前，制定多市场输气优先顺序表。

③ 合同执行过程中，可在 10 个工作日前提交修改的输气优先顺序表。

④ 依据优先顺序表，协调多个市场的容量指派。

(2) 国内市场管输容量平衡

国内市场管输容量的市场管理者和管网运营商，使用平衡组和一般平衡组管理同一个市场的管输容量的平衡。一般平衡组持有折扣和非折扣管输容量，并对应储气客户的折扣账户，平衡组持有非折扣管输容量，对应储气客户的非折扣账户，管输平衡如图 5.8.5 所示。

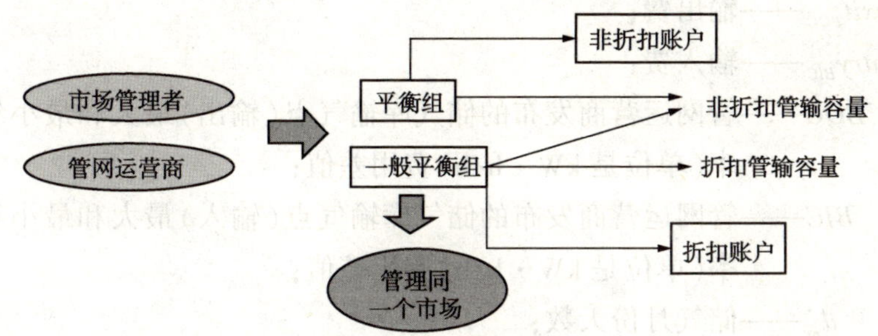

图 5.8.5　国内市场管输容量平衡

储气客户使用管输容量时，可在不同账户间转移容量，达到平衡使用管输容量的目的，主要原则如下：

① 相同市场同类账户转移不收费，不同市场间天然气转移收费。

② 同一个储气库在不同市场的输送（输入一个市场，输出到另一个市场），需要两个账户间的转移。

③ 客户只能在同类账户转移不同市场的天然气（比如市场 A 的折扣账户转移到市场 B 的折扣账户）。

④ 若客户在一个市场有超过 1 个账户（折扣或非折扣，储气库输气点有超过 1 个管网运营商），需确定采用账户名称。

（3）国外市场天然气账户间转移

除利用国内市场天然气转移方式外，当管输容量不平衡时，可使用国外天然气账户转移，原则如下：

① 国外市场天然气账户可转移到国内市场非折扣账户转移。

② 国内市场折扣/非折扣账户可转移到国外天然气账户。

③ 从国内市场折扣账户转至国外市场的天然气，不允许转回国内市场折扣/非折扣账户。

④ 国外市场天然气账户转移收费。

（4）转移收费

储气库运营商根据客户要求在每个输出气点/输入气点分配了每月的小时气量，当发生转移时，不同市场的账户转移收费，按输气日最大小时输气速率收费：

$$SPexit_{BOC} = \frac{BOC}{d_y} \times \sum_{i=1}^{d_m} \max_{1 \leq j \leq 24} x_{ij} \times 1.4 \tag{5-3}$$

$$SPentry_{BIC} = \frac{BOC}{d_y} \times \sum_{i=1}^{d_m} \max_{1 \leq j \leq 24} y_{ij} \times 1.4 \tag{5-4}$$

式中 $SPexit_{BOC}$——输出费；

$SPentry_{BIC}$——输入费；

BOC——管网运营商发布的储气库输气点(输出)最大和最小年调出速率(单位是kW · h/h)费用差值；

BIC——管网运营商发布的储气库输气点(输入)最大和最小年调入速率(单位是kW · h/h)费用差值；

d_m——储气月份天数；

d_y——年天数；

x_{ij}——第 i 天第 j 小时调出(单位是kW · h/h)；

y_{ij}——第 i 天第 j 小时调入(单位是kW · h/h)。

5.9 欧洲其他国家储气库运营管理

(1) 俄罗斯

苏联解体后，俄罗斯储气库全部由俄罗斯天然气工业股份公司(Gazprom，简称“俄气”)负责管理，根据地理区域设立若干个天然气管输子公司，地下储气库原则上附属相应的天然气管输子公司。

俄气天然气经济研究所对储气收费标准等地下储气库经济指标进行了多次研究试验，试验结果证实，地下储气库总体处于亏损状态，其主要原因是管理上缺少透明度。2007 年 3 月 19 日，为了优化公司内部管理结构，将旗下全部地下储气库项目进行整合，从天然气管输企业和天然气开采企业中剥离出来，成为俄气的独立子公司——俄气天然气地下储存公司，负责俄罗斯地下储气库的运营管理。通过结构重组，完全解决了天然气和液态烃在开采、管输、加工、地下储存和销售等环节的资金流分配工作。对储气费用的单独核算，为有效地引入地下储气库服务合理费率提供了条件。储气服务费用按照地下储气库天然气储存费和注/采气费收取，注气费和采气费是指地下储气库在注气和采气过程中的开支，地下储气库天然气储存费是单位储气费与储气库的工作气量的乘积。

(2) 荷兰

少部分欧洲国家的储气业务没有从上游气田业务中独立出来，其成本纳入了整个气田的经营成本，储气库只是发挥在淡季储气以解决气田生产过剩问题、在旺季采气以满足市场需求的作用，如荷兰格罗宁根气田就与储气库、周边小气田组成了调峰系统，如图 5. 9. 1 所示。

(3) 克罗地亚

克罗地亚的地下储气库商业追溯到 80 年代末期。PSP 公司(Podzemno skladiste plina d. o. o)作为克罗地亚储气系统的运营商，其储气设备 okoli 在全国范围内运营(图 5.9.2)，1998 年 4 月进行首次注气循环，之后对设备进行了数次升级。2009 年 1 月被 Plinacro 公司收购，与 Prirodni Plin 签订了五年合约，于 2014 年 3 月 31 日解除。

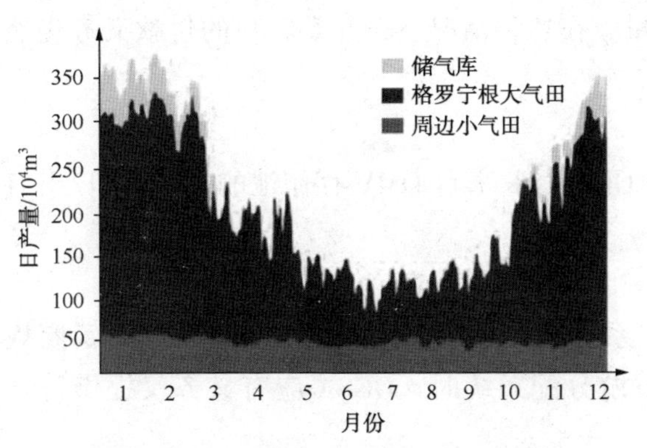

图 5.9.1 荷兰 2013 年格罗宁根大气田与周边小气田和储气库联动示意图

图 5.9.2 PSP 公司储气运营管理范围

PSP 公司遵循的储气法规如图 5.9.3 所示。

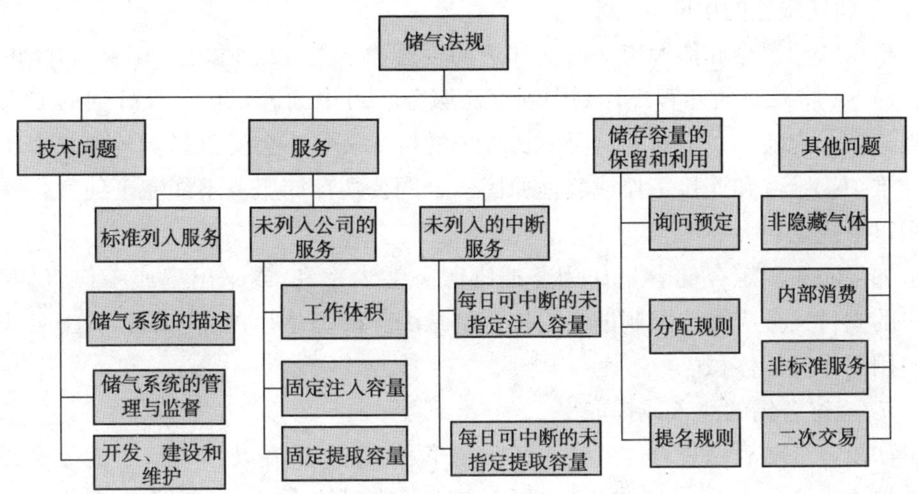

图 5.9.3 PSP 公司储气法规

(4) 奥地利

奥地利 GAS CONNECT AUSTRIA 公司(曾又名 OMV Gas GmbH)是奥地利及

欧洲的一个重要天然气供应商，其储气库运营管理原则如下：

① 注入和提取数量

客户不得在其储气合同范围内提取超过客户注入和/或从其他客户处转移的天然气。

② 储气体积

OGSA 可以在长期基础上确保可用的存储量，如果在服务期超过一年的合同中，客户至少每隔一年注入完全合同的工作气体量。否则，OGSA 有权减少不符合上述规定的客户的合同工作气体量。在这种情况下，此类客户的付款义务仍然有效。

③ 交货-接管量

入口/出口量(传送/接管量)是 OGSA 到/来自 OMV 存储池的实际入口/出口量的总和。

④ 质量

在将气体注入 OMV 储气库前，系统用户必须仅注入符合相关系统运营商规格的气体。从 OMV 储气库采出到下游分配系统时，OGSA 应有义务仅提供符合相关分配系统运营商规格的气体。

⑤ 气流计量

在输送/接管点处注入或排出的气体量使用校准的涡轮流量计或超声波流量计来计量。

⑥ 储气服务的中断/限制

根据欧洲议会和能源市场诚信和透明度理事会第 1227/2011(REMIT)条的规定，OGSA 将及时通知客户计划中断存储服务。可中断容量可以在任何时候无理由被 OGSA 中断，在中断的情况下，客户的付款义务不会受到影响。如果由于计划外维护、维修和连接工作或其他原因，合同公司存储服务不能完全使用，则应适用以下规定：

如果购买固定存储容量作为非捆绑服务注入率和/或采出率或工作气体量，客户的支付义务应在该限制期限内按比例减少，前提是存在客户的相应提名或不能使用工作气体体积。

⑦ 超过合约的注入或提取率

如果客户随后超过合约的注入或采出率，OGSA 应在技术可行的情况下提供指定的注入或采出率。在这种情况下，最大每小时注入或采出率与最大合同小时数量之间的差额将被额外开具发票。

如果超过合同注入率的限制，则额外的传输费用由客户承担。

如果客户希望自动减少到合同允许的数量，客户必须事先向 OGSA 发送书面通知。

⑧ 未采出的工作气体量

客户必须及时提取天然气存储量，以确保在服务期结束时存储量为零。

如果客户在储存合同之前或储存合同结束时签订了另一个具有后续期限的储存合同，在二级市场获得相应的工作气体体积，则在原储存合同期满后，剩余的工作气体量(如果有)将被视为客户根据新的储存合同存储的工作气体量。

⑨ 存储费用

所有关税和金额均以欧元报价，不包括进出 OMV 储气库的运费，不含增值税。能源成本包括在关税中。

⑩ 防止容量囤积的措施

为了保证 OMV 储气库中存储容量最佳利用并防止和/或补救容量滞留，OGSA 在短期的基础上向第三方提供未使用的容量。存储容量的原始持有人保留各自存储合同产生的所有权利和义务。因此，本条对储存能力原始持有人的权利没有影响。该公司储气容量计算模型如图 5. 9. 4 所示。

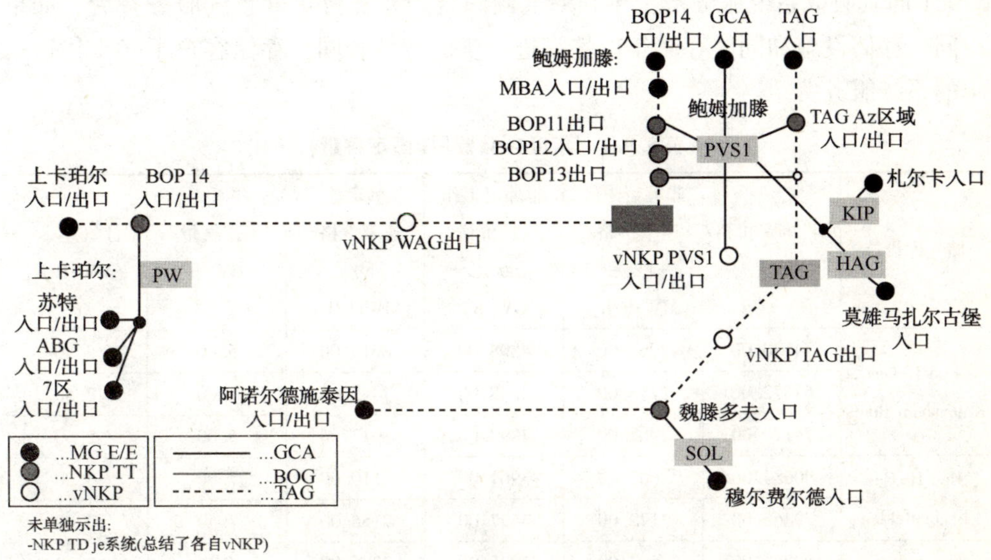

图 5. 9. 4　储气容量计算模型

(5) 德国

Uniper Energy Storage 是一家位于北莱茵-威斯特法伦州杜塞尔多夫的德国能源公司，于 2016 年 1 月 1 日开始运营。作为德国的一个天然气储气系统运营商，其储气系统运营管理的一般条款和条件大致如下：

① 注册、许可、储气使用门户/客户门户

UniperEnergy Storage 在其存储门户上发布其存储设施的可用容量。任何人都可以在存储门户上查看与存储合同相关的所有信息或发送请求，而无需注册。使用客户门户“myUST”参与拍卖(投标)和短期存储容量交易都需要许可。许可只适用于代表公司登记在公司登记册或类似的外国登记处的公司的自然人。获得许可分为两步：第一步(注册)，必须提交有关人员和公司的主数据以及联系地址。Uniper Energy Storage 会向此地址发送一封电子邮件，其中包含一个链接，以确认注册并创建个人密码。注册完成后，会自动创建自然人的个人资料，自然人行事的公司也如此注册；第二步(个人许可申请)，注册必须由注册自然人和注册公司以书面形式确认。

② 协商合同

Uniper Energy Storage 的存储容量通常会提前几年在 Uniper Energy Storage 的存储门户上发布。Uniper Energy Storage 和客户之间的这些空闲存储容量的存储合同通常遵循双边协商原则。

③ 系统服务费

对于已经签订了至少一个存储合同的客户，Uniper Energy Storage 根据表 5.9.1 向其收取系统服务费，年利率金额固定。在支付年度系统服务费后，如果在同一存储设施和同一存储年份签订进一步的存储合同，存储客户不必支付进一步的系统服务费。

表 5.9.1　年度存储费用(固定容量)

储气库设施	每份绑定价格/欧元	非绑定采气速率价格/[欧元/(MW·h/h)]	非绑定工作气量价格/[欧元/GW·h]	非绑定注气速率价格/[欧元/(MW·h/h)]	工作气量/GW·h	注气速率/(MW·h/h)
Epe L-Gas Krummhorn Ronne	74170.00	2967.00	4898.00	8013.00	5.00	2.50
	67872.00	2755.00	4548.00	7441.00	5.00	2.50
	74170.00	2967.00	4898.00	8013.00	5.00	2.50
Epe H-Gas Eschenfelden	90684.00	3603.00	3961.00	8110.00	7.50	3.00
	79468.00	3179.00	3497.00	7156.00	7.50	3.00
Etzel EGL Etzel ESE Kraak	90064.00	3603.00	2975.00	7295.00	10.00	3.33
	82685.00	3308.00	2728.00	6704.00	10.00	3.33
	90064.00	3603.00	2975.00	7295.00	10.00	3.33
Bierwang 7Fields D	100660.00	4026.00	2217.00	5982.00	15.00	4.55
	100660.00	4026.00	2217.00	5982.00	15.00	4.55
Breitbrunn 7Fields E	127149.00	5086.00	2095.00	6178.00	20.00	5.56
	127149.00	5086.00	2095.00	6178.00	20.00	5.56

④ 天然气的接收和返回

Uniper Energy Storage 的每个存储设施都分配有至少一个用于要注入或采出的天然气的接收和返回点。

⑤ 天然气质量

天然气的质量必须满足特定运营商接收和返回点的要求。

⑥ 税费

存储客户应承担当时利率的周转税以及可能的能源税。

⑦ 不可抗力

不可抗力为受影响方无法控制的事件，例如自然灾害、恐怖袭击、电源故障、电信连接故障、罢工、停工、法院、当局或政府的紧急措施等。受不可抗力影响的一方无法或不能合理预期履行义务的一方必须立即通知另一方，并告知确切的原因和预期的持续时间。受不可抗力影响的一方或不能合理预期履行义务的一方必须采取一切合理步骤恢复本合同的正常履行。

⑧ 拒绝履行和终止的权利

Uniper Energy Storage 不应承担储存合同以外服务的义务，只要储存客户所要求的信用度不存在，则可立即减少或停止储存。当一方对其资产的破产程序申请，制定临时保护措施或制定破产程序时，应立即通知另一方。

⑨ 二级营销，权利和义务转移

客户可以将获取的存储容量传送到第三方以供后者使用。在转移使用的情况下，客户仍然是 Uniper Energy Storage 的合同合作伙伴，仍然有义务履行存储合同中产生的所有职责，特别是支付商定的存储费用和提取气体数量。各方可以在另一方书面同意的情况下将合同全部或部分转让给第三方。如果收购方为履行合同义务提供了可靠的保证，则不得拒绝此类要求。代替客户而接受合同的收购方在任何情况下都必须证明其信誉。

(6) 比利时

Fluxys 公司是比利时天然气储运系统运营商，其基础设施包括大约 3700km 的管道和在比利时泽布鲁日的码头，该公司在欧洲市场上市。Fluxys 公司 Loenhout 储存设施是高热值天然气的蓄水层储存，主要提供季节性仓储，使用灵活。位于含水储层的圆顶盖岩石，既不透气也不透水，天然气会自然地存在里面。当天然气注入储存设施(通常从 4～11 月)天然气以其压力使地下水位下降，当气体被抽走(通常从 11 月～次年 3 月)水压又会推动气体恢复原状。其原理如图 5.9.5 所示。

由 Fluxys Beigium 设计的存储模型提供了一个易于使用的存储服务，它由这些元素组成：存储用户、存储系统、管网系统、安装点、注射、存储用户帐户中

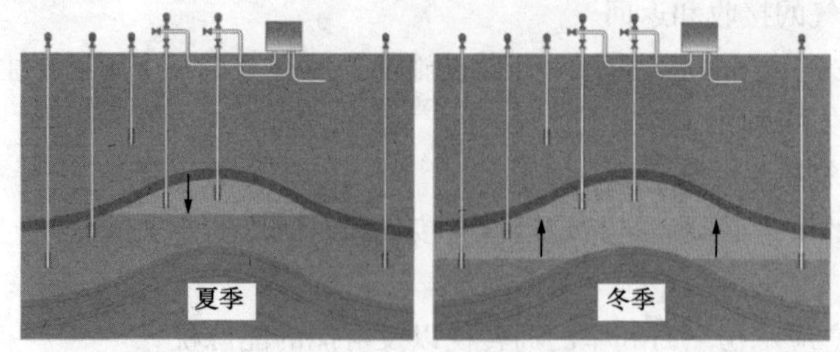

图 5.9.5 Loenhout 储存设施原理图

的气体、提取、商品转移点(CTP)。

Fluxys 所提供的服务有：

① 最大容量供应

考虑到存储安装的系统完整性，Fluxys Belgium 提供最大注入、注入和采出量。扩展工程竣工后的最大容量如表 5.9.2 所示。

表 5.9.2 最大容量供应表

	最大容量供应		最大容量供应
存储量	$680\times10^6 m^3(n)^3$	采出	$625000m^3(n)/h$
注入	$325000m^3(n)/h$		

最大供应量可由存储运营商减少，以防地下问题或预订服务仍低于最大供应量。存储用户可以订阅存储服务(由存储运营商提供)。长期条款从 2 到 10 年不等；年度条款为期一年；短期条款小于一年。

② 标准基本服务

可提供注入，存储量和采出服务。一个标准组成(所有服务条款相同)如表 5.9.3 所示。

表 5.9.3 SBU 标准组成

项目	注入/(m^3/h)	存储量/MW·h	采出/(m^3/h)
固定	0.85294	2.507924	1.70588
条件性	0.25588	2.04160	0.42647

③ 分类服务

除了标准服务，Fluxys Belgium 还依据与欧洲法规 715/2009 15.2 规定提供分类服务。

④ 配套服务

Fluxys Belgium 也提供配套服务以满足客户的需求，包括：存储气体转移

(GIS-transfer)、存储气体超出界限(GIS-exceeding)、互补援助服务、数据接入、二手市场平台、数据发布等。

参 考 文 献

[1] 洪波，丛威，付定华，等．欧美储气库的运营管理及定价对我国的借鉴[J]．国际石油经济，2014，22(4)：23~29.

[2] 田静，魏欢，王影．中外地下储气库运营管理模式探讨[J]．国际石油经济，2015，23(12)：39~43.

[3] 李洁，肖远文．俄罗斯地下储气库运营情况及与我国现状的对比[J]．科技展望，2014，(13)：133.

6　欧洲储气库-管道系统调峰方法

6.1　欧洲储气库调峰原则

欧洲地下储气库调峰原理和中国基本一致，但管理方面和政策方面相差较大，欧美天然气市场成熟地区建库管理和运营销售模式的演变与其天然气产业发展阶段、市场环境及政策法规密切相关。建库管理一般有4种模式：

(1) 天然气供应商承建和管理。

(2) 城市燃气分销商建设和管理。

(3) 独立的第三方建设和管理。

(4) 多方合资建设。

运营销售常见的模式则有3种：

(1) 储气库与管道储气库捆绑，通过管输费回收投资成本。

(2) 由独立经营商经营(仓储式)，收取存储(中转)费。

(3) 完全市场化，类似期货买卖，低买高卖，赚取差价。

总体来看，国外储气库建库管理与运营销售模式采取何种方式与其本国天然气产业发展阶段相适应，一般在天然气业务发展初期，市场竞争程度不高的阶段，储气库由天然气供应商或者城市燃气分销商建设和管理，采取“捆绑销售型”进行运营；随着天然气业务进一步发展，天然气产业结构变化，管道与储气设施向第三方公平开放，相关政策法规出台与完善，储气库建设与管理者更加多元化，可以是第三方或者是多方合资等，其运营模式逐步形成以“独立仓储型”为主，“捆绑销售型”和“市场价差型”为辅的多元格局。

储气库业务发展到一定规模，与天然气生产、销售和管输等业务分离是必然趋势。现今欧美天然气市场成熟地区储气库管理和运营具有3个基本特点：

(1) 独立环节运营、市场调节运作。

(2) 专业团队服务、规范操作运营。

(3) 项目联合运营、区域统一调配。

将储气库作为一个独立项目运营，可有效贯彻储气库的经营理念，也便于同一市场区域的储气库划分为一个联合库群，在库群内部统一调配工作气量，同时可以实现跨库群的调配，最大限度地满足市场需要，达到效益最大化目的。储气库业务效益运营的良好环境：

（1）市场环境开放，有利于筹集资金、分散风险，又可以保障储气库建设项目赢利并保持良性发展，欧盟从 1998 年开始实施政府调控，要求放开对储气库的第三方市场准入，对管输系统运营商和配送系统运营商实施法定的或功能性的分类计价制度，管输、配送和液化天然气领域也规定了准入制度，市场环境良好。

（2）价格机制合理，欧盟和北美天然气市场成熟地区在确定储气费率时，通常按服务成本法或成本加成法制定，并建立反映供求关系、资源稀缺程度和合理投资运营成本的价格形成机制。合理的价格机制与盈利水平保证了储气库业务稳步发展。

（3）市场监管健全，欧美天然气市场成熟地区十分重视储气库市场监管，在大力推行天然气市场化和第三方准入的同时，也设置了相关机构加强对储气库环节的监管，如欧盟内部成立了独立监管机构（NRA），美国成立了联邦能源监管委员会（FERC），从储气库的服务定价、投资布局、市场准入等方面加强对储气库经营商经营行为的监管。健全的监管组织及其精细的规则，为稳定供应天然气创造良好的市场秩序。

（4）市场主体专业化，在欧洲，为了使欧洲能源市场符合欧洲共同体的单一市场理念，欧盟委员会制定了旨在加强欧洲能源市场竞争的立法。至此，国家垂直一体化公司要分拆，即能源供应链的竞争部分与传输的自然垄断脱钩。由此产生的商业环境比人们想象的更复杂。特别是管输系统的管理受到信息问题的影响，需要激励计划来适当分配责任。

为了保持系统运行，即维持系统完整性，平衡管网是至关重要的。因此，平衡系统的设计对于供应链的安全至关重要。欧洲管道调峰原则：

（1）管道调峰原则：公平，公开，非歧视，透明。

（2）物理平衡与商业平衡相结合，平衡网络至关重要。

在欧洲天然气平衡，存在着一种隐性的框架，框架由两个相互交织的部分组成（图 6.1.1）。管输系统物理平衡的第一部分侧重于技术系统完整性，而在第二部分中关于商业平衡，平衡系统的经济完整性是另一个问题，天然气平衡系统的适当设计，对其进行的任何进一步研究都是不可或缺的，平衡系统的设计具有技术和经济价值。

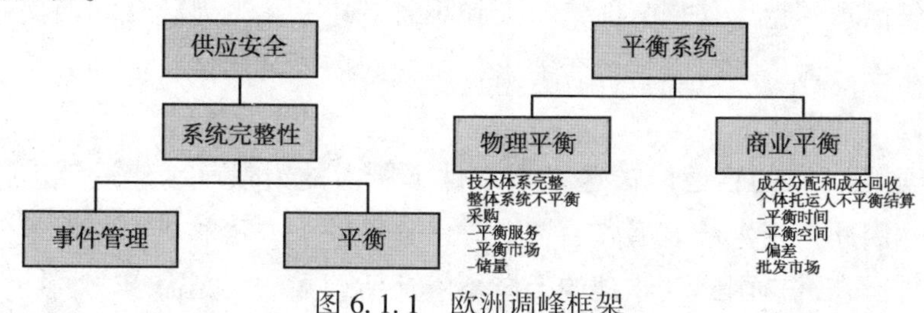

图 6.1.1　欧洲调峰框架

维持系统完整性需要平衡输送系统中的天然气流。在正常操作条件下，管输系统的平衡管理由 TSO(管输系统运营商)通过其“平衡系统”来执行。然而，如果系统由于诸如管道破裂的紧急情况下，则 TSO 将在运营商的正常商业操作之外执行“事故管理”。

平衡系统由两部分组成。物理平衡通过物理地覆盖总体系统不平衡来处理技术系统完整性。商业平衡涉及对平衡责任方的成本分配和成本回收，以及各自个体不平衡的程度，商业市场允许避免不平衡，从而避免结算。物理平衡与商业平衡两者控制能源管理。

平衡服务是平衡系统所需的功率通量的来源。存储是平衡服务的最重要来源。存储设施可根据其操作特性(工作气体体积、注入速率、采出率)进行区分：一方面是季节性储存，另一方面是调峰设备。由于速率取决于储存中的体积，调峰设备具有高的工作气体体积比采出速率，因此需要气体体积的一部分为缓冲气体，以确保储存器内部具有足够的压力水平，以能够进行采出。季节性储存通常具有大体积(工作气体和缓冲气体)。

物理平衡涉及管网系统的总体技术安全性。系统完整性要求天然气流入和流出系统保持平衡。为此，当持续不平衡发生时，能量必须被注入(正的)到系统中或从系统中退出(负的)。“不平衡”是指气体流入和气体流出系统之间的总体差异。由平衡服务的部署产生的平衡能量以 kW · h 表示。然而，物理上更正确的描述物理平衡的方法需要引入术语“功率通量”，定义为递送到系统或从系统取得的每单位时间的能量(W 或 kW)。平衡能量是在实际部署平衡功率通量的时间段上的物理平衡系统的累积算术和。

商业平衡涉及与物理平衡相关的成本。虽然 TSO(管输系统运营商)被分配了确保系统安全运行的任务，但是“平衡责任方”是需要平衡其各自组合。因此，物理平衡的成本应该分配给那些对系统不平衡有责任的平衡责任方(BRP)。

(3) 有进口天然气时，管道调峰与储气库调峰相结合

在法国，运营商面临着管输能力的配给问题：他们需要储存设施，以便弥补瞬时需求与其在管网上的预留能力之间存在的差距。

天然气需求的特点是季节性，每天和小时变化，无论天然气如何使用，其需求都难以预测。为了实时满足可变需求，供应商需要灵活性。他们有三个主要的解决方案以平衡需求。

① 建造足够大的管道以输送极端条件下所需的天然气。建设管道代表了巨大的投资。因此，当生产地远离消费者时，这种解决方案的成本与能量间竞争不相容。此外，在进口国，气体链的上游不够灵活，无法满足需求。

② 中断合同。当管网出现饱和风险时，可中断消费，在欧洲，用天然气发电的发展将带来新的可中断合同的机会，但这种解决方案很少是充分的，主要是对他人的补充。

③ 储存设施。运营商通过盐穴储气库、含水层储气库、枯竭油气田储气库等注入气体。当生产者远离消费者时，储存既增加了供应责任，又减少了投资。所以欧洲建立了大量储气库。

图 6.1.2 表示了在有地下储气库时，输送管网和储存设施的联合调峰方式。

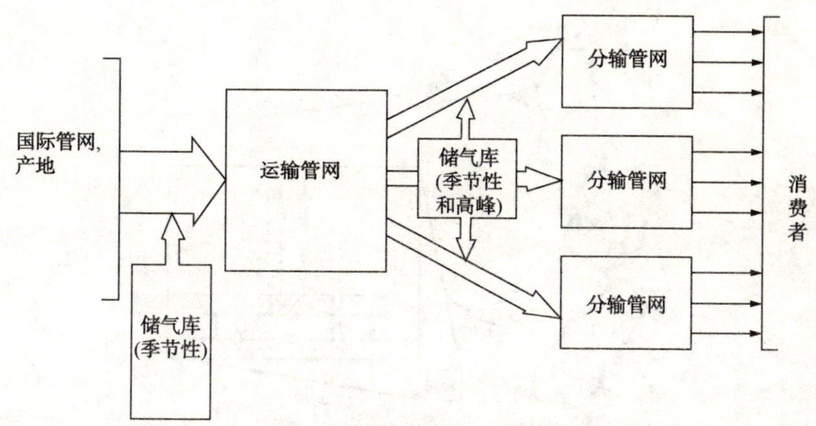

图 6.1.2　输送管网和储存设施的联合调峰示意图

储存设施(地下储气库)的储存量可以根据所在地区用气量的变化来建立，如图 6.1.3 所示。

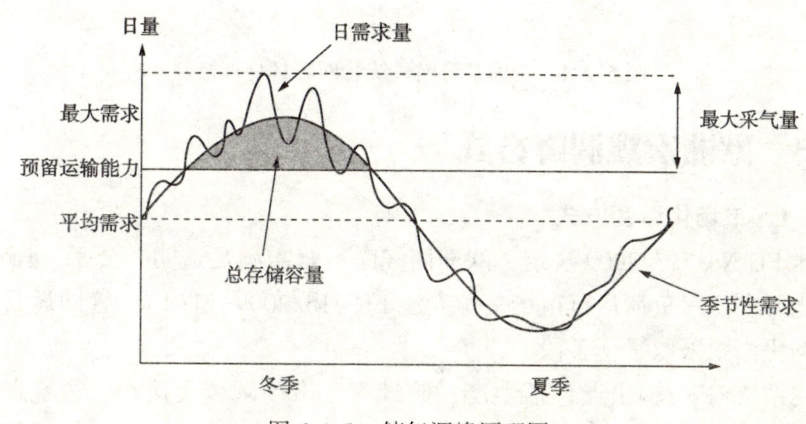

图 6.1.3　储气调峰原理图

6.2　管网容量评估方式

管网容量评估方法是综合数学建模、管网模拟和优化方法，确定储气库-

管道系统最优/可行的运行(调峰)方案的一种方式，欧洲管网容量评估方法-大系统优化理论研究正处于起步阶段，调研表明：截至 2015 年 11 月，德国研究机构建立了管网模拟模型和容量指派条件下的系统优化模型，采用 MINLP (Mixed Integer Nonlinear Programming) 初步实现大系统优化，管网系统如图 6.2.1 所示。

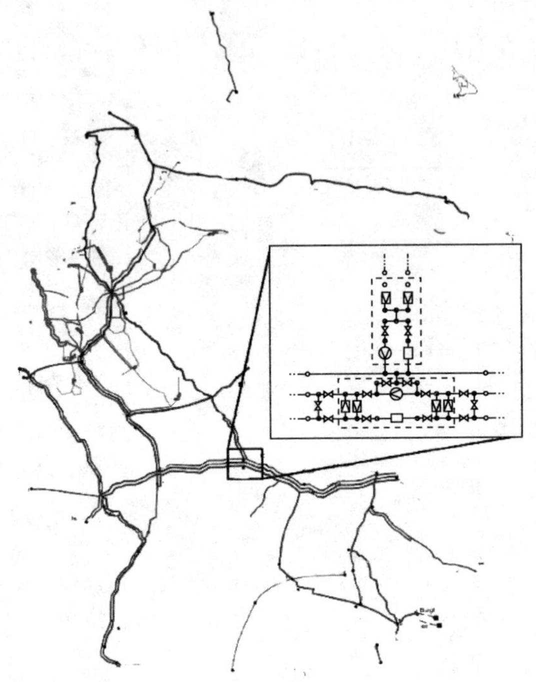

图 6.2.1　德国某管网系统管网容量物理模型

6.3　欧洲宏观调峰方式

6.3.1　市场化运营方式

法律 EC No. 715/2009 规定，欧洲储气库运营需满足透明、公平(非歧视性)和市场化要求。超负荷运行市场平衡方法 EC 715/2009-21(1)，管网运营商有权基于市场化原则采取平衡手段。

管网系统输入/输出点包括生产、储气库、市场区域交接点、边境点等，管网输入输出示意图如图 6.3.1 所示。当发生不平衡或拥塞时，可分别限制/中断输出点管输容量或限制/中断输出点管输容量。基于市场化运营方式实现欧洲储气库-管道系统平衡/调峰。

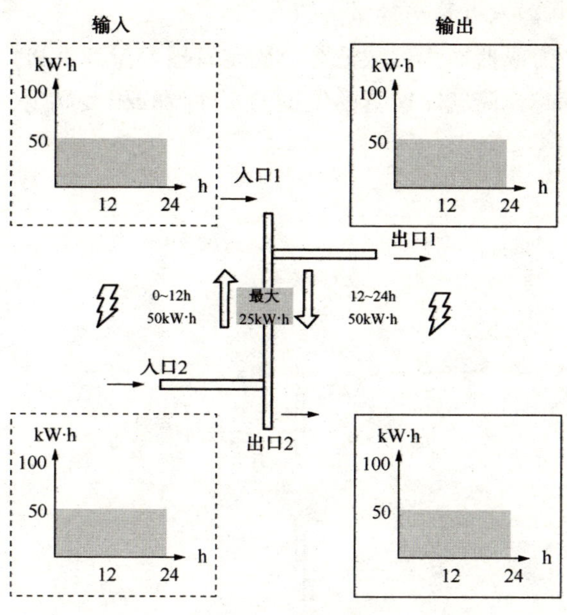

图 6.3.1　国内市场管输容量平衡

(1) 限制/中断输出点管输容量

系统发生不平衡或拥塞，可减低客户固定管输容量或者可中断管输容量，当时输出点为储气库时，储气库运营商依据储气库调峰相关规定，中断和限制客户储存容量，如图 6.3.2 所示。

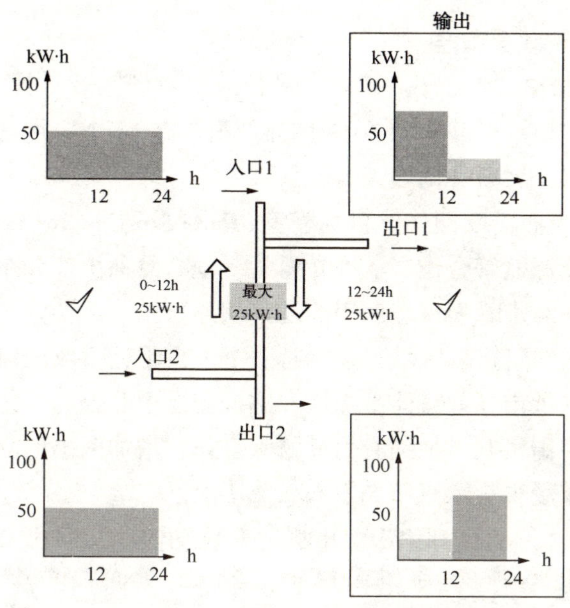

图 6.3.2　限制输出点管输容量

(2) 限制/中断输入点管输容量

系统发生不平衡或拥塞，可减低客户固定管输容量或者可中断管输容量，当时输入点为储气库时，储气库运营商依据储气库调峰相关规定，中断和限制客户储存容量，如图 6. 3. 3 所示。

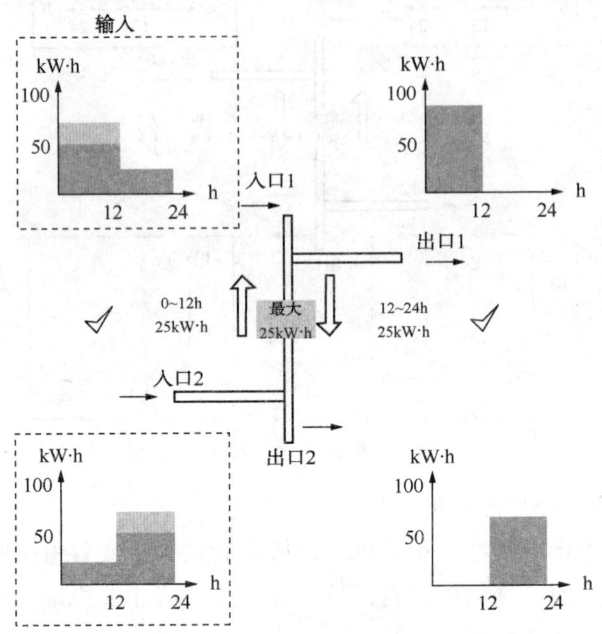

图 6. 3. 3 限制输入点管输容量

6. 3. 2 多区域联合调控

根据 En EG 2013-20(201b)规定，尽量减少市场区域、管网/子网和平衡区数量，合并天然气市场区域，如 2011 年前德国含有 19 个市场区域，目前仅 2 个市场区域，实现多区域联合调控。

欧盟 2014 年发布的欧洲气体目标模型(European Gas Target Model)，提出市场整合目标，由能源监管合作署 ACER 监管。现有欧洲中部和东南部天然气市场整合的比利时市场与卢森堡市场属于成功案例。

两个临近的天然气市场区域，至少有一个来自临近市场的输气入口，通过市场整合，使两个临近市场的气体平衡区和虚拟交易中心融为一体。融合后，需调整计量、分配和平衡机制，加强有力的监管合作，增加两国的立法行动和管网运营商的合作等，市场整合示意图如图 6. 3. 4 所示。

2015 年 10 月 1 日，欧洲第一次市场融合成功实施，通过 ILR 和 CREG 富有成效的合作，卢森堡 Creos 和比利时 Fluxys 整合了两国的高热值天然气市场 Belux。比利时 Fluxys 仍然负责低热值天然气区域，但此次整合并未对管网运营商进行合并，仍各自负责区域内的管网运行。合并前，包括 2 个进出市场模型，收取两市场的进出容量费用，分别的交易地点，2 套独立的气体平衡和运行规则。融合后，形成了统一的进出市场模型，1 个交易地点(ZTP)，相协调的气体平衡规则和统一的气体平衡合同，有利于气体平衡区运行(图 6.3.5)。Belux 是一个基于 BAL NC[Commission Regulation(EU) No 312/2014 of 26 March 2014 establishing a Network Code on Gas Balancing of Transmission Networks]的完全跨境合作区。

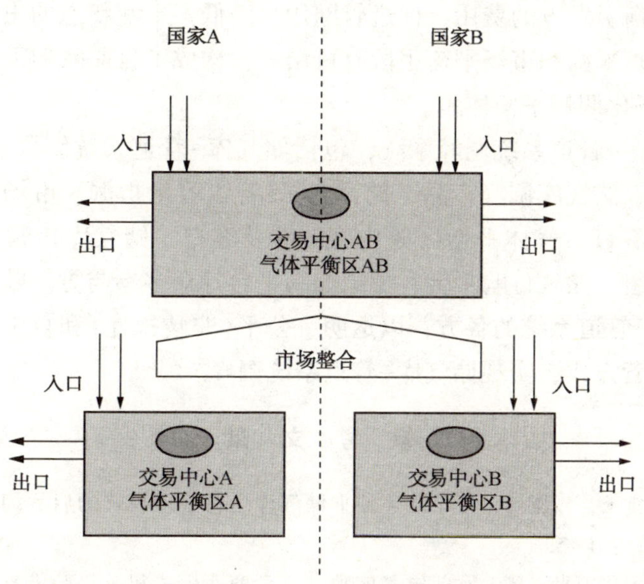

图 6.3.4　市场整合示意图

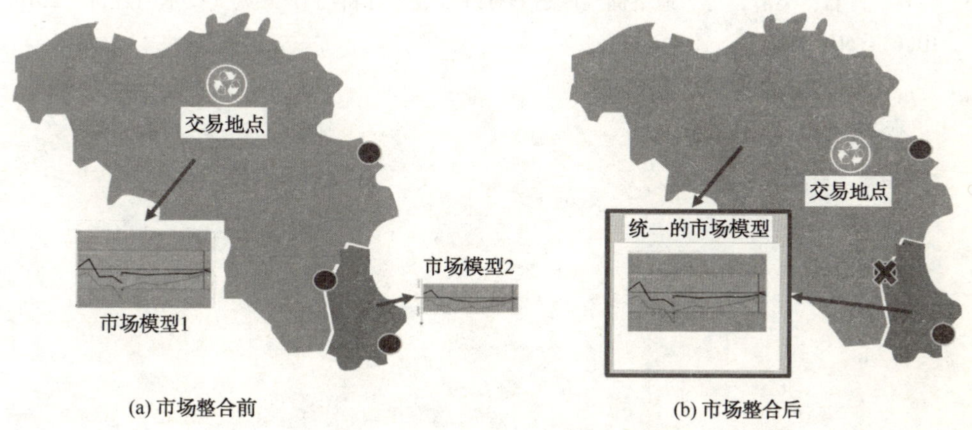

图 6.3.5　比利时与卢森堡市场整合

6.3.3 市场化调峰平衡体系

欧洲调峰框架包括两个方面，一是物理平衡方面，即整个管网系统的技术层面，保证系统平衡，使流入系统的天然气等于流出系统的天然气，当不平衡发生时，从系统输出或向系统注入气体，保证物理平衡，有三种平衡手段，储气库、管存和不平衡气量采购。调峰框架的另一个方面是商业(市场)平衡，指与物理平衡相关的一切费用问题，也是物理调峰的依据。市场参与方在天然气交易中心采购气体，用于避免不平衡状态的发生，当发生不平衡状态时，不平衡费用处理系统收取不平衡引发方的费用，促进管网用户降低不平衡状态的出现，提高管网运行效率。物理平衡和市场平衡手段有机结合，构成了目前欧洲天然气管道系统-储气库的市场化调峰平衡体系。

欧洲储气库-管道系统调峰系统，包括储气库-管道系统结构、储气库/管道系统运营方式、储气库调峰产品、储存容量/管输容量指派、市场组织结构、市场准入、合同签订、气体平衡区等内容，涉及客户、储气库运营商、管道运营商、区域平衡组、储气订购平台、虚拟交易平台等众多参与方。欧洲使用、运营和管理储气库-管道系统的各方，以透明、公平(非歧视性)和自由化为要求，基于市场化的运营方式，实现储气库-管道系统调峰。

参 考 文 献

[1] 郑得文，赵堂玉，张刚雄，等．欧美地下储气库运营管理模式的启示[J]．天然气工业，2015，35(11)：1~5.

[2] 丛威，洪波，裴国平，等．欧美储气库独立运营商业模式相关经验借鉴[J]．中国能源，2014，36(5)：29~33.

[3] 姚莉，肖君，吴清，等．地下储气库运营管理及成本分析[J]．天然气技术与经济，2016，10(6)：50~54.

7　中国储气库-管道系统调峰方法

7.1　管道和储气库调峰原理

7.1.1　管道调峰原理

对于长距离输气管道的末端(从最末一座压气站到终点配气站)，在设计时要根据通常日用气量的波动情况赋予一定的储存能力，借以进行负荷调节，而对于没有中间压气站的输气管道，全线都可以进行天然气的储存。当管道的终点压力在一定范围内波动时，管内气体的平均压力也相应有一个最高值和最低值，如果适当选择一个储气管段的始终点压力波动范围和管段容积，即可使管道具备所需要的储存能力。输入储气管段的气量是一个稳定值，但其输出气量则受日用气负荷规律的支配。输出量小于输入量时为储存过程，大于输入量时则为管道储存气量的消耗过程。具备储气能力的末段管道应满足：

(1) 在气体储存和消耗的过程中，管段一直能够容纳稳定的输气量。

(2) 有足够的储存容积。

(3) 管段的始点最高工作压力不高于输入压力。

(4) 管段的机械强度应能承受储气管段起点与终点最高压力所决定的沿线压力和平均压力。

由于天然气具有可压缩性，管道首站运行参数随末端运行参数的变化而呈现滞后现象。当末端压力最高时，首端压力并不是最高；而首端压力最低时，末端的压力也不是最低，因此计算出的管道储气量一般比实际储气量约低10%~15%。如果计算结果不能满足管道末端储气的需要，则可用两个办法解决，一是在管道强度和压气站工况允许的情况下，提高出站压力，以增大最高平均压力；二是可以增大末段管径，以增加管道几何容积。采取何种方法，应进行经济比较。一般不推荐采用降低终点压力的方法来提高储气能力，因为末端压力的降低，对储气量的影响低于提高起点压力的影响。另外，终点压力是城市管网所要求的压力等级，本来就低，调节幅度非常有限。

7.1.2　储气库调峰原理

(1) 枯竭油气藏：利用原有的已经枯竭的油田和气田改建形成的储气库。

(2) 含水层储气库：利用地下密闭的含水层构造通过注气驱水形成人造气藏储气库。

(3) 盐穴地下储气库：在地下盐层或盐丘中利用水溶开采方式形成地下洞穴并储存油气。

(4) 矿坑储气库：利用废弃的采矿洞穴改建的地下储气库或在山体中开凿的岩洞。

各类储气库的优缺点如表 7.1.1 所示。

表 7.1.1　各类储气库的优缺点

类型	储存介质	储存方法	工作原理	优越性	缺点	用途
枯竭型油气藏	原始饱和油气水的孔隙性渗透地层	由注入气体把原始液体加压并驱动	气体压缩膨胀及液体的可压缩性结合流动特点注入采出	储气量大，可利用油气田原有设施	地面处理要求高，垫气量大，部分垫气无法回收	季节调峰与战略储备
含水层	原始饱和水的孔隙性渗透地层	由注入气体把原始液体加压并驱动	气体压缩膨胀及液体的可压缩性结合流动特点注入采出	储气量大	勘探风险大，垫气不能完全回收	同上
盐穴	利用水溶形成的洞穴	气体压缩挤出卤水	气体压缩与膨胀	工作气量比例高，可完全回收垫气	卤水排放处理困难，有可能出现漏气	日、周、季节调峰
废矿	采矿后形成的洞穴	充水后用气体压缩挤出水	气体压缩与膨胀	同上	易发生漏气现象，容量小	同上

盐穴或废旧矿穴储气库，工作气量为 10~30 天的峰值日抽气量，一般用作日调峰储气库。含水层和枯竭油气藏储气库，工作气量为 50~100 天的峰值日抽气量，一般用作季节性调峰或战备储存。

7.2　管道和储气库调峰原则

7.2.1　输气管道调峰法规原则

(1)《天然气基础设施建设与运营管理办法》(发展改革委令 2014 年第 8 号)

第二十五条：天然气销售企业应当建立天然气储备，到 2020 年拥有不低于其年合同销售量 10%的工作气量，以满足所供应市场的季节(月)调峰以及发生天然气供应中断等应急状况时的用气要求。城镇天然气经营企业应当承担所供应市场的小时调峰供气责任。由天然气销售企业和城镇天然气经营企业具体协商确定所承担的供应市场日调峰供气责任，并在天然气购销合同中予以约定。天然气销售企业之间因天然气贸易产生的天然气储备义务转移承担问题，由当事双方协商确定并在天然气购销合同中予以约定。天然气销售企业和天然气用户之间对各自所承担的调峰、应急供用气等具体责任，应当依据本条规定，由当事双方协商确定并在天然气购销合同中予以约定。县级以上地方人民政府应当建立健全燃气应急储备制度，组织编制燃气应急预案，采取综合措施提高燃气应急保障能力，至少形成不低于保障本行政区域平均 3 天需求量的应急储气能力，在发生天然气输送管道事故等应急状况时必须保证与居民生活密切相关的民生用气供应安全可靠。

第二十六条：可中断用户的用气量不计入计算天然气储备规模的基数。承担天然气储备义务的企业可以单独或者共同建设储气设施储备天然气，也可以委托代为储备。国家采取措施鼓励、支持企业建立天然气储备，并对天然气储备能力达到一定规模的企业，在政府服务等方面给予重点优先支持。

第二十七条：天然气基础设施运营企业应当依据天然气运输、储存、气化、液化和压缩等服务合同的约定和调峰、应急的要求，在保证安全的前提下确保天然气基础设施的正常运行。

第二十九条：天然气销售企业需要大幅增加或者减少供气(包括临时中断供气)的，应当提前 72 小时通知天然气基础设施运营企业、天然气用户，并向供气区域县级以上地方人民政府天然气运行调节部门、天然气主管部门和燃气管理部门报告，同时报送针对大幅减少供气(包括临时中断供气)情形的措施方案，及时做出合理安排，保障天然气稳定供应。天然气用户暂时停止或者大幅减少提货的，应当提前 48 小时通知天然气销售企业、天然气基础设施运营企业，并向供气区域县级以上地方人民政府天然气运行调节部门、天然气主管部门和燃气管理部门报告。天然气基础设施运营企业需要临时停止或者大幅减少服务的，应当提前半个月通知天然气销售企业、天然气用户，并向供气区域县级以上地方人民政府天然气运行调节部门、天然气主管部门和燃气管理部门报送措施方案，及时做出合理安排，保障天然气稳定供应。因突发事件影响天然气基础设施提供服务的，天然气基础设施运营企业应当及时向供气区域县级以上地方人民政府天然气运行调节部门、天然气主管部门和燃气管理部门报告，采取紧急措施并及时通知天然气销售企业、天然气用户。

(2)《城市燃气规范》(GB 50028—2006)

① 气源厂应具有调峰能力，调峰气量应与外部调峰能力相配合，并应根据燃气输配要求确定。在选定主气源炉型时，应留有一定余量的产气能力以满足用气高峰负荷需要。

② 调峰装置必须具有快开、快停能力、调度灵活、投产后质量稳定。

③ 气源厂的原料和产品的储量应满足用气高峰负荷的需要。

④ 气源厂设计时，各类管线的口径应考虑用气高峰时的处理量和通过量。混合前后的出厂煤气，均应设置煤气计量装置。

⑤ 气源厂应设置调度室。

⑥ 季节性调峰出厂燃气组分宜符合现行国家标准《城市燃气分类和基本特性》(GB/T 13611)的规定。

⑦ 在平衡城镇燃气逐月、逐日的用气不均匀性基础上，平衡城镇燃气逐小时的用气不均匀性，城镇燃气输配系统尚应具有合理的调峰供气措施，并应符合下列要求：

a. 城镇燃气输配系统的调峰气总容量，应根据计算月平均日用气总量、气源的可调量大小、供气和用气不均匀情况和运行经验等因素综合确定。

b. 确定城镇燃气输配系统的调峰气总容量时，应充分利用气源的可调量(如主气源的可调节供气能力和输气干线的调峰能力等)。采用天然气做气源时，平衡小时的用气不均所需调峰气量宜由供气方解决，不足时由城镇燃气输配系统解决。

c. 储气方式的选择应因地制宜，经方案比较，择优选取技术经济合理、安全可靠的方案。对来气压力较高的天然气输配系统宜采用管道储气的方式。

承担下游用户的季节调峰是天然气管道系统的重要功能，管道系统季节调峰能力的强弱直接关系到系统的平稳运行和下游用户的用气安全。输气管道调峰以安全平稳供气为目标，以下游用户用气安全为原则，综合利用地下储气库调峰、管网调峰等多种方式，统筹管道与管道之间、管道与储气库之间联合调峰，最大限度地增强系统的供气和调峰能力。

7.2.2 中国储气库法规的问题

(1) 法规不健全、不明确。国家能源局正式印发的《油气管网设施公平开放监管办法(试行)》成为天然气市场化改革具有开端意义的文件。该办法规定，“油气管网及配套设施在有剩余能力的情况下，运营商应向第三方市场主体平等开放管网设施。”同时要求“逐步建立健全财务制度，对油气管网设施运营业务实行独立核算”。储气库作为管网中重要的调峰设施也应在公平开放之列，并进行独立核算。

(2) 原则不能保证完全公开、透明，缺乏公平竞争环境。

(3) 从稳定的角度来看，天然气生产、运输，终端销售均有调峰责任，并有义务投资建设地下储气库的调峰设施。

(4) 储气库的国家战略保障与商业功能定位不明，部分储气库前期以商业库存进行建设，而建成后又多承担国家应急保供职能，导致企业建设的储气库难以体现其应有的商业价值。战略保障与商业功能定位不明确的制度设计，进一步挫伤了企业投资建设储气库的积极性。从稳定运行的角度来看，天然气生产、运输、终端销售均有调峰责任，并有义务投资建设地下储气库等调峰设施。

(5) 我国石油天然气行业性法律不够健全，约束行业管理体制及运营机制的法律法规待加强，这与石油天然气在我国能源结构中的地位不对等。特别是对储气业务，在投资建设层面，法律法规不健全导致不能对各种资本参与储气库建设形成有效激励，投资者收益不能得到有效保障，储气库建设投资不足；在运营管理层面，缺乏关于储气库的运营主体、储气规模和运营模式的规定。

(6) 财税支持体系不完善，目前我国对于储气库建设财税支持力度不足，在建设保障基金、储备设施折旧方式、战略储备天然气税收优惠、战略储备成本补偿、专项财政补贴等方面，给予储气库建设的鼓励性财税支持不足，不利于促进我国储气库的建设和发展。

(7) 市场监管制度不到位。政府监管有助于储气库投资者建立合理价格预期，科学规划投资并规避风险。我国目前在储气库服务价格、投资布局与规模、市场准入、公平竞争等各方面，市场监管力度较为薄弱，缺乏公平有序的市场竞争环境和公开透明的交易机制。

7.3 中国储气库-管道调峰实例

7.3.1 “西气东输”管道调峰规律分析

截至2016年年底，中国油气长输管道总里程累计约为12.6×10^4km，其中天然气管道约7.43×10^4km(已扣减退役封存管道)，原油管道约2.62×10^4km，成品油管道约2.55×10^4km。2016年，新建成油气管道总里程约6526km，比2015年增加1270km，增幅为24%。其中，新建成天然气管道2883km，同比减少125km；新建成原油管道1200km，同比增加594km，大幅增长98%；新建成成品油管道2444km，同比增加801km，增幅为49%。以西气东输管道调峰为例分析日、周、季规律变化。

(1) 日峰规律

西气东输管道工作日小时峰值在早11点和晚20点，最高值约为$112\times10^4m^3$，最低值约为$80\times10^4m^3$(多数在凌晨6点)，不均衡系数为1.12~0.79。

(2) 周峰规律

由于调峰电厂用气绝对值的逐步增大，受其周末用气量减小的影响，西气东输用户用气呈现工作日用气量上升、非工作日用气量下降的周用气规律。非工作日整体用气量减少$20\times10^4m^3/h$。

(3) 销气季节性变化规律

节假日用气缩减。因电厂、工业用户放假，节假日一周销气量比工作日一周销气量大幅下降，2006年年春节一周用气量比平时周用气量少$4000\times10^4m^3$，“五一”一周少$1600\times10^4m^3$，夏季、冬季分别是两个用气高峰期。由于调峰电厂用户的投产，西气东输管道季节性规律实际有2个高峰期，夏季是调峰电厂主导的高峰期，冬季是城市供暖用气主导的高峰期。据统计，季节不均衡系数约为1.37，峰谷月销气量差约$1.5\times10^8m^3$。按目前规模预测，夏季峰值(6~8月)至少需要约$4.5\times10^8m^3$的储气能力才能保证季节调峰。

以西气东输管线为例，分析调峰措施：

(1) 运用干线末端储气满足日调峰

在西气东输管道目前工况下，全线最高管存量约$2.9\times10^8m^3$，末端管段(末尾压气站至干线末站的管段)最高管存量约$1.0\times10^8m^3$，当处于最高管存时，末端储气段最大调峰能力约$1200\times10^4m^3$。运行中，保持末端管段稍高的运行压力(4.5MPa以上)，确保其较高的调峰能力；重视用户日指定、预测小时峰值，对于峰值超限的用户严格执行“调压限流”的控制方式。

(2) 运用全段储气满足周调峰

由于工作日和非工作日呈现的周用气规律，不能单纯依靠管线末端储气功能，尤其在周末，可能2天内就要增加管存$500\times10^4m^3$以上，管线末端没有这个容纳能力，此时要依靠西气东输干线全段储气能力。周末销售量明显下降，要适当提高西段压缩机出口压力，相应提高西段管线管存气。到周一开始再逐渐降低西段压力，将管存逐渐转移到东段，满足工作日销量增大的要求。按照目前工况，西气东输全段储气调峰能力可达近$3000\times10^4m^3$。

(3) 调控气田和储气库满足季节调峰

据分析，长假一周峰谷气量差近$4000\times10^4m^3$，已超过管道本身调峰最大能力，需用储气库调峰、管道网络调峰或上游气田供气调控等措施来保证。按照设计，西气东输储气库主要用于月调峰(季节调峰)，即春、秋两季注气，夏、冬两季采气。由于储气库设计采用了大型的压缩机组，不能频繁启停，因此不适用于周调峰和日调峰。在储气库投产前，西气东输季节调峰主要依靠上游气田的进气量进行调控。

(4) 扩大联络线网络调峰

目前西气东输与陕京管道川气东送冀宁线、淮武线等已形成天然气主干环状网络，利用联络线网络调峰也是西气东输采用的主要调峰方式，尤其是满足季节调峰需要。2006年“五一”期间就利用陕京二线将富裕气量转供陕京系统，利用陕京系统的储气库实现整个管网的节日调峰，基本保证了上游气田的供气稳定。

今后将进一步利用已建成的天然气网络调峰来弥补单条管道调峰能力的不足，扩大调峰范围和互补能力。

7.3.2 “川气东送”管道运行优化

截止到2015年年底，我国形成了以西气东输一线、西气东输二线、陕京一线、陕京二线、陕京三线、中缅天然气管道、川气东送、榆济线为主的长输基干管道，以冀宁线、忠武线、中贵线、淮武线等为主的联络管道实现了长输管道与主要消费市场连接、长输管道与地下储气库连接、LNG接收站与市场连接，覆盖了除西藏外所有省份，初步形成了全国天然气一张网，全国337个地级以上城市有248个用上了管道天然气。

输气管道的动力由压缩机提供，而压缩机耗能巨大。以年输量120亿方的川气东送管道为例，依据设计功率56MW核算，取1.0元/kW·h电价计算，年能耗达4.9亿元，若通过运行优化减少1%的能耗费用，则每年能够节省500万元。

能耗费用在很大程度上取决于管道的压气站运行方案，因此降低管道运行费用的主要途径就是合理选择压气站运行方案。减小输气能耗不但可以节省大量的运行成本，降低压缩机的运行维护费用，而且还可以减少CO_2等废气的排放，有利于环境保护。截止到2015年年底，国内安装投产的输气管道压缩机组350台，总装机功率达700×10^4kW，因此，开展天然气管道/管网的优化运行研究前景广阔。

20世纪60年代，美国、欧洲等国家相继开始了输气管道优化运行问题的研究。1961年，美国一家输气管道公司与IBM公司合作研究输气管道模拟与优化运行的问题，自此拉开了输气管道优化运行研究的序幕。美国燃气协会(AGA)委托加州大学伯克利分校的运筹学研究中心进行了输气管网的优化运行研究。科罗拉多州际天然气公司根据AGA的研究成果开发了输气管网优化运行软件。根据预测，在该公司的输气管网上使用该软件后可使管网的自耗气量明显下降，节约的自耗气量最多可达到管网总输气量的2%左右。

我国输气管道优化运行方面的研究是随着陕京线的投产和西气东输管道的开工开始，陆续开发了一些稳态运行优化软件。如中国石油大学(北京)开发的西气东输稳态优化运行软件WEGPOPT、陕京线稳态优化运行用软件SJGPOPT(VC++6.0)等，这些软件并不是通用的输气管道运行优化软件，大多是针对某一条管道或某一个管网专门定制的稳态优化运行软件，带有很大的局限性。

(1) 输气管道稳态优化运行数学模型及SynerGEE Gas软件介绍

目前，国内外普遍采用的稳态优化运行数学模型主要包括管道级优化和站级优化2个层次。管道级优化的目的是确定全线各压气站的最优进、出站压力，站级优化的目的是在给定压气站流量和进、出站压力的条件下确定其压缩机组的最优运行方案(包括运行压缩机组合以及其中每台压缩机的运行参数)。这两级优化是相互关联的，站级优化可以看作是管道级优化的子问题。管道级优化算法示意图如图 7.3.1 所示。

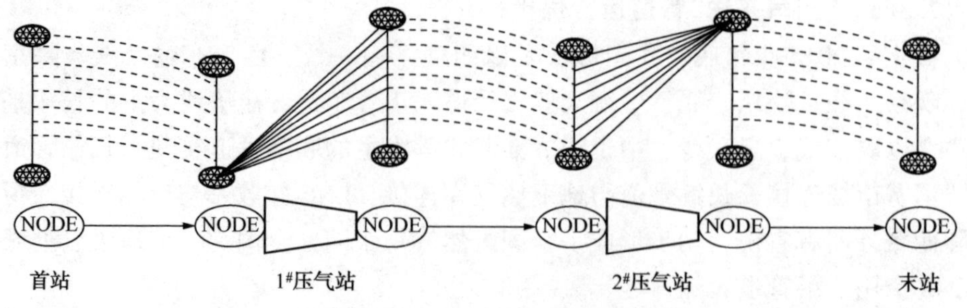

图 7.3.1　管道级优化算法示意图

SynerGEE 软件是由 DNV GL 公司开发，已有 40 多年的历史，是一款商业的输气管道/管网运行优化软件。在北美有 90%多的大型输配管网公司和 50%多的长输管道公司运用该软件进行仿真建模及运行优化。国内 SynerGEE Gas 的用户只有中石化石油工程设计有限公司等 5 家单位。

SynerGEE Gas 软件气体稳态优化模块可以用来进行天然气长输管道运行优化。优化模块常用的功能是燃料消耗最小化和燃料费用最小化。利用 SynerGEE Gas 软件建立的管道模型如图 7.3.2 所示。

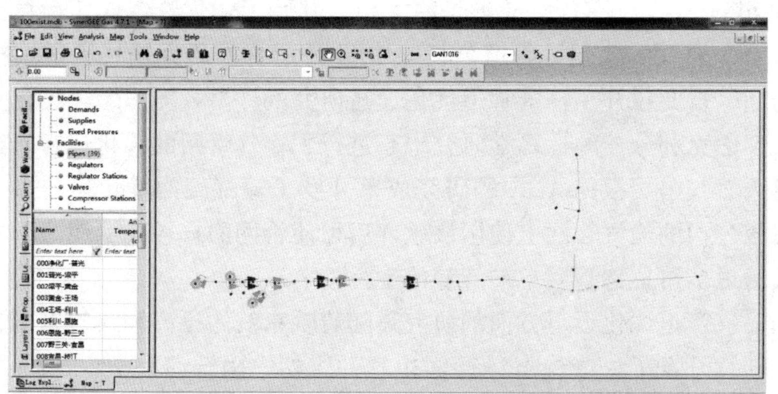

图 7.3.2　利用 SynerGEE Gas 软件建立的管道模型窗口

（2）工程实例应用与优化结果分析

某已投产管道主干线长 1631km，管径 1016mm，设计压力 10MPa，管道设计输量 $120\times10^8m^3/a$，目前沿线设置 $0^{\#}$、$1^{\#}$、$3^{\#}$、$6^{\#}$四座压气站。为满足未来气量输送要求，正在进行管道增压工程，增压工程一期投产后，增设 $2^{\#}$、$5^{\#}$、$7^{\#}$三座压气站，管道压气站数量将达到 7 座，输气规模达到 $152\times10^8m^3/a$；增压工程二期投产后，增设 $4^{\#}$、$8^{\#}$两座压气站，管道压气站数量将达到 9 座，输气规模达到

$170\times10^8m^3/a$。管道沿线气源及压气站分布如图 7.3.3 所示。

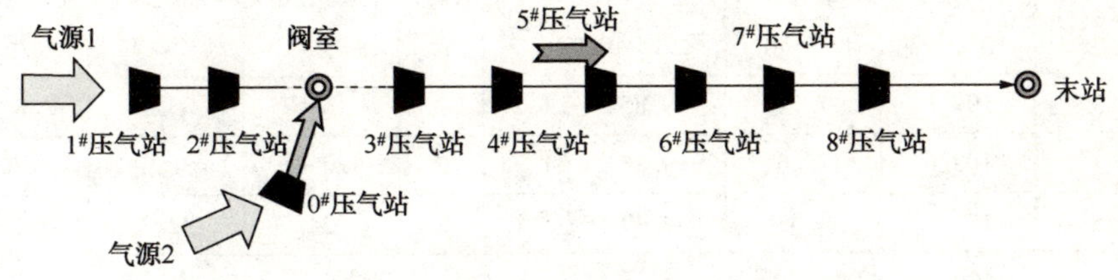

图 7.3.3 管道沿线气源及压气站分布示意图

为验证管道实际运行方案的合理性，以管道 2015 年 1～12 月实际生产运行数据为基础，以全线压气站功率最低为优化目标，利用 SynerGEE Gas 软件对实际运行方案进行优化，部分对比情况见表 7.3.1。通过对比分析 12 个月优化结果可以看出，管道实际运行方案可优化空间较大，若按照软件推荐的运行方案运行，平均减少日电力能耗费用约 3 万元。

表 7.3.1 管道仿真运行优化方案与实际方案对比

输量/（$10^4m^3/d$）	实际运行功率/MW	仿真计算功率/MW	优化率	减少日能耗费用/万元
1643.6（2015 年 9 月 1 日输量）	8.32	7.79	6.4%	1.0
1726.7（2015 年 10 月 20 日输量）	11.3	10	11.5%	2.5
1869.9（2015 年 11 月 17 日）	15.01	13.27	11.6%	2.5
2714.8（2015 年 12 月 14 日）	33.77	32.74	3.1%	0.5

利用 SynerGEE Gas 软件对管道未来在 $110\times10^8m^3/a$、$120\times10^8m^3/a$、$130\times10^8m^3/a$、$140\times10^8m^3/a$、$152.3\times10^8m^3/a$、$160\times10^8m^3/a$、$170\times10^8m^3/a$ 七个典型下的优化运行方案进行计算。以 $130\times10^8m^3/a$ 输量下优化运行方案为例进行分析，优化结果如表 7.3.2。从优化结果可以看出，2# 压气站和 6# 压气站越站，最后一座压气站 5# 压气站压缩机出口压力在达到 9.79MPa 时，刚好能满足管网最不利水力点压力要求，从而避免能量的浪费。1#、3# 和 4# 压气站压缩机出口压力均达到 9.85MPa，符合高压输送、能耗较小的原则。

表 7.3.2 输量 $130\times10^8m^3/a$ 时管道优化运行方案

序号	压气站	进站流量/（$10^8m^3/a$）	压缩机入口压力/MPa	压缩机出口压力/MPa	压比	开机/台	压缩机入口温度/℃	压缩机出口温度/℃	压缩机计算功率/MW
1	1#	85.6	7.45	9.85	1.32	2	33	53.2	8.63
2	2#	85.6							

续表

序号	压气站	进站流量/($10^8m^3/a$)	压缩机入口压力/MPa	压缩机出口压力/MPa	压比	开机/台	压缩机入口温度/℃	压缩机出口温度/℃	压缩机计算功率/MW
3	3#	109.1	7.74	9.85	1.27	2	16.6	33.1	8.71
4	4#	108.6	7.86	9.85	1.25	2	20.8	36.4	9.0
5	5#	108.1	8.63	9.79	1.13	2	24	32.7	4.72
6	6#	100.7							
7	0#	24.4	4.0	9.11	2.28	2	24.4	85.5	8.62
	合计		总压降 10.17MPa						39.68

通过对该管道在不同输量下的优化运行方案计算及分析，主要得出以下结论：

(1) 为避免明显的能量浪费，管道最后一个压气站压缩机出口压力只需满足管网最不利点最低压力要求即可。

(2) 管道在较高的平均压力下运行，其流速小、摩阻低、压力损失小，因此管道应尽可能维持在较高的平均压力下运行。

(3) 管道在相应压气站配置的低输量下运行，可优化空间较大，一般可采取2#压气站越站的运行方案进行优化；管道在输量达到设计输量后，可优化空间较小。

研究得出的优化运行基本规律，对管道未来运行调度具有参考价值，能够有效提高管道经济效益。

7.3.3 调峰综合评价

为进一步加快储气库调峰建设，解决天然气在冬夏季消费峰谷差较大的问题，推动储气库季节性调峰的技术发展，旨在针对“储气库-管道系统调峰”模式，提出相应的调峰方案，综合数学建模、管网模拟和综合评价方法，确定储气库-管道系统最优/可行的运行(调峰)方案。

本调峰方案将分为以下四个阶段进行技术实施：

(1) 城市燃气负荷预测——确定冬季下游城市的所需用量，进而确定总的调峰气量。

(2) 储气库调峰优化——研究地下储气库实际调峰运行规律的基础上，不同调峰强度下的采气速率、运行压力等参数，进行数学规律总结，拟合出采气速率与调峰气量(强度)关系式。结合(1)中所得调峰气量(强度)及数学规律，可得所求采气速率。

(3) 管道调峰量模拟——根据(2)所得计算结果确定储气库调峰速率，并固定采气速率，计算不同采气时间下的用气缺口(总用气量高于管道设计输量的部分)，以此作为管道调峰的调峰量，并采用 SPS 商业软件在不同的调峰量下进行管道调峰运行工况模拟，得到预选的调峰方案。

(4) 调峰方案综合评价——技术在指标的选取、指标权重的切实计算以及综合评价方法的选取上，进行了深入研究，从保证下游用户用气需求的工艺角度出发，结合供气的平稳性、可靠性选取调峰指标；并采用主客观赋权法赋予指标权重，既保留指标的主观性又不失客观依据，使权重的赋值具有科学性和客观性；最后采用灰色关联法、秩和比法、理想法三个客观综合评价法进行综合评价，由于不同的评价可能会使得评价结果不同，最后采用最大兼容度法综合评价法得到兼容度最优的调峰方案。

具体实施步骤：

(1) 燃气负荷预测

在地下储气库-管道调峰量预测前，要对下游被调峰城市燃气负荷进行预测，从而确定调峰量。在建立城市燃气负荷预测模型时，可采用人工神经网络模型，在极限学习机的工作原理基础上，结合差分进化算法，使用差分进化极限学习机算法进行预测。在建立负荷预测的数学模型时，将当年内每月平均气温、当年人均 GDP 等因素作为影响因子。

① 神经网络训练机制

运用神经网络技术进行燃气负荷预测，是一种新的研究方法。由于神经网络技术对许多复杂的、非结构性的、不规律的因素有自适应功能，可以对信息、进行记忆，只是推理、自主学习和优化计算等特点，因此能模仿人脑的智能化处理问题。尤其是它的自适应功能和自主学习功能，使得该方法可以很好的解决温度、天气变化等因素对燃气负荷的影响，因此，人工神经网络法预测燃气负荷得到了国内外学者的肯定。目前，研究最多的是利用误差逆向传播算法对燃气负荷进行短期预测，其中三层人工神经网络模型是比较简单、常用的。

训练速度慢、泛化性等问题是制约前馈神经网络应用的瓶颈，为解决以上问题，提出了极限学习机(ELM)。极限学习机对单隐层神经网络的输入权值和隐层节点偏移量随机赋值，通常只需要一步计算就能够求出网络的输出权值，因此可以极大的提高训练速度。但是在某些实际应用中 ELM 可能需要较多的隐含层节点才能达到理想的效果，这严重影响了 ELM 网络的泛化性，使 ELM 在未知样本的反应能力变差。本方案采用差分进化极限学习机算法：利用差分进化算法优化和极限学习机网络相结合学习算法，即利用差分进化算法优化选择极限学习机的输入层权值和隐含层偏差，从而得到一个最优的网络。训练步骤如下所示：

种群初始化：随机产生种群，种群中的每个个体是由输入层隐含层节点和隐含层偏差构成。

步骤1　$\theta=[\omega_{11},\ \omega_{12},\ \cdots,\ \omega_{21},\ \omega_{22},\ \cdots\omega_{2k},\ \cdots\omega_{n1},\ \omega_{n2},\ \cdots\omega_{nk},\ \cdots,\ b_1,\ b_2,\ \cdots b_k]$，其中 ω_{ij}、b_j 为 $[-1,\ 1]$ 中的随机数；

步骤2　选取目标函数：对于种群中的每个个体可以利用 ELM 算法计算出 ELM 网络的输出权值矩阵；从测试样本中选取部分验证样本，设定 ELM 的测试误差根均方误差(RMSE)为差分进化算法的目标函数；

步骤3　变异：对于种群初始化给定的种群第 i 个体 $\{\theta_{i,G}\mid i=1,\ 2\cdots NP\}$，基于差分进化算法的新个体按以下方法产生：$v_{i,G}=x_{r_1,G}+F\times(x_{r_2,G}-x_{r_3,G})$，其中随机选择的下标 $r_1\neq r_2\neq r_3\in\{1,\ 2,\ \cdots NP\}$，变异因子 $F\in[0,\ 2]$，目的是控制差分变量 $(x_{r_2,G}-x_{r_3,G})$ 的放大。

步骤4　交叉：令 $\mu_{i,G+1}=(\mu_{1i,G+1},\ \mu_{2i,G+1},\ \cdots\mu_{Di,G+1})$，其中

$$\mu_{ji,G+1}\begin{cases}v_{ji,G+1}, & if\ rand\ b(j)\leqslant CR\ or\ j=rnbr(i)\\ \theta_{ji,G+1}, & if\ rand\ b(j)>CR\ or\ j\neq rnbr(i)\end{cases} \tag{7-1}$$

这里 $b(j)\in[0,\ 1]$，交叉概率 $CR\in[0,\ 1]$。

步骤5　选择：

$$\mu_{i,G+1}\begin{cases}\mu_{i,G}, & f(\mu_{i,G})>f(\theta_{i,G})\\ \theta_{i,G}, & f(\mu_{i,G})\leqslant f(\theta_{i,G})\end{cases} \tag{7-2}$$

比较向量 $\mu_{i,G+1}$ 和当前种群中的目标向量，在下一代种群中占主导地位的就是优化过程中具有较大目标函数值的向量。

由此，将差分进化算法用于极限学习机的网络学习，利用差分进化算法的全局寻优能力，将极限学习机的连接权值和阈值进行合理编码，作为差分进化算法的适应度指标进行训练，获取最优网络。

② 预测模型

建立好人工神经网络的训练机制后，接下来便采用回归法建立储气库的年度调峰预测模型：

年度调峰气量是为补偿天然气用户季节供求差异的气量，计算公式如下：

$$Q_t=\sum Q_{ti} \tag{7-3}$$

式中　Q_t——月调峰总储气量，m^3。

Q_{ti}——各种用户的月调峰所需储气量，m^3。

各用户所需调峰气量，取决于该用户的月用气不均匀系数，其计算公式为

$$Q_{ti}=Q_{ip}\sum_{j}^{N}(a_{ij}-1)=Q_{ip}\sum_{j=1}^{12-N}(1-a_{ij}) \tag{7-4}$$

式中　Q_{ip}——某用户的月平均用气量，m^3。

a_{ij}——某用户的月用气不均匀系数，即各月用气量与全年平均月用气量之比。

N——用气高峰月数(即 $a_{ij}>1$ 的月份数)。

(2) 储气库调峰优化

可根据以往储气库的调峰运行经验，对储气压力、采气速率等主要储气库运行参数进行数学规律总结，如采用最小二乘法等多元线性回归等方法，拟合出主要参数与调峰气量的关系式，依靠以往经验总结得到一定调峰气量下的采气速率。

(3) 管道调峰量模拟

由于输气管网的末段具有一定的储气能力，可承担一部分调峰任务。为充分利用管网末段的储气能力且避免因调峰而造成管道压力波动较大，因此，有必要在一定工况下，对输气管网的调峰能力进行模拟。由(2)储气库调峰计算结果可得储气库的采气速率，固定采气速率，计算不同采气时间下的用气缺口(总用气量高于管道设计输量的部分)，以此作为管网调峰的调峰量，可采用SPS或者TGNET仿真模拟软件进行管网调峰工况模拟，得到预选调峰方案。推荐使用SPS软件进行管网模拟，相比其他输气管网模拟软件，SPS具有以下优点：

① 仿真模拟速度比较快，尤其是动态模拟，模拟计算结果精度较高。

② 在运行过程中可改变某些参数，仿真模型运行与否，均不影响参数的变化，并能立即反映出因某个参数变化后系统参数变化的趋势。

③ 可模拟某阀门自动开启或某设备自动停止等瞬态工况。正是由于SPS所具有的突出优点，不但被众多国际知名工程建设公司用于管道设计与分析，还被管道运营公司广泛应用于日常运营管理中。

SPS软件能够模拟单一的流体介质，单相的多种混合流体介质；可运用不同类型的管道设备，例如管线、转动设备、截断阀和止回阀、感应器、流量计、PID控制和控制阀等，并能够在现场设备和模拟设备建立相应的连接，以达到与现场相一致。

在使用SPS软件模拟输气管道的调峰能力时，只需根据所需模拟的管道，建立相应的管道和设备模型，输入管道的运行参数，即可完成输气管道的调峰能力模拟。

当建立的大型复杂管网模型涉及到多个进出点时，可借鉴欧洲的气体平衡区模型。气体平衡区模型也称为管网进出模型(Entry/Exit Model)，是欧洲普遍采用的一种客户和运营商利用输气管网系统的规则，该规则是运营商为客户提供容量和服务的基础，定义了运营商的服务，客户需求的匹配方式和系统约束等内容。气体平衡区与临近的国内/国外平衡区相连，连接点输送天然气，并分为流入点和流出点。气体平衡区内天然气设施包括气田生产、高压天然气管道、配气管网、储气库、需求区(居民、电厂、工业用户等)等，不同设施隶属不同参与者，比如长输管网运营商、配气管网运营商、生产商、储气库运营商、居民、电厂公司、工业客户。各参与者间签订服务合同，利用天然气基础设施，保证进出天然气基础设施的流量达到平衡。

(4) 调峰方案综合评价

在(3)管道调峰工况模拟的基础上，得到了不同的调峰预选方案，最后采用综合评价方法对调峰方案进行综合评价，从而得到最优的调峰方案。首先在调峰评价指标方面，综合考虑调峰的工艺性、供气的可靠性、供气的平稳性，选取八个工艺指标：管道末段压力波动率、供气点压力平稳时间、管道末段储气量、储气最高压力、储气最低压力、供需失衡户数、实际供气量、增压消耗功率；两个经济指标：总运行费用和管输收入，共十个评价指标。其次，为避免权重的赋予过于随意或是盲目采用平均赋权，采用基于层次分析法+熵权法的主客观赋权法计算指标权重，使权重的赋予过程具有主观可靠性和客观科学性。最后，由于目前所能参考的调峰体系甚少，为使评价过程中不受主观知识的限制，采用灰色关联法、秩和比法、理想解法三种客观综合评价法对调峰预选方案进行客观评价，针对使用不同的方法可能导致不同的评价结果这一问题，在三种评价结果的基础上采用最大兼容度法，筛选出兼容度最大的最优调峰方案。

① 层次分析法

层次分析法是(Analytic Hierarchy Process，AHP)美国著名的运筹学家 T. L. Satty 等在 20 世纪 70 年代提出的一种定性与定量分析相结合的多准则决策方法。这一方法特点，是在对复杂决策问题的本质、影响因素以及内在关系等进行深入分析之后，构建一个层次结构模型，然后利用较少的定量信息，把决策的思维过程数学化，从而为求解多目标、多准则或无结构特性的复杂决策问题，提供一种简便的决策方法。具体地说，它是指将决策问题的有关元素分解成目标、准则、方案等层次，用一定标度对人的主观判断进行客观量化，在次基础上进行定性分析和定量分析的一种决策方法。它把人的思维过程层次化、数量化，并用数学为分析、决策、预报或控制提供定量的依据。它尤其适合于人的定性判断起重要作用的、对决策结果难以直接准确计量的场合。

应用层次分析法分析问题时，首先要把问题层次化。根据问题的性质和要达到的总目标，将问题分解为不同组成因素，并按照因素间的相互关联影响以及隶属关系将因素按不同层次聚集组合，形成一个多层次的分析结构。

a. 构造层次分析结构

经过多方面的研究与论证，输气管网、储气库调峰体系可划分为如图 7.3.4 所示的三个层次。其中，输气管网及储气库调峰方案评价为目标层，表示解决问题的目的，即应用 AHP 所要达到的目标；工艺型指标和经济型指标为准则层，即实现预定目标所实现的中间环节；十个评价指标为方案层，表示解决问题的具体方案。

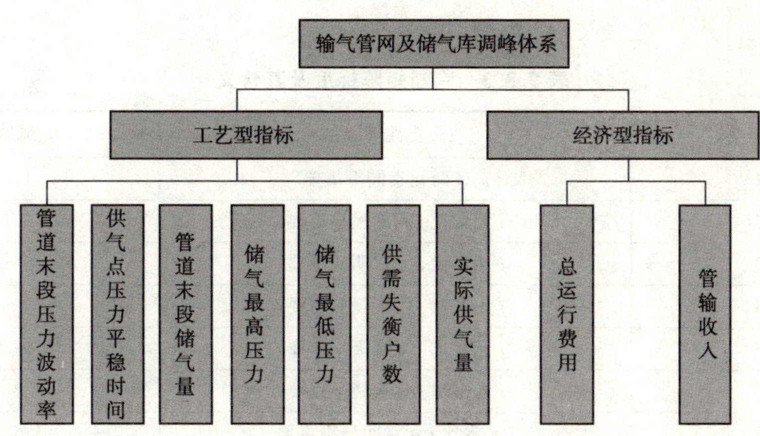

图 7.3.4　调峰体系层次构造分析结构

b. 构造判断矩阵

建立层次分析模型之后，就可以在各层元素中进行两两比较，构造出比较判断矩阵。层次分析法主要是人们对每一层次中各因素相对重要性给出的判断，这些判断通过引入合适的标度用数值表示出来，写成判断矩阵。判断矩阵表示针对上一层次因素，本层次与之有关因素之间相对重要性的比较。判断矩阵式层次分析法的基本信息，也是进行相对重要度计算的重要依据。

假定上一层次的元素 B_k 作为准则，对下一层元素 C_1，C_2，…，C_n 有支配关系，我们的目的是要在准则 B_k 下按它们的相对重要性赋予 C_1，C_2，…，C_n 相应的权重。在这一步中"重要性"赋予一定的数值。

对于 n 个元素来说，我们得到两两比较判断矩阵 $C=(C_{ij})_{n\times n}$。其中 C_{ij} 表示因素 i 和因素 j 相对于目标重要值。

一般来说，构造的判断矩阵取如下形式：

B_k	C_1	C_2	…	C_n
C_1	C_{11}	C_{12}	…	C_{1n}
C_2	C_{21}	C_{22}	…	C_{2n}
⋮	⋮	⋮	⋮	⋮
C_n	C_{n1}	C_{n2}	…	C_{nn}

一般来说，判断矩阵通常由该领域内的专家或著名研究者做两两判断，在这一环节中主要体现了层次分析法的主观性，由专家打分构成的判断矩阵，不仅具

有较高的可信性，而且从一定程度上还能客观反映指标的真实重要性。

在层次分析法中，为了使决策判断定量化，形成上述数值判断矩阵，常根据一定的比率标度将判断定量化。下面给出一种常用的1~9标度方法，如表7.3.3所示。

表7.3.3 判断矩阵标度及其含义

序　号	重要性等级	C_{ij}赋值
1	i，j两元素同等重要	1
2	i元素比j元素稍显重要	3
3	i元素比j元素明显重要	5
4	i元素比j元素强烈重要	7
5	i元素比j元素极端重要	9
6	i元素比j元素稍不重要	1/3
7	i元素比j元素明显不重要	1/5
8	i元素比j元素强烈不重要	1/7
9	i元素比j元素极端不重要	1/9

c. 判断矩阵一致性检验

在建立判断矩阵后，应坚持并保持判断思维的一致性。所谓判断思维的一致性是指专家在判断指标重要性时，各判断之间协调一致，不致出现相互矛盾的结果，在多阶段的条件下出现不一致，极容易发生，只不过在不同的条件下不一致的程度是有差别的。由于客观事物的复杂性和人们认识上的多样性，以及可能产生的片面性。要求每一个判断都有完全的一致性显然不太可能，但是要求判断具有大体的一致性确实应该的。因此，为了保证应用层次分析法分析得到的结论合理，还需要对构造的判断矩阵进行一致性检验，这种检验通常是结合排序步骤进行的。

根据矩阵理论，当判断矩阵B具有完全一致性时，其最大特征根与判断矩阵的阶数相等，即$\lambda_{max}=m$，其余特征根都等于0。当判断矩阵B不具有完全一致性时，$\lambda_{max}\neq m$，此时，引入最大特征根λ_{max}与判断矩阵B的阶数m之差与$m-1$的比值作为度量判断矩阵偏离一致性的指标。即用

$$CI=\frac{\lambda_{max}-m}{m-1} \tag{7-5}$$

检查判断矩阵B的一致性。当$\lambda_{max}=m$时，$CI=0$，表示完全一致；CI值越偏离0，表明判断矩阵的一致性越差。

一般来说，随着判断矩阵的阶数增加，判断矩阵保持完全一致的难度增大。

为了度量不同阶数的判断矩阵是否具有满意的一致性，引入 CI 和同阶平均随机一致性指标 RI 之比 CR，CR 称为随机性一致性比率。1～10 阶判断矩阵的 RI 值如表 7.3.4 所示。

表 7.3.4　1～10 阶判断矩阵的 RI 值

阶数	1	2	3	4	5	6	7	8	9	10
RI	0	0	0.58	0.9	1.12	1.24	1.32	1.41	1.45	1.49

当 $CR<0.1$ 时，认为判断矩阵具有满意的一致性；如果 $CR>0.1$，需调整判断矩阵，使之具有满意的一致性。

d. 层次单排序

在判断矩阵通过一致性检验，即完全符合一致或者具有满意的一致性后，下一步需要做的是对于除方案层之外的每个元素，计算出与之相关的紧邻的下层元素之间的相对权重，具体计算时，归结为计算出判断矩阵的最大特征根及其相应的特征向量。计算最大特征根及特征向量常用的方法有方根法、和积法、最小二乘法等。

e. 层次总排序

重复上述步骤，依次沿递阶层次结构由上而下逐层计算各判断矩阵的特征根与特征向量，以此为基础，进行层次总排序计算，得出最低层因素相对于最高层的相对权重。

假设目标层为 A 层；准则层为 B 层，B 层有 m 个元素 B_1，B_2，…，B_m，它们关于 A 层的相对重要排序值分别为 b_1，b_2，…，b_m；第三层为 C 层，C 层有 n 个元素 C_1，C_2，…，C_n，它们关于 B 层中某一元素 B_i 的相对重要性排序值分别为 c_1^i，c_2^i，…，c_j^i，…，c_n^i(如果 C 层中某元素 c_j 与 B 层中某元素 B_i 无关，则 c_j^i 为 0)，则 C 层中个元素对于目标层的综合相对重要性排序值为：

$$c_j = \sum_{i=1}^{m} b_i c_j^i \qquad (j = 1,\ 2,\ \cdots,\ n) \tag{7-6}$$

与层次单排序的一致性检验类似，还应对层次总排序的一致性检验。不难发现，第二层(B 层)的层次单排序一致性检验即为层次总排序一致性检验。对于第三层(C 层)，随机一致性比率 CR 为：

$$CR = \frac{\sum_{i=1}^{m} b_i CI_i}{\sum_{i=1}^{m} b_i RI_i} \tag{7-7}$$

式中，CI_i 是以 B_i 为准则、C 层相关元素相比较组成的判断矩阵的一致性指标；RI_i 是以 B_i 为准则、C 层相关元素相比较组成的判断矩阵的平均随机性一致性指标。

与层次单排序的一致性检验类似，当 $CR<0.1$ 时，认为判断矩阵具有满意的一致性；如果 $CR>0.1$，需调整判断矩阵，使之具有满意的一致性。

② 熵权法

利用熵的概念确定权重的方法称为熵权法。其出发点是根据某同一指标观测值之间的差异程度来反应其重要程度，如果各被评价对象的某项指标的数据差异不大，则反映该指标对评价系统所起的作用不大。

熵权法是一种客观的赋权方法，它是利用个指标的熵值所提供的信息量的大小来决定指标权重的方法。熵权法的作用有：用熵权法给指标赋权可以避免各评价指标权重的认为因素干扰，使评价结果更符合实际；通过对各指标值得计算，可以衡量出信息量的大小，从而确保所建立的指标能反映大部分的原始信息。下面，简要地叙述运用熵权法确定指标权重的具体步骤。

a. 形成决策矩阵

设参与评价的对象集为 $M=(M_1, M_2, \cdots, M_m)$，指标集为 $D=(D_1, D_2, \cdots, D_n)$，评价对象 M_i 对指标 D_j 的值记为 $x_{ij}(i=1, 2, \cdots, m; j=1, 2, \cdots, n)$，则形成的决策矩阵 $\boldsymbol{X}$ 为：

$$\boldsymbol{X}=\begin{bmatrix} & D_1 & D_2 & \cdots & D_n \\ M_1 & x_{11} & x_{12} & \cdots & x_{1n} \\ M_2 & x_{21} & x_{22} & \cdots & x_{2n} \\ \vdots & \vdots & \vdots & \vdots & \vdots \\ M_m & x_{m1} & x_{m2} & \cdots & x_{mn} \end{bmatrix} \tag{7-8}$$

b. 标准化决策矩阵

为了消除各指标量纲不同对方案决策带来的影响，或者处理一些指标值为负的决策问题，对决策矩阵 X 进行标准化处理，从而形成标准化矩阵 $V=(v_{ij})_{m\times n}$。根据指标的性质，将指标分为两类。一类是越大越优型指标，也称为效益型指标；另一类是越小越优型指标，也成为成本型指标。

标准化处理时根据指标性质，采用相应的标准化形式：

对于越大越优型指标：

$$v_{ij}=\frac{x_{ij}-\min(x_j)}{\max(x_j)-\min(x_j)} \tag{7-9}$$

对于越小越优型指标：

$$v_{ij}=\frac{\max(x_j)-x_{ij}}{\max(x_j)-\min(x_j)} \tag{7-10}$$

式中，v_{ij}为x_{ij}归一化以后的值，$\max(x_j)$、$\min(x_j)$分别为第j个指标的最大值和最小值。不难看出，经过标准化后，$0 \leqslant v_{ij} \leqslant 1$。

c. 计算第j项指标下，第i个评价指标的特征比重

对于某一个指标j，v_{ij}的值差异越大，表明该指标对于被评价对象的作用越大，即该指标提供给被评价对象的有用信息越多。根据熵的概念，信息的增加意味着熵的减少，熵可以用来度量这种信息量的大小。

记第j项指标下，第i个评价对象的特征比重为p_{ij}，则

$$p_{ij} = \frac{v_{ij}}{\sum_{i=1}^{m} v_{ij}} \tag{7-11}$$

d. 计算第j项指标的熵值e_j

$$e_j = -\frac{1}{\ln(m)} \sum_{i=1}^{m} p_{ij} \ln(p_{ij}) \tag{7-12}$$

当$p_{ij}=0$或者$p_{ij}=1$时，认为$p_{ij}\ln(p_{ij})=0$

e. 计算第j项指标的差异性系数d_j

观察熵值的计算公式，对于某一项指标D_i，v_{ij}的差异越小，e_j越大。当各被评价对象第j项指标值全部相等时，$e_j=e_{\max}=1$。根据熵的概念，各被评价对象第j项指标值差异越大，表明该指标反映的信息量越大。因此，定义差异系数d_j

$$d_j = 1 - e_j \tag{7-13}$$

d_j越大，该指标提供的信息量越大，越应给予较大的指标权重。

f. 确定各指标的熵权

$$w_j = \frac{d_j}{\sum_{k=1}^{n} d_k} \quad j = 1, 2, \cdots, n \tag{7-14}$$

g. 组合权重

综合层次分析法所计算的主观权重w_{1j}和客观权重w_{2j}可得组合权重w_j，常用的组合权重法有乘数合成归一法

$$w_j = \frac{w_{1j} w_{2j}}{\sum_{j=1}^{m} w_{1j} w_{2j}} \tag{7-15}$$

最终得到指标的主客观组合权重。

③ 灰色关联法

灰色系统理论是我国著名学者邓聚龙教授于 1982 年提出的，它通过对部分已知信息的生成、开发实现对现实世界的确切描述和认识。灰色关联度分析是灰色系统理论应用的主要方面之一。基于灰色关联度的灰色综合评价法是利用各方

案与最优方案之间关联度的大小对评价对象进行比较、排序。

关联度分析属于几何处理范畴。它是一种相对性的排序分析，基本思想是根据序列曲线几何形状的相似程度来判断其联系是否紧密，曲线越接近，相应序列的关联度就越大，反之就越小。其具体评价步骤如下：

a. 确定评价对象和参考数列(评价标准)。设评价对象有 m 个，评价指标 n 个，参考数列为 $x_0=\{x_0(k)\mid k=1, 2, \cdots, n\}$，比较数列为 $x_i=\{x_i(k)\mid k=1, 2, \cdots, n\}$，$i=1, 2, \cdots, m$，其中参考数列的选取这样一种原则：高优指标选取最大值，低优指标为最小值，比较数列即为各调峰方案。

b. 计算灰色关联系数

$$\xi_i(k)=\frac{\min_s\min_t\left|x_0(t)-x_s(t)\right|+\rho\max_s\max_t\left|x_0(t)-x_s(t)\right|}{\left|x_0(t)-x_i(t)\right|+\rho\max_s\max_t\left|x_0(t)-x_s(t)\right|} \tag{7-16}$$

为比较数列 x_i 对参考数列 x_0 在第 k 个指标上的关联系数，其中 $\rho\in[0, 1]$ 为分辨系数。其中，称 $\min_s\min_t\left|x_0(t)-x_s(t)\right|$ 和 $\rho\max_s\max_t\left|x_0(t)-x_s(t)\right|$ 为两级最小差及两级最大差。

c. 计算灰色加权关联度。灰色加权关联度的计算公式为

$$r_i=\sum_{k=1}^{n}w_i\xi_i(k) \tag{7-17}$$

式中　r_i——第 i 个评价对象对理想对象的灰色加权关联度。

w_i——主客观赋权法所得的权重。

d. 评价分析。根据灰色关联度的大小，对各评价对象进行排序，可建立评价对象的关联序，关联度越大，其评价结果越好。

④ 秩和比法

秩和比法(Rank-sum ratio，简称 RSR 法)，是我国学者、原中国预防医学科学院田凤调教授于 1988 年提出的，集古典参数统计与近代非参数统计各自优点于一体的统计分析方法。秩和比法的关键步骤是秩代换，具有强大的统计信息功能，针对性强，柔韧性大，操作简便，应用价值高。其基本原理是在一个 n 行 m 列矩阵中，通过秩转换，获得无量纲统计量 *RSR*(*WRSR*)；在此基础上，运用参数统计分析的概率与方法，研究 *RSR*(*WRSR*)的分布，以 *RSR*(*WRSR*)值对评价对象的优劣直接排序或分档排序，从而对评价对象做出综合评价。

a. 将 n 个评价对象的 m 个评价指标排列成矩阵。编出每个评价对象的秩，其中高优指标从小到大编，低优指标从大到小编，同一指标数据相同者编平均秩。

b. 计算加权秩和比

$$WRSR_i=\frac{1}{n}\sum_{j=1}^{m}\omega_jR_{ij} \tag{7-18}$$